江苏省高等学校重点教材

2021-2-083

小学数学教学设计

XIAOXUE SHUXUE JIAOXUE SHEJI

小学教育一流专业建设教材 · 总主编：高 伟

主　编： 吴晓红

副主编： 朱爱玲 谢海燕
郎宏坤 李艳利
张冬梅

北京师范大学出版集团
BEIJING NORMAL UNIVERSITY PUBLISHING GROUP
北京师范大学出版社

图书在版编目(CIP)数据

小学数学教学设计 / 吴晓红主编 .—北京：北京师范大学出版社，2022.5(2024.1重印)

小学教育一流专业建设教材

ISBN 978-7-303-27537-3

Ⅰ.①小… Ⅱ.①吴… Ⅲ.①小学数学课－教学设计 Ⅳ.①G623.502

中国版本图书馆CIP数据核字(2021)第251323号

教材意见反馈 **gaozhifk@bnupg.com 010-58805079**
营销中心电话 010-58802755 010-58800035
北师大出版社教师教育分社微信公众号 京师教师教育

出版发行：北京师范大学出版社 www.bnupg.com
北京市西城区新街口外大街12-3号
邮政编码：100088
印　　刷：保定市中画美凯印刷有限公司
经　　销：全国新华书店
开　　本：787 mm×1092 mm 1/16
印　　张：19
字　　数：381千字
版　　次：2022年5月第1版
印　　次：2024年1月第4次印刷
定　　价：50.00元

策划编辑：张筱彤　　责任编辑：马力敏
美术编辑：焦　丽　　装帧设计：焦　丽
责任校对：康　悦　　责任印制：马　洁　赵　龙

丛书顾问

（按姓氏笔画排序）

总　序

本套教材由江苏师范大学教育科学学院(教师教育学院)小学教育国家级一流本科专业建设点资助出版，共有《教师的实践哲学》《儿童哲学》《小学生认知与学习》等 21 本，基本涵盖了小学教育专业的学科专业课程、教育实践课程以及教师教育课程，并重点关注了新时代教育前沿课程。

本套教材自酝酿到遴选、初审再到申报选题、审读、出版，经历了一个较为漫长的过程。2019 年，江苏师范大学教育科学学院(教师教育学院)小学教育专业先后获批江苏省高校一流本科专业和国家级一流本科专业建设点，国家级一流本科专业建设点本身对教材建设有要求。2019 年年初，我们在学院发布了教材招标书，明确了申报条件、教材范围以及申报程序。在提交给出版社教材目录之前，我们对所申报的教材采用院内评价、同行评价、专家评价的方式进行了三轮严格的遴选。我们把“三个原则，三个标准”作为教材遴选的基本条件。

三个原则，即思想性原则、实用性原则和时代性原则。这三个原则也是教材出版的基本依据和根本遵循。一是思想性原则。思想性就是有意识地将习近平新时代中国特色社会主义思想、社会主义核心价值观有机融入教材内容，体现马克思主义中国化要求，体现中国和中华民族风格，体现党和国家对教育的基本要求，体现国家和民族基本价值观，围绕育人目标，深度挖掘提炼小学教育专业知识体系中所蕴含的思想价值和精神内涵，注重加强师德师风教育，引导学生树立学为人师、行为世范的职业理想，争作“四有”好老师，充分体现课程的思想逻辑、价值逻辑和实践逻辑。二是实用性原则。小学教育专业教材编写的指向很明确，就是要培养能够胜任小学教育教学的高素质、专业化、创新型教师，这就要求教材实用、能用、好用。教材要遵循小学教育专业教育教学规律、小学教师人才成长规律，贴近小学教育专业学生的思想、学习和生活实际，以便教师好教、学生好学、学有所得、学以致用。我们要求教材在呈现专业知识时，以实际问题为出发点和归宿，体现知识的形成和应用过程，突出理论与实践的统一，培养学生用教育学的思想和眼光观察世界的习惯，在教学实践中提升问题解决的能力。教材一定要注重师范生能力培养，以创新精神和实践能力为核心，以培养学生发现问题、提出问题、分析问题、解决问题的能力为目标，完善以能力培养为核心的教学设计。这就要求编者不仅要精心设计教材内容，还应在编写体例上下足功夫，夯实学生能力发展的知识基础，把知识学习与能力形成有效地结合起来。三是时代性原则。时代发展和科技进步是教材改革最有效的催化剂。要想更新教材内容、创造性转化传统教育观念，就必须立足时代前沿，及时反映经济社会发展新变化、科学技术进步新成果，既要相对稳定，准确阐述本学科专业基本概念、基本知识和基本方法，保持小学教育专业教材的科学性，又要与时俱进，吸纳最新研究成果，保障人才培养的先进性。

三个标准，即专业标准、经历标准和验证标准。一是专业标准。凡申报教材出版的教师，必须有高级职称，必须在其专业领域表现出较高的专业水准。我们不是唯职称论者，所看重的并不是职称，而是职称背后的学术训练、实践历练和经验老练。二是经历标准。我们要求教材编者必须有三个经历：和中小学的长期合作经历、经常去中小学体验的经历，以及指导中小学教科研的经历。这三个经历缺一不可。之所以要特别强调经历标准，是因为教材是要“用”的，如果编者对基础教育的情况不熟悉、不了解，对中小学课程标准摸不透、吃不准，对中小学到底需要什么样的教师把握得不清楚、不准确，那么他就既不能准确地理解我们对人才培养目标的设计，也不能保证课程、教学对于培养目标、毕业要求的达成，当然也就写不出一本具有学科特色、专业特色的教材。三是验证标准。验证标准就是所申报的教材内容必须在教学实践中经过两到三轮的试用，也就是说在出版之前，必须已经验证了教材的适用性。事实上，有的教材是编者十几年乃至几十年专业教学工作的结晶。从这个意义上讲，这套教材既是我们对教学实践的总结，也是对教学实践的反思与提炼。

我们按照“三个原则，三个标准”遴选的教材又经过了出版社的严格审核、层层遴选、多重把关，应该说充分保障了教材本身的质量。

本套教材出版之际，还是要表达由衷的感谢之情。感谢江苏师范大学小学教育专业团队，这个团队所有成员同呼吸、共命运，同甘共苦，同心同德，矢志创业，本套教材在某种意义上也是团队共同奋斗的见证。感谢北京师范大学出版社郭兴举、李轶楠、张筱彤及其他编辑同志，他们的精心编辑、审读使本套教材锦上添花，他们的帮助对江苏师范大学小学教育专业建设而言是雪中送炭。最后，也要感谢江苏师范大学小学教育专业的所有学生，他们的成长与发展是我们追求进步的不竭动力。当然，由于编者水平所限，教材不免会有不妥之处，同时随着教育实践和研究的不断发展，教材的内容也应该不断升级换代，敬请广大读者、同行专家给予批评指正，欢迎提出富有建设性的意见，以便今后进一步修订完善。

高伟
2022 年 2 月

前　言

教学设计(Instructional Design)，也称教学系统设计(Instructional Systems Design)，是 20 世纪 60 年代以来逐渐形成和发展起来的一门实践性很强的应用科学。有效的教学设计最终要通过学科教学来实现，小学数学教学设计成为小学数学教师必备的基本素养。

"小学数学教学设计"是高校小学教育专业的必修课程。本书以教育部颁布的《教师教育课程标准(试行)》为依据，坚持立德树人教育根本任务，发挥教材铸魂育人功能，以先进的教育教学理论和最新的数学课程标准为指导，以促进小学数学教师专业发展为目标，致力于培养师范生小学数学教学设计能力，从理论与实践两个视角，探讨小学数学教学设计的若干理论和实践操作模式。

本书主要包括四大模块：模块 1 主要探讨小学数学教学设计的若干学理问题，为小学数学教学设计的实施奠定理论基础；模块 2 着眼于数学教学设计的实施要素，从教学内容、学情、教学目标、教学活动、学习方式、学习评价等方面，探讨小学数学教学设计的具体实施；模块 3 着眼于数学课型，探讨不同课型小学数学教学设计的实施策略；模块 4 是小学数学教学设计优秀案例，分别从小学数学四个内容领域中各选取一个教学内容，旨在为小学数学教学设计提供有借鉴意义的范例。

本书由江苏师范大学吴晓红拟定内容框架，通过分工协作完成。模块 1(第一、第二、第三、第四章)由吴晓红撰写；模块 2 的第五、第七、第十章由谢海燕撰写，第六章由张冬梅撰写，第八章由李艳利撰写，第九章由吴晓红、郎宏坤撰写；模块 3(第十一、第十二、第十三、第十四章)由朱爱玲撰写；模块 4 由郎宏坤统筹选取案例。全书由吴晓红统稿。

在本书编写过程中，我们参考了大量文献资料，吸取借鉴了一些专家学者的研究成果，在此一并表示衷心感谢！

由于水平所限，本书不妥之处在所难免，敬请读者批评指正！

目　录

模块 1　数学教学设计的学理解读

模块 2　数学教学设计的实施要素

模块 3　小学数学教学设计的课型体现

模块4 数学教学设计优秀案例

模块 1
数学教学设计的学理解读

没有理论指导的实践是盲目的，没有实践基础的理论是空洞的。

凡事预则立，不预则废。教学是教师引起、维持、促进学生学习的所有行为方式。要想取得良好的教学效果，就必须在教学前对教学活动进行设计。

本模块着眼于小学数学教学设计的若干基本理论，沿着教学设计—数学教学设计的路径，从数学教学设计的内涵，到数学教学设计的理论基础、数学教学设计的目标表征，再具化到数学课堂教学设计的逻辑表达，逐步厘清数学教学设计的理论问题，为小学数学教学设计的实施奠定理论基础。

第一章

数学教学设计概述

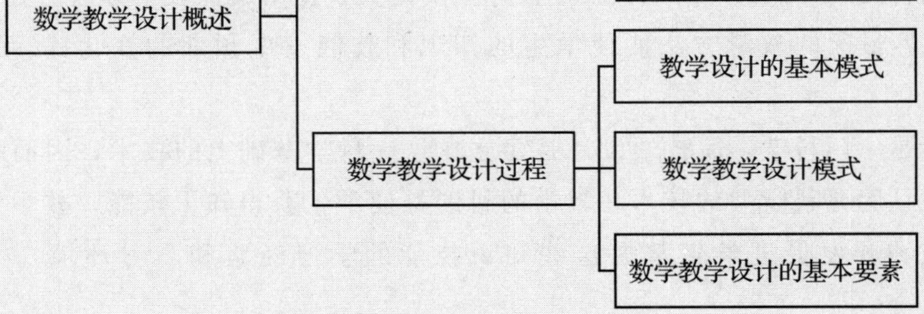

本章概述

本章首先从数学教学设计的内涵、数学教学设计的特点、研究数学教学设计的意义等方面，揭示数学教学设计的要义；其次从教学设计的基本模式、数学教学设计模式、数学教学设计的基本要素等方面，阐释数学教学设计过程。

章前导语

什么是数学教学设计？数学教学设计有何特点？为什么要研究数学教学设计？数学教学设计有哪些模式？数学教学设计的基本要素是什么？对这些问题的回答是深刻认识数学教学设计、理性实施数学教学设计的前提。

第一节 数学教学设计的要义

一、数学教学设计的内涵

了解数学教学设计，需要首先明确教学设计。教学设计(Instructional Design)，也称教学系统设计(Instructional Systems Design)，是20世纪60年代以来逐渐形成和发展起来的一门实践性很强的应用科学。教学设计最初诞生于美国。20世纪80年代中叶，随着我国改革开放与教育事业的繁荣与发展，教学设计被引进我国。对于什么是教学设计，教育学家、心理学家有不同的描述。以下是一些经典的观点。

教学是以促进学习的方式影响学生的一系列事件，而教学设计是一个系统化规划教学系统的过程。(加涅等，1999)

教学设计是一门涉及理解与改进教学过程的学科。任何设计活动的宗旨都是提出达到预期目的最优途径，因此，教学设计主要是关于提出最优教学方法的处方的一门学科，这些最优的教学方法能使学生的知识和技能发生预期的变化。(赖格卢特，1999)

教学是一门科学，而教学设计是建立在这一科学基础上的技术，因而教学设计也可以被认为是科学型的技术。教学的目的是使学生获得知识技能，教学设计的目的是创设和开发促进学生掌握这些知识技能的学习经验和学习环境。(梅瑞尔，1996)

教学设计是设计科学大家庭中的一员，设计科学各成员的共同特征是用科学原理及应用来满足人的需要。因此，科学设计是对学业业绩问题的解决措施进行策划的过程。(帕顿，1989)

教学系统设计是运用系统方法分析研究教学过程中相互联系的各部分问题和需求，确立解决它们的方法和步骤，然后评价教学成果的系统计划过程。(肯普，1994)

教学设计是指运用系统方法，将学习理论与教学理论的原理转化成对教学材料、教学活动、信息资源和评价的具体计划的系统化过程。(史密斯，雷根，1999)

教学系统设计是运用系统方法分析教学问题和确定教学目标，建立解决教学问题的策略方案、试行解决方案、评价试行结果和对方案进行修改的过程。(乌美娜，1994)

教学系统设计主要是以促进学生的学习为根本目的，运用系统方法，将学习理论与教学理论等的原理转换成对教学目标、教学内容、教学方法和教学策略、教学评价等环节进行具体计划、创设教与学的系统"过程"或"程序"。(何克抗等，2006)

就数学教学设计而言，学者们认为：

数学教学设计是以数学学习论、数学教学论等理论为基础，运用系统方法分析数学教学问题，确定数学教学目标，设计解决数学教学问题的策略方案、试行方案、评价试行结果和修改方案的过程。(奚定华，2001)

数学教学设计是设计者根据已有的社会文化传统背景(包括社会对数学教学的要求、教学对象的具体特点)，综合运用于教学相关的理论(如教学论、学习论、系统论、信息传播理论等)，以及个人对数学本身的理解，运用恰当的方法，设计解决数学问题的策略并形成具体的方法和步骤直至教学方案的形成，并对教学方案实施后的教学效果做出必要的价值判断的过程。数学教学设计的根本意图是数学教学的优化和高效。(方均斌，蒋志萍，2012)

数学教学过程有 4 大要素，即教师、学生、教学目标、教学内容。数学教学设计是教师根据学生的认知发展水平和课程培养目标，来制定具体教学目标，选择教学内容，设计教学过程各个环节的过程。(何小亚，姚静，2012)

数学教学设计就是运用教学设计的基本原理和方法，制定数学课程标准，编制数学课本，设计数学课堂教学方案和学校数学活动，从而有效地对学生进行数学教育的过程。(叶季明，1999)

可以看出，尽管专家们从不同角度思考教学设计，相应的界定也略有不同，但教学设计实质上是从优化教学效果的目的出发，为教学过程制订蓝图和计划。或者说，教学设计就是为了达成教学目标，以教育教学理论为指导，系统规划教学各个要素的创造性过程。而数学教学设计是基于教学设计的内涵，对数学学科进行的教学设计。因此，数学教学设计就是为达成数学教学目标，以数学教育教学理论为指导，针对数学学科系统规划教学各个要素的创造性过程。

二、数学教学设计的特点

(一)教学设计的特点

教学设计具有多方面的特征，主要表现为以下几个方面。

1. 系统性

教学过程是由诸多要素组成的一个不可分割的整体。教学设计是用系统方法研究、探索教学系统中各要素之间的本质联系，为优化教学制订计划。各要素之间相互联系、相互影响，因而不能孤立地考查每一个要素，有效的教学设计必须对教学系统中的各要素进行整体的分析与策划。

实际上，教学设计具有系统性，这是学者的共识。教学设计专家迪克和凯里认为，教学过程的现代视野是将教学看成一个系统的过程，这一过程的每一个成分对成功的学习而言都是至关重要的。运用系统观点来看待教学的好处是能够把握这一过程中各个成分的重要角色，各个成分之间必须有效地发生相互作用。当然，也不能过分地强调任何一个成分，以免畸轻畸重，顾此失彼。美国教学设计专家马杰指出，尽管这些程序是按实际完成的大致顺序来阐述的，但并非指进入了后一个程序，前面的程序就可以抛置脑后了，教学设计总是要求思前顾后、通盘考虑的。①

2. 理论性

教学设计是建立在一定的理论基础上的，因此要保证教学设计方案的科学性，必须以先进的教育教学理论为指导。基于不同理论的教学设计，其设计方案也有所不同，即什么样的理论产生什么样的教学设计。

【案例】基于不同理论的教学设计重点不同

在行为主义时期，人们关注的重点是外部的可见行为，主要集中于如何通过外部的强化而促成相应的行为。因此，行为主义强调确定可观察的和可测量的学习结果，运用到现有教学设计中即强调行为目标、任务分析。由于认知心理学的发展，人们更加重视内在思维活动的研究，因此，教学设计强调学生主动参与学习过程，强调自我监控调控、元认知、先行组织者等。建构主义对教学设计也产生了很大的影响，一般来说，整个教学设计过程围绕“意义建构”这个中心展开，注重创设有利于意义建构的问题情境，关注教师与学生、学生与学生之间的互动等。

因此，教学设计不是简单教学过程诸要素的堆砌，而是建立在教育教学理论的基

① 盛群力：《教学设计的基本模式及其特点》，载《广州大学学报(社会科学版)》，2006(7)。

础上，理论很大程度上决定了教学设计。

3. 学生主体性

教学设计的目的是促进学生的发展，使学生能够更有效地进行学习。通过教学设计开展的教学要关注学生本身，而不是传统教学所关注的教学内容。也就是说，教学设计应是从学生的视角而不是从传统的内容的视角来考虑教学。因此教学设计具有以学生为主体的特点：教学目标表述的行为主体是学生，教学内容的选择与组织基于学情，教学活动的设计是为了学生，教学目标是否达成关键看学生是否得到发展。同样的教学设计面对不同的学生群体，可能会有截然不同的教学效果。学情不同，教学设计的方案也就不同。

【案例】“质数与合数”教学设计①

一位教师根据学生起点知识的不同，对“质数与合数”一课做了三种不同的设计。

设计一：在“送教下乡”活动中，根据农村中心校学生已经掌握了自然数、奇数、偶数、约数、分类等背景知识，首先让学生把班级同学的学号数 1～16 根据奇数与偶数进行分类。接着让学生找出 2～16 各数的所有约数，并根据约数个数的特征把这些数分成两类。在此基础上，让学生尝试概括这两类数的特征，进而在教师的不断追问下，师生共同概括出什么叫质数，什么叫合数。

设计二：在校际交流活动中，根据县实验小学学生已经掌握的背景知识，首先让学生把班级同学的学号数 1～59 根据奇数与偶数进行分类。接着让学生找出 1～59 各数的所有约数，并根据约数个数的特征把这些数进行分类(应该分成三类)。在分类的基础上，让学生通过独立尝试概括、讨论交流、汇报辩论，揭示出质数、合数的概念，明确 1 既不是质数也不是合数。

设计三：在“省优秀教师教学成果汇报会”上，根据班级中有三分之一左右的学生通过不同的渠道已经知道了质数、合数的概念(学生尽管知道概念，但并没有真正理解概念)，教师让学生阅读教材，理解质数、合数的概念，在师生的共同辨析争论下，使全体学生真正理解质数、合数的内涵与外延。

可见，教学设计要凸显学生的主体性，重视对学生的分析，通过教学的最优化，实现每个学生的有效学习。

(二)数学教学设计的特点

与一般的教学设计相比，数学教学设计要突出数学学科特点，因而，数学教学设计除了具有系统性、理论性、主体性等特点外，还具备以下特征。

---

① 李晓梅：《如何进行有效的小学数学教学设计》，载《课程・教材・教法》，2007(2)。

1. 数学性

由于不同学科具有不同的特点，教学设计也就因学科而异。诸如语文教学设计需要考虑阅读课、作文课的区别。化学教学设计特别强调化学实验的教学设计。数学教学设计是关于数学的教学设计，当然要凸显数学学科特点。例如，数学学科因课型不同，教学设计会有所不同，因此，不同课型的教学设计是数学教学应该分析的重要内容(这正是模块 3 的研究内容)。又如，如果将数学理解为一门计算科学，那么数学运算则成为教学设计的重要内容；如果将数学作为人类的创造性活动，则需要考虑数学探究活动的教学设计。因此，数学教学设计的根本指向是凸显数学学科特点，使学生获得对数学本质的认识。

2. 过程性

数学有两个侧面，即数学的两重性：数学内容的形式性和数学发现的经验性。美籍匈牙利数学家波利亚指出，数学有两个侧面，用欧几里得的方式提出来的数学对象是一门系统的演绎科学，但在创造过程中的数学，看起来却像是一门实验性的归纳科学。荷兰数学教育家弗赖登塔尔更明确指出，与其说让学生学习数学，还不如说让学生学习数学化。这些思想反映在数学教学中就是要求数学教学要充分暴露数学思维过程。事实上，《全日制义务教育数学课程标准(实验稿)》在“教学建议”中明确指出“让学生经历知识的形成与应用过程，从而更好地理解数学知识的意义……”并提出了过程性目标，将获取知识与技能的过程作为课程的重要目标之一。《义务教育数学课程标准(2011 年版)》在“实施建议”中对教材内容呈现的要求是体现过程性，“体现数学知识的形成过程”“反映数学知识的应用过程”。因而，数学教学设计要具有过程性，以“过程教学”为指导进行数学教学设计。

【案例】数学过程教学中的“过程”的意义①

数学过程教学中的“过程”至少有以下意义：第一，过程教学中的“过程”是数学知识生成的过程，即数学发生、发展乃至应用的过程。数学教学设计就是再现人类的发现过程，通过揭示数学问题产生的过程、暴露概念的形成过程、展现公式的发现推导过程、尝试定理的猜想过程、明确数学问题解决的过程等，引导学生经历知识生成的过程，体验知识“再创造”的过程，使学生了解知识的来龙去脉，更深刻地理解知识的本质，更灵活地运用知识。第二，数学过程教学中的“过程”是思维发展的过程，即学生数学思维不断发展和完善的过程。因此，教学设计就要再现人类研究问题的思维过程，通过暴露数学家的思维活动过程，暴露教师由“失败”走向“成功”的过程，揭示人

① 袁玲玲、吴晓红：《“过程教学”视角下的勾股定理的教学过程》，载《中学数学杂志》，2010(8)。

类思考问题的方式方法，使学生学会探索数学、发现数学乃至创造数学，促进学生数学思维的发展。第三，过程教学中的"过程"不仅是手段，也是教学目标，即必须让学生在数学学习活动中去"经历……过程"。如果仅仅注重在知识的形成过程中学习知识，那么对"过程"的定位主要是服务于知识的学习，难免会出现教师直接讲授"探索过程"的现象，这样，数学学习就会由听"结果"变成了听"过程"，这样的"过程"就失去了探索的意义。

3. 情境性

数学课程改革倡导"问题情境—建立模型—解释、应用与拓展"的课程模式。苏教版数学的内容组织的主要形式为：问题情境—学生活动—意义建构—数学理论—数学运用—回顾反思，《普通高中数学课程标准(2017年版2020年修订)》将"情境与问题"作为反映数学核心素养的一个重要维度。可见，数学课程改革将问题情境作为数学知识产生的源头，作为数学课堂教学的起点。在现实数学课堂教学中，问题情境化已成为当前数学课堂教学的一个显性特征。① 因而，问题情境成为数学教学设计的重要内容，也成为凸显数学教学设计创新的亮点之一。

问题情境本身多种多样。例如，国际学生评估项目(PISA)特别强调问题所蕴含的背景，PISA根据与学生实际生活的距离远近，将问题情境划分为四种：个人情境、职业情境、社会情境以及科学情境。《义务教育数学课程标准(2011年版)》指出，学习素材"应当在反映数学本质的前提下尽可能地贴近学生的现实，以利于他们经历从现实情境中抽象出数学知识与方法的过程"。学生的现实主要包括生活现实、数学现实、其他学科现实。《普通高中数学课程标准(2017年版2020年修订)》进一步明确指出，情境主要是指现实情境、数学情境、科学情境，每种情境可以分为熟悉的、关联的、综合的。

根据皮亚杰儿童发展阶段理论，小学生主要处于具体运算阶段。这一阶段，学生的认知能凭借具体事物或形象进行分类和理解逻辑关系，但其思维还是零散的、孤立的，仍脱离不了具体事物或形象的支持，难以组成完整的系统。而好的数学情境应该是学生熟悉的、简明的、引向数学本质的，因此，虽然数学情境形式多样，但对小学生而言，问题情境的创设还是主要以学生熟悉的现实情境、个人情境为主。

---

① 吴晓红等：《现状、反思与构建：数学新课导入情境化》，载《湖南教育》，2009(4)。

4. 活动性

《义务教育数学课程标准(2011年版)》指出，数学教学是数学活动的教学。数学活动是学生经历数学化过程的活动。①《普通高中数学课程标准(实验)》进一步指出，数学教学活动应是经历数学化、再创造的活动过程。② 这表明，数学活动教学是数学课程改革的核心理念，也是学生形成正确数学观的重要途径。

数学活动教学是在教师指导下，学生以实物、模型、数学思想方法等为操作工具，在经历数学化的过程中促进数学思维活动，进而获得数学知识和数学方法的教学。苏联数学教育家斯托里亚尔认为，数学活动教学是具有一定结构(带有数学特点)的思维活动教学。可见，数学活动教学以学生的数学思维活动为核心，判断数学活动有效性的主要标志是其数学思维含量的大小。可见，有效的数学教学设计要注重凸显数学活动过程，特别将数学思维活动作为教学设计的重要内容。

【案例】数学活动的意义③

从数学活动的主体来看，《全日制义务教育数学课程标准(实验稿)解读》指出，数学教学是数学活动的教学，数学学习不是单纯的知识接受，而是以学生为主体的数学活动。由此可以看出，学生是活动的主体，是学习真正的主人，一切数学活动都需由学生主动去完成。数学活动教学必须把鼓励学生主动参与、主动探索、主动思考、主动实践放在核心的位置，让学生通过主动参与一系列的数学活动，以自己已有的知识和经验为基础积极主动地发现问题、提出问题、思考问题及解决问题，经历数学化的过程，主动探索本节课所学的数学知识。

从数学活动的形式来看，《全日制义务教育数学课程标准(实验稿)解读》指出，在数学教学中，必须通过学生主动的活动，包括观察、描述、操作、猜想、实验、收集整理、思考、推理、交流和应用等，让学生目睹数学过程形象而生动的性质，亲身体验如何“做数学”、如何实现数学的“再创造”，促进数学的学习。《普通高中数学课程标准(实验)解读》指出，数学教学可以通过创设反映数学事实的恰当情境，引导和组织学生在经历观察、实验、比较、分析、抽象概括、推理等活动中，在互相交流中，对客观事物中蕴含的数学模式进行思考和做出判断，不断提高数学思维能力。由此可以看出，数学活动的形式有观察、描述、操作、猜想、实验、收集整理、思考、推理、交

---

① 刘兼、孙晓天：《全日制义务教育数学课程标准(实验稿)解读》，277页，北京，北京师范大学出版社，2002。

② 严士健、张奠宙、王尚志：《普通高中数学课程标准(实验)解读》，300页，南京，江苏教育出版社，2004。

③ 吴晓红、许丽芸、何睦：《数学活动教学的本真意义——基于数学活动论的视角》，载《中小学教材教学》，2018(7)。

流、应用、比较、分析和抽象概括等。这表明了数学活动的形式是多样的，既有外显的数学活动，如实验、操作、统计等；也有内在的数学思维活动，如归纳、类比、反思、推理、概括等；同时也包括了群体活动和个体活动。交流和讨论是群体活动的主要形式，独立思考是个体活动的集中体现。正因为如此，探究学习、游戏化学习、合作学习等成为重要的数学学习方式。

三、研究数学教学设计的意义

研究小学数学教学设计对小学数学教师以及小学数学教与学都有重要意义。

(一)有助于发展学生数学素养

现代教学设计是从学生的观点而不是从传统的内容的视角来考虑教学，充分体现了以学生为本的现代教学理念。教学设计的目的是促进学生的发展，使学生更有效地进行学习。数学教学的有效性在于数学教学目标的达成性，而数学教学目标达成的关键在于学生数学素养的提高。因而，科学有效的数学教学设计有助于学生获得数学知识，形成数学技能，掌握数学思想方法，形成良好的数学情感，最终促进学生数学素养的提升。

(二)有助于数学教学的优化

传统教学往往凭借个人经验进行教学设计，因而具有一定的经验性、主观性。现代数学教学设计建立在现代教育教学理论的基础上，运用科学系统方法对数学教学过程进行分析和设计，减少了教学过程中的盲目性和随意性，使得数学教学过程变得合理、规范、有效。数学教学设计的根本任务是使数学教学系统达到最佳状态，实现数学教学过程的最优化。

(三)有助于教师专业水平的提高

数学教学设计是一门理论与实践密切结合的学科，是搭建教育教学理论与教学实践的桥梁。它既需要教师具备数学教育教学理论，也需要教师具备将理论运用于实践的能力。因而，数学教学设计为数学教师提高专业素养提供了一条有效路径。通过学习并不断实践，教师可以有效掌握数学教学设计的原理、方法，尽快成长为优秀的数学教师。

第二节
数学教学设计过程

数学教学设计有哪些要素？如何进行数学教学设计？这些问题涉及对数学教学设计过程的理解。

一、教学设计的基本模式

教学设计理论与实践发展到今天，已经出现了许多有影响的教学模式，其中迪克和凯里模式、肯普模式、史密斯和拉甘模式、马杰模式是比较有代表性的教学设计模式。①

(一)迪克和凯里模式

迪克和凯里模式十分注重教学过程的系统性，认为教学过程的现代视野是将教学看成一个系统的过程，教学程序的设计包括：①评价需求，确定目的；②进行教学分析；③分析学生和情境；④书写行为目标；⑤开发评估工具；⑥开发教学策略；⑦开发和选择教学材料；⑧设计和实施形成性评价；⑨修改教学；⑩设计和实施总结性评价。其模型如图 1-1 所示。

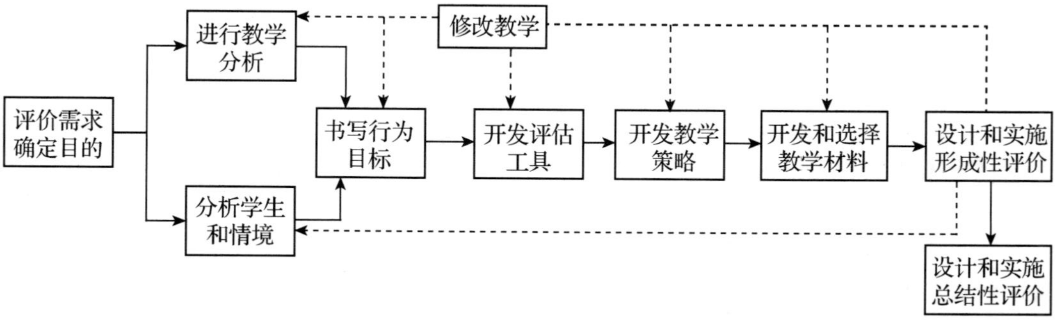

图 1-1　迪克和凯里模式教学设计模型

① 李锋：《基于课程标准的教学设计研究——以上海市初中信息科技课程为例》，博士学位论文，上海，华东师范大学，2010。

(二)肯普模式

肯普认为，影响教学设计的四个基本要素为：①教学设计的对象是谁——学生和受培训者；②希望学生学会什么——学习目标；③如何更有效地进行学习——教学策略；④如何确定学习完成的程度——评价过程。一个综合性教学设计有九个成分：①明确教学问题，详细说明设计教学方案的目标；②确定学生特征；③界定学科内容，分析学习任务；④叙述具体的学习目标；⑤在每个教学单元内按序排定教学内容，以体现学习的逻辑性；⑥设计教学策略，使得每个学生都能掌握教学目标；⑦规划教学信息和传递方法；⑧开发评价工具用以评估目标；⑨选择支持教学活动的资源。

肯普等人认为，这九个成分具有一定的逻辑性，但它们之间并不是用直线或箭头相连的。教师在具体操作时需要根据具体情况采用符合教学需要的逻辑顺序。因此肯普采用椭圆形的组织方式排列九个成分。其模型如图 1-2 所示。

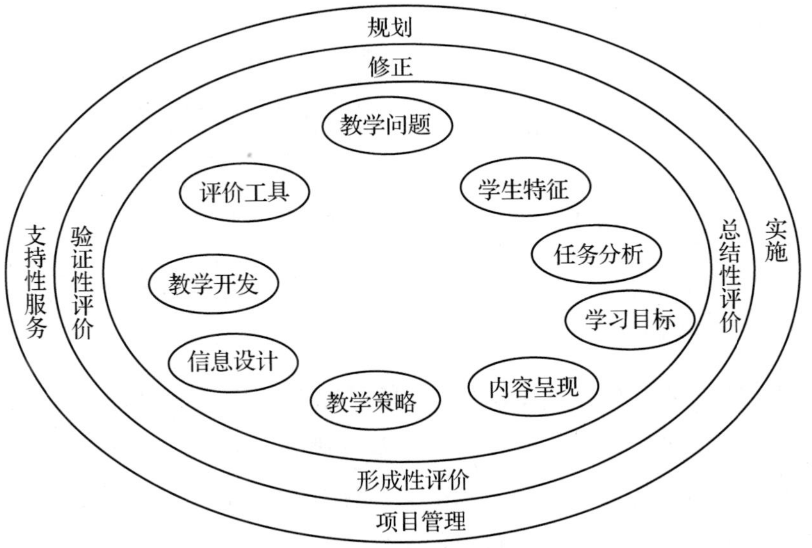

图 1-2　肯普模式教学设计模型

(三)史密斯和拉甘模式

史密斯和拉甘将教学设计过程划分为三个阶段：分析阶段、策略阶段和评价阶段。在第一阶段，分析学习情境、学生、学习任务，编写教学中需要用到的测验题目；在第二阶段，确定组织策略、传递策略和管理策略，设计好教学过程；在第三阶段，实施形成性评价，对预期的教学过程予以修正。其模型如图 1-3 所示。

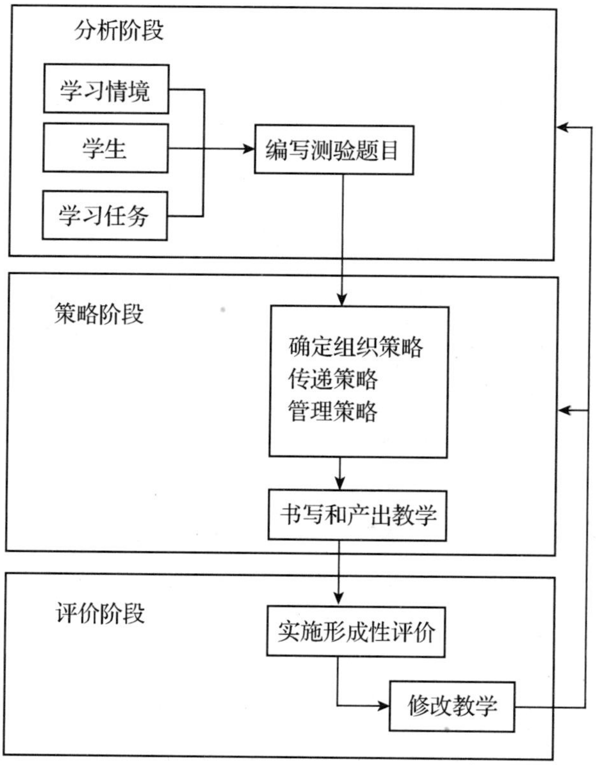

图 1-3　史密斯和拉甘模式教学设计模型

(四)马杰模式

马杰给出的教学设计模型是在教学设计通用的 ADDIE 模式基础上开发的，主要包括教学分析、设计、开发、实施和评价五个基本成分：第一，教学分析包括实施业绩分析、开展目标分析、完成任务分析；第二，教学设计包括说明学习的具体目标，明示技能分层，说明预期的教学对象和规定课程的先决条件；第三，教学开发包括选择教学内容，选择教学传递方式，安排教学模块，进行试教和教学单元排序；第四，教学实施包括制订上课程序，做好各种准备，实施教学；第五，教学评价根据实施的情况进行比较和调整。其模型如图 1-4 所示。

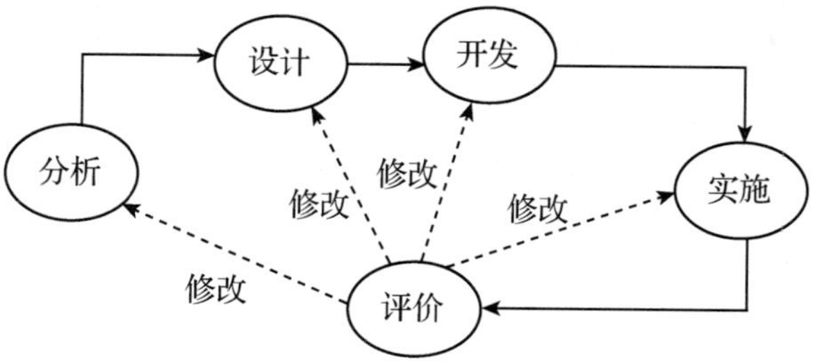

图 1-4　马杰 ADDE 模式教学设计模型

从以上教学设计基本模式可以看出，尽管模式不同，但它们都是从系统理论的角度来分析教学，强调教学设计的循环性和整体性。在回答"为什么教、教什么、怎么教、教到什么程度"的问题时，它们都很注重学习目标、学习内容与策略、学习评价的分析。虽然它们分析的顺序和起始点存在差异，但是它们的分析方式值得我们学习和借鉴。

二、数学教学设计模式

数学教学设计模式也遵循教学设计模式。为了更加体现数学学科的特点以及使教学设计更具可操作性，数学教育界也探讨了数学教学设计的模式，常常以数学教学设计过程的形式呈现。

奚定华认为①，数学教学设计过程有各种模式，常常采用以下过程(图 1-5)。

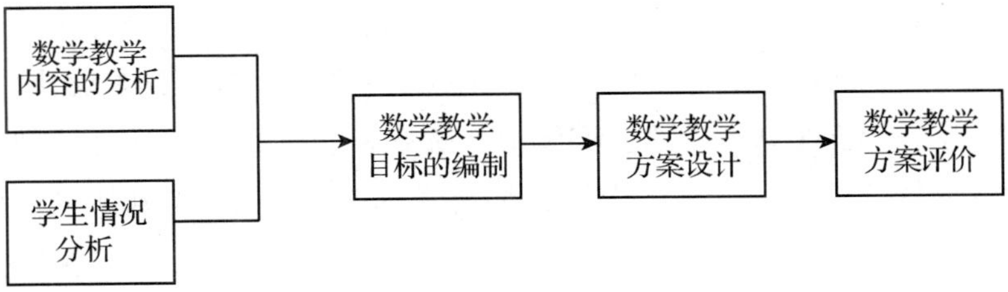

图 1-5

该模式将数学教学设计过程分为：数学教学设计前期分析—编制数学教学目标—设计数学教学方案—数学教学方案评价等。其中，数学教学设计前期分析主要包括数学教学内容的分析和学生情况分析；数学教学目标的编制包括数学事实、数学概念、数学原理、数学问题解决、数学思想方法、数学技能、数学认知策略和态度；数学教学方案设计是数学教学设计的中心环节，主要包括确定课的类型、选择教学模式、教学顺序设计、教学活动设计、教学形式设计和教学媒体设计等；数学教学方案评价旨在根据数学教学方案试行结果判断它达到教学目标的程度，并对设计方案进行改进。

何小亚等认为②，数学教学设计的思路是以学生学前状况为起点，以数学教学目标为导向，以学生的学习为平台，以学生学习的类型、结果为依据的一个过程。教学设计思路图如图 1-6 所示。

① 奚定华：《数学教学设计》，17 页，上海，华东师范大学出版社，2001。

② 何小亚、姚静：《中学数学教学设计》，6 页，北京，科学出版社，2012。

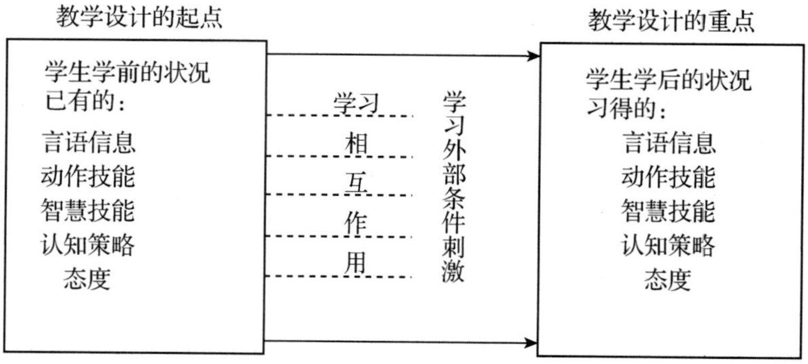

图 1-6

三、数学教学设计的基本要素

尽管教学设计模式多样，呈现内容不同，但都坚持运用系统方法进行教学设计。从一定意义上说，众多的教学设计模式都可以划分为教学分析、教学设计、教学开发、教学实施和教学评价五个基本阶段。实际上，所有教学模式都是对“目标为本”的基本教学设计模式所做的扩展，都是要回答“我们要到哪里？我们如何到那里？我们如何判断到了那里？”三个基本问题。例如，马杰认为，如果将教学设计要回答的三个基本问题转换成教学设计工作者要做的事情，那么可以是：第一，实施教学分析以确定我们要到哪里；第二，开发教学策略以确定我们如何到那里；第三，开发与实施评价以确定我们如何判断到了那里。教学分析阶段和教学设计阶段可保证教学是做值得做的事情，教学开发阶段确保教学能够预期有效，教学实施阶段使教学实际有效，教学评价阶段使教学尽可能持续有效。①

随着人们认识的不断深化，人们认为教学设计已发生转向，必须改变相对落后的传统教育，逐渐形成以学习为中心的教育系统，进而构建有效的教学系统。② 这就是说，现代教学设计突出从学生的视角而不是从传统的内容的视角来考虑教学，注重学生分析。基于此，数学教学设计主要回答以下核心问题。

“现在在哪里”：明确数学学习起点，体现学情分析。

要使数学教学设计有效，必须使教学设计符合学生的实际情况，对学生的实际情况进行客观分析，主要包括学生已有的知识经验、已具备的能力、学生的心理特点、学习风格等，其中，学情分析不仅包括对学生已具备的有利于新知识获得的旧知识的分析，还包括对不利于新知识获得的知识的分析。

---

① 盛群力：《教学设计的基本模式及其特点》，载《广州大学学报(社会科学版)》，2006(7)。

② 薛二勇、盛群力：《教学设计的宏观转向》，载《教育发展研究》，2009(8)。

“要到哪里”：明确教学目标，体现教学目标的制定。

教学目标是教学活动预期达到的结果，是学生通过学习预期产生的变化，因此它既是教学活动展开的依据，同时也是评价学生学习的重要标准。教学活动以教学目标为导向，且始终围绕实现教学目标而进行。教学目标设计是一项系统而繁杂的工程，是进行教学活动的首要步骤。

“如何到那里”：解决教什么、怎样教的问题，体现教学内容的分析、教学活动的设计、学习方式的选择等。

“如何判断到了那里”：解决结果怎样的问题，体现教学评价设计。

因而，数学教学设计的基本要素包括学情分析、教学目标设计、教学内容设计、教学策略设计、教学评价设计等。

本书模块 2 的编写框架即是以此为依据编排的：着眼于教学设计过程，从学情分析(现在在哪里)、教学目标分析(要到哪里)、教学内容分析(如何到那里)、教学活动分析(如何到那里)、学习方式分析(如何到那里)，以及教学评价分析(如何判断到了那里)等方面，分析数学教学设计的实施要素。

本章小结

数学教学设计就是为达成数学教学目标，以数学教育教学理论为指导，针对数学学科系统规划教学各个要素的创造性过程。数学教学设计除了具有教学设计的系统性、理论性、学生主体性等特点外，还具备数学性、过程性、情境性、活动性等特点。研究数学教学设计有助于提升学生数学素养，有助于优化数学教学，有助于提高教师专业水平。

教学设计理论与实践发展到今天，已经出现了许多有影响的教学模式，其中迪克和凯里模式、肯普模式、史密斯和拉甘模式、马杰模式是比较有代表性的教学设计模式。

数学教学设计主要是回答以下核心问题：①现在在哪里；②要到哪里；③如何到那里；④如何判断到了那里。数学教学设计的基本要素包括学情分析、教学目标设计、教学内容设计、教学策略设计、教学评价设计等。

章后练习

1. 什么是数学教学设计？
2. 数学教学设计主要有哪些特点？
3. 为什么要研究数学教学设计？
4. 数学教学设计主要有哪些模式？
5. 数学教学设计的基本要素是什么？

拓展阅读

1.[美]加涅，布里格斯，韦杰．教学设计原理．皮连生，庞维国，等，译．上海：华东师范大学出版社，1999.

2. 何克抗，郑永柏，谢幼如．教学系统设计．北京：北京师范大学出版社，2002.

3. 皮连生．教学设计——心理学的理论与技术．北京：高等教育出版社，2000.

4. 奚定华．数学教学设计．上海：华东师范大学出版社，2001.

5. 何小亚，姚静．中学数学教学设计．北京：科学出版社，2012.

6. 盛群力．教学设计的基本模式及其特点．广州大学学报(社会科学版)，2006(7).

7. 薛二勇，盛群力．教学设计的宏观转向．教育发展研究，2009(8).

第二章

数学教学设计的理论基础

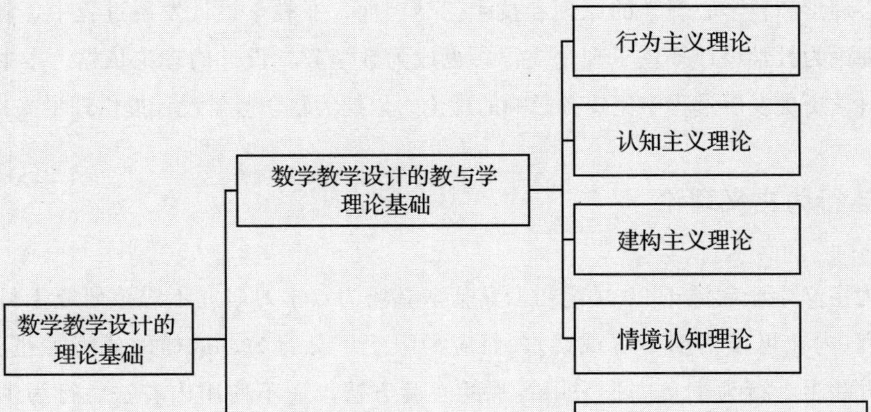

本章概述

本章主要从教育与数学两个方面阐述数学教学设计的理论基础。行为主义、认知主义、建构主义、情境认知等理论构成了数学教学设计的教与学理论基础，数学课程改革倡导的数学观为数学教学设计奠定了学科基础。

章前导语

数学教育的基本矛盾是数学与教育的对立统一，数学教育的“数学方面”与“教育方面”决定了数学课程改革的成败，当然也影响着数学教学设计。有效的数学教学设计不仅要基于教育教学理论的指导，也要体现数学学科的特点。因而教育教学相关理论构成了数学教学设计的教与学理论基础，数学学科本身的学科特点构成了数学教学设计的学科基础。遵从这些理论的指导，是数学教学设计科学、有效的前提。

第一节
数学教学设计的教与学理论基础

教学设计的特点是“把心理学中的学习论和教学心理学(在西方也被称为教学论)渗透在教学设计的各个环节。换句话说，教师要进行合理的课堂教学设计，就必须懂得并应用学习心理学和教学心理学的原理和技术。”①因而，在教学设计发展过程中，教育科学的诸多理论为教学设计提供了理论支撑，也成为数学教学设计的理论依据。本书重点选择教育科学历史发展过程中比较有影响的理论，以期为数学教学设计提供理论支持。

一、行为主义理论

行为主义学派起源于20世纪初，其基本立场为：学习研究不应该研究不可观察的心理过程(内在思维活动不可观察)，而应局限于可见行为，这样的研究才是科学的。在研究方法上，行为主义主张采用客观的实验方法，而不使用内省法。行为主义学习理论的核心观点是，学习是刺激与反应的联结，学习的过程就是建立联结的过程。行为主义的代表学说有桑代克的“试误说”、华生的“刺激反应说”、斯金纳的“操作条件说”等。以下是一些典型的行为主义观点。

桑代克认为，学习是有机体通过试误形成刺激与反应的联结，从而获得新经验的过程。桑代克提出了三条学习定律：一是准备率。学习者是否会对某种刺激做出反应，与他是否做好准备有关，即学习者若有充分准备，则能促成刺激与反应的联结。二是练习律。当某一刺激与某一反应准备联结时，给予联结就引起学习者的满意，反之就

① 皮连生：《教学设计——心理学的理论与技术》，前言，北京，高等教育出版社，2000。

会引起烦恼，即强调反复练习的重要性。三是效果率。个体对反应结果的感受将决定个体学习的效果。如果反应结果是令人愉悦的，学习就会加强；反之，如果伴随的是一种使人感到厌烦的状况，这种联结就会减弱。效果率实际上揭示了动机的重要性。

华生认为，学习就是以一种刺激替代另一种刺激，把条件刺激与条件反应组织起来，建立条件反射的过程，也可以说学习就是行为习惯形成的过程。华生提出了两条学习定律：一是频因律。在其他条件相同时，某种行为练习得越多，习惯形成得就越迅速。二是近因律。反应频繁发生时，新近的反应比较早的反应更容易得到加强。

斯金纳在一系列实验的基础上，提出了“刺激—反应—强化”的学习模式。他认为单纯的练习不能保证行为的重复出现，如果一种反应之后伴随一种刺激作为强化，那么在类似环境里发生这种反应的概率就会增加。斯金纳还提出了四条学习定律：一是习得律。如果一个操作发生后接着给予一个刺激，那么其强度会加强。二是条件强化。不同的强化物在不同情境中能起到不同的强化作用。三是泛化作用。在强化某一反应时，类似带有相同因素的其他反应也会加强。四是消退作用。当某种操作性行为形成后，如果不给予连续强化，那么这种操作性行为就会发生消退。

行为主义理论对于数学教学设计有很大的启发意义。例如，教学目标的明确界定，教学任务的恰当分解，学习结果的高度重视，数学练习的不可缺少，课堂教学的及时反馈等。

二、认知主义理论

自20世纪60年代起，认知心理学逐渐取代行为主义，在心理学领域占据了主导地位。认知主义理论将研究的重点转向内在的思维活动，即人脑中对于信息的接收、加工、贮存和提取。认知心理学的实质在于它主张研究认知活动本身的结构和过程，揭示认知过程的内部心理机制。格式塔学派、布鲁纳、奥苏伯尔、加涅等是认知主义理论的典型代表。以下是一些经典观点。

格式塔学派认为，人类在接收外界信息时具有能动作用，学习的本质在于知觉重组或认知重组。人的学习就是对情境进行感受、领会、理解、洞察从而产生顿悟的过程。通过顿悟获得的理解，不仅有助于迁移，而且不容易遗忘。

布鲁纳的认知发现说认为，学习是一个认知过程，是学习者主动地形成认知结构的过程。布鲁纳强调对学科的基本结构的学习，提倡发现学习法，通过主动发现形成认知结构。

奥苏伯尔的认知同化论认为，学习是学习者利用原有认知结构中与新学习知识有关的观念去同化新知识，将知识纳入认知结构，并对其进行改组和再构，形成新的认知结构的过程。奥苏伯尔将学习分为机械的学习与有意义的学习两大类。有意义的学习的过程是新的意义被同化的过程。

加涅的信息加工理论把学习解释为一种信息的加工过程，认为学习过程是信息的接收和使用过程，学习是主体和环境相互作用的结果。加涅提出了学习过程的基本模式，把学习过程划分为八个阶段：动机阶段、了解阶段、获得阶段、保持阶段、回忆阶段、概括阶段、操作阶段、反馈阶段。

认知主义理论对于数学教学设计有很大的启发意义。例如，教学设计的指导思想要由重视外部学习环节及行为的控制转向重视学生认知结构的变化；教学内容的选取与呈现要符合学生认知状况与规律；教学设计要充分考虑学情，突出学生的主体地位；教学过程要考虑发展和培养学生的认知策略和元认知能力等。

三、建构主义理论

建构主义是20世纪八九十年代有较大影响的一个主流理论。皮亚杰、维果茨基是建构主义的主要代表人物。皮亚杰认为，儿童是在与周围环境相互作用的过程中，逐步建构起关于外部世界的知识，从而使自身认知结构得到发展的。儿童与环境的相互作用涉及两个基本过程：同化与顺应。儿童的认知结构就是通过同化与顺应过程逐步建构起来的，并在“平衡—不平衡—新的平衡”的循环中得到不断的丰富、提高和发展。维果茨基提出了文化历史发展理论，认为个体的学习是在一定的历史、社会文化背景下进行的，社会可以为个体的学习发展起到重要的支持和促进作用，并提出了最近发展区的理论。

建构主义理论的内容很丰富，主要有六种不同的流派：激进建构主义（radical constructivism）、社会性建构主义（social constructivism）、社会文化认知观点（socialcultural cognition）、信息加工建构主义（information-processing constructivism）、社会建构论（social constructionism）和控制论系统（cybernetic system）。从整体上看，建构主义认为，学习在本质上是学习者依据原有的经验，以自己的方式主动建构心理表征的过程。认识并非主体对于客观现实的简单的、被动的反映，而是一个主动建构的过程，它是在一定的情境下，借助于他人的帮助，如人与人之间的协作、交流和利用必要的信息等，通过意义的建构而获得的。建构主义的教学模式倡导教师指导下的、以学生为中心的教学，教师是学习的组织者、指导者、帮助者和促进者，利用情境、协作、会话等学习环境要素，使学生能积极主动地建构他们自己的知识。

建构主义对数学教学设计有很大的启发指导意义：学生不是被动的接收者，要在学习过程中充分发挥学生的主动性。情境对意义建构有重要作用，教学设计通常不是从分析教学目标开始，而是从如何创设有利于学生意义建构的情境开始，使整个教学设计过程紧紧围绕“意义建构”这个中心而展开的。学习活动在很大程度上取决于主体已有的知识和经验，因而教学设计要充分考虑学情。总之，建构主义构成了对于传统教法设计理论基础的直接否定，由“以教师为中心”转向“以学生为中心”。

四、情境认知理论

从20世纪90年代起，学习理论经历着一场新的革命，出现了众多的新理论。除了建构主义，情境认知、社会文化认知、生态认知、日常认知以及分布式认知等学习理论迅速发展，标志着一个学习理论新时代的到来，其中情境认知成为学习理论领域研究的主流。这一理论整合了教育心理学和人类学的研究，认为意义和身份都是在互动中建构的，而这些意义和身份是在互动中被社会性和文化性地建构的。在情境学习理论看来，知识是基于社会情境的一种活动，而不是一个抽象具体的对象；知识是个体与环境交互过程中建构的一种交互状态，而不是事实；知识是一种人类协调一系列行为，去适应动态变化发展的环境的能力。

情境认知理论更新了人们对学习的理解，也对数学教学设计有积极的指导意义。例如，数学教学设计要创设真实的数学学习情境，将数学知识根植于情境脉络中，通过数学运用强化理解数学，向学生提供隐含的数学文化……[①]

以上理论各有特色，为数学教学设计提供了理论支撑，对数学教学设计有重要的指导意义。数学教学设计并不钟情于某一种理论，应该依据学生现有知识基础、学习内容以及达成最优学习结果的各种适当方法，做出理智选择。

第二节
数学教学设计的学科基础

一、数学教学设计的学科基石

数学教学设计是依据数学学科特点，系统规划教学各个要素，以达成数学教学目标的创造性过程，因而数学教学设计是关于数学的教学设计，数学教学设计建立在对数学学科本质理解的基础上。对数学本质的认识即数学观的体现。以不同的数学观为指导，会得出不同的教学设计。即如数学家赫什(Hersh)所说：“问题并不在于教学的

① 谢明初：《数学教育中的建构主义：一个哲学的审视》，180页，上海，华东师范大学出版社，2007。

最好方式是什么，而在于数学到底是什么，……如果不正视数学的本质问题，便解决不了关于数学上的争议。”数学家托姆(Thom)进一步指出：“事实上，无论人们的意愿如何，一切数学教学法根本上都出自某一数学哲学，即使是很不规范的教学法也如此。”①可见，教师对于数学的看法、信念以及偏好，对数学教学实践产生了很大的影响。对数学本质的认识也影响着数学教学设计，有什么样的数学观就有什么样的教学设计。树立正确的数学观，对于教好数学、学好数学都具有重要的意义。对数学本质的认识即数学观，成为数学教学设计的学科基石。

二、数学课程改革倡导的数学观

数学观成为数学教学设计的学科基石，因此需要明确数学课程改革倡导的数学观。笼统地说，数学观是对数学的根本认识和总的看法。历史上对“数学是什么”“如何认识数学”的探讨一直不断，不同时期不同学者对数学有着不同的认识，数学观也就不尽相同。

(一)数学观的历史演变

数学经历了一个漫长的过程，发展成为今天一门体系庞大、分支众多的学科。中国古代数学重视实用和计算，数学被视为解决实际问题的工具。例如，中国古代数学著作《九章算术》就以解决各种来源于实际并具有一定的普遍意义的问题为主要内容。另外，中国古代数学对数学规律和结论的认可，以符合经验验证为标准，不强调逻辑演绎论证。这种经验主义和实用主义数学观贯穿于整个中国古代数学史。

在古希腊数学中，针对数学对象的实在性问题，柏拉图持有数学实在论的观点，他认为数学对象是一种共相；数学命题是关于理念世界的知识，数学对象是理念世界中的存在，即数学对象是一种不依赖于人的思维的独立存在。而亚里士多德持反实在论观点，他认为数学对象不应被看成独立于感性事物的真实存在，是人类抽象思维的产物，是一种抽象的存在。在数学推理上，古希腊人强调演绎证明和几何，把数学看成可以脱离现实而依靠公理和逻辑演绎就能够独立发展的科学。其中欧几里得的《几何原本》就是公理化演绎体系的典范。与之相关，古希腊人强调数学的文化价值，把推理、理性和逻辑视为人类认识的核心，认为数学是科学的皇后、绝对真理的完美结晶，是培养人的智力的最好学科。

在近代，文艺复兴对西方数学发展产生了深刻的影响。大多数自然科学家坚信自然界是按照数学方式设计的，数学是科学的本质，一切现象都可以用数学来描述。这

---

① [英] Paul Ernest：《数学教育哲学》，前言，上海，上海教育出版社，1998。

样，“毕达哥拉斯—柏拉图强调数量关系作为现实精髓的思想逐渐占据了统治地位……科学工作的最终目标是确立定量的数学上的规律。”①

20世纪，围绕数学基础问题，形成了数学基础三大学派。以罗素为代表的逻辑主义认为，算术理论不能看成全部数学的最终基础，数学的基础在于逻辑。以布劳威尔为代表的直觉主义认为，数学悖论的出现说明数学本身有问题，说明已有的数学理论并不都是可靠的，必须按照某种更为严格的要求进行审查。审查的标准不在于思维以外的客观世界，而在于思维本身，即把数学看成一种纯粹的心智活动。以希尔伯特为代表的形式主义指出，数学的可靠成分是有限数学，数学基础研究的主要任务就是通过给非有限数学以形式的解释，把全部数学建立在有限数学的基础上。整体来看，数学基础三大学派持有静态的绝对主义的数学观，都将注意力集中在对数学知识内在的逻辑结构的分析上，把数学的发展看成确定性真理在数量上的简单积累。

随着数学本身的发展和人们对数学的认识的深入，人们对数学的认识也日趋完整。对数学的总的看法开始由静态的、绝对主义的数学观向动态的、经验的和拟经验主义的数学观转变。

(二)新课程改革体现的数学观

数学观的转变对数学教育也产生了重要的影响，正如美国数学教育家伦伯洛所说，两千多年来，数学一直被认为是与人类的活动和价值观念无关的无可怀疑的真理的集合。这一观念现在遭到了越来越多的数学哲学家的挑战，他们认为数学是可错的、变化的，并和其他知识一样都是人类创造性的产物。……这种动态的数学观具有重要的教育含义。②

反映在数学课程改革中，新课程改革倡导的数学观建立在现代数学观的基础上。《全日制义务教育数学课程标准(实验稿)》对数学做了如下的描述：数学是人们生活、劳动和学习必不可少的工具，能够帮助人们处理数据、进行计算、推理和证明，数学模型可以有效地描述自然现象和社会现象；数学为其他科学提供了语言、思想和方法，是一切重大技术发展的基础；数学在提高人的推理能力、抽象能力、想象力和创造力等方面有着特殊的作用；数学是人类的一种文化，它的内容、思想、方法和语言是现代文明的重要组成部分。③《义务教育数学课程标准(2011年版)》进一步明确指出：数学与人类发展和社会进步息息相关，随着现代信息技术的飞速发展，数学更加广泛应用于社会生产和日常生活的各个方面。数学不仅是自然科学和技术科学的基础，而且

---

① [美]M. 克莱因：《古今数学思想(第一册)》，252页，上海，上海科学技术出版社，1979。

② 郑毓信：《数学教育的误区与盲点》，载《人民教育》，2011(Z1)。

③ 中华人民共和国教育部：《全日制义务教育数学课程标准(实验稿)》，1页，北京，北京师范大学出版社，2001。

在人文科学与社会科学中发挥着越来越大的作用。数学是人类文化的重要组成部分。①《普通高中数学课程标准(实验)解读》中指出：我们要用动态的、多元的观点来认识数学，要认识数学的一些基本要素，如数学有两个侧面，即数学的两重性——数学内容的形式性和数学发现的经验性。数学是一门有待探索的、动态的、进化的思维训练，而不是僵化的、绝对的、封闭的规则体系；数学是一种科学，而不是一堆原则；数学是关于模式的科学，而不是仅仅关于数的科学。②《普通高中数学课程标准(2017年版2020年修订)》进一步明确了数学课程的价值：数学直接为社会创造价值，推动社会生产力的发展。数学在形成人的理性思维、科学精神和促进个人智力发展的过程中发挥着不可替代的作用。数学素养是现代社会每一个人应该具备的基本素养。同时，它还特别指明了数学教育的任务：数学教育承载着落实立德树人根本任务、发展素质教育的功能。数学教育帮助学生掌握现代生活和进一步学习所必需的数学知识、技能、思想和方法；提升学生的数学素养，引导学生会用数学眼光观察世界，会用数学思维思考世界，会用数学语言表达世界；促进学生思维能力、实践能力和创新意识的发展，探寻事物变化规律，增强社会责任感；在学生形成正确人生观、价值观、世界观等方面发挥独特作用。③

可见，新课程对数学的认识是全面的、多方位的。从本体论角度看，新课程既强调数学对象的客观性、数学与现实生活的密切相关性，又指出数学是人类创造的产物，是学生依据已有知识主动建构的产物；从认识论角度看，新课程既指出了数学演绎性的一面，也提出了数学经验性的一面，既认为数学发展的动力是社会现实的需要，也认为来自数学内部的问题是数学发展的动力，强调归纳与演绎是数学发展的两翼；就数学的价值而言，新课程既指出了数学的工具价值、科学价值，也强调了数学所具有的文化价值。④

因此，数学课程改革倡导动态的、多元的、辩证的数学观，将数学看作人类的一种创造性活动，明确肯定数学的辩证性质(如数学的模式化与具体化、数学的形式与非形式方面、逻辑与直觉、统一性与多样化、一般与特殊等)，将数学看作整体性人类文化的子文化等。

新课程倡导的数学观影响着数学教学设计，为开展数学教学设计指明了方向。例如，新课程将数学看作人类的创造性活动，因此，学生的数学学习方式应该是数学探

---

① 中华人民共和国教育部：《义务教育数学课程标准(2011年版)》，1页，北京，北京师范大学出版社，2012。

② 数学课程标准研制组：《普通高中数学课程标准(实验)解读》，304页，南京，江苏教育出版社，2004。

③ 中华人民共和国教育部：《普通高中数学课程标准(2017年版2020年修订)》，1～2页，北京，人民教育出版社，2020。

④ 吴晓红、郑毓信：《新课程背景下学生数学素养探析》，载《中国教育学刊》，2012(4)。

究学习、数学游戏化学习；数学是一个多元复合体，因而数学教学内容不仅有数学知识，还有数学思想方法；问题是数学的心脏，数学学习应该重视数学问题情境的教学，因而数学问题情境创设应该成为数学教学设计的重要内容等。

本章小结

数学教学设计需要以先进理论为基础。行为主义、认知主义、建构主义、情境认知等理论构成了数学教学设计的教与学理论基础，数学课程改革倡导的数学观为数学教学设计奠定了学科基础。数学课程改革倡导动态的、多元的、辩证的数学观，将数学看作人类的一种创造性活动；明确肯定数学的辩证性质(如数学的模式化与具体化、数学的形式与非形式方面、逻辑与直觉、统一性与多样化、一般与特殊等)；将数学看作整体性人类文化的子文化等。

章后练习

1. 数学教学设计的教与学理论基础是什么？它们对数学教学设计有何启发？

2. 数学教学设计的学科基础是什么？它们对数学教学设计有何启发？

3. 数学课程改革倡导怎样的数学观？

拓展阅读

1. 郑毓信．学习理论的现代发展及其教学涵义．数学教育学报，2004(1).

2. 喻平．数学教育心理学．南宁：广西教育出版社，2004.

3. 谢明初．数学教育中的建构主义：一个哲学的视角．上海：华东师范大学出版社，2007.

第三章

数学教学设计的目标表征

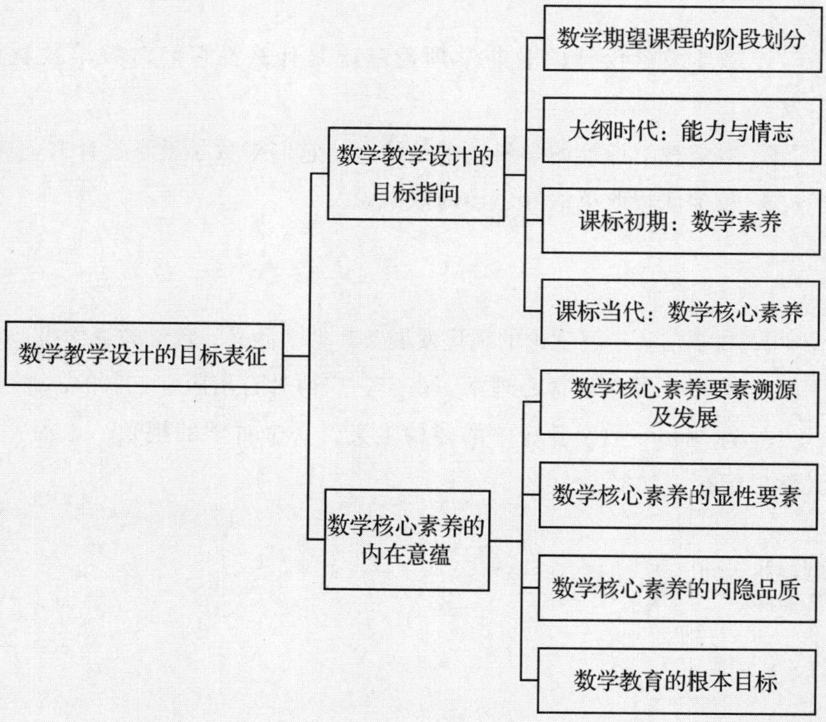

本章概述

本章首先指出数学教学设计的目标指向是数学教学目标，再通过梳理数学教学目标的历史演变，揭示出数学核心素养成为新课程改革的方向，成为数学教学设计需要达成的目标。其次通过对数学抽象、逻辑推理、数学建模、直观想象、数学运算和数据分析的历史追溯，阐述数学核心素养的内涵。

章前导语

教育教学理论以及新课程倡导的数学观为数学教学设计奠定了坚实的理论基础，但是仅仅明确理论基础还不够。有效数学教学设计的具体体现是达成数学教学目标，因而，需要阐明数学教学设计的目标指向。随着时代发展和认识的深化，教学目标也在不断演变。以下通过梳理数学教学目标的历史演变，从中揭示新课程改革中数学教学设计的目标指向，明确数学教学设计最终达成的目标。

第一节
数学教学设计的目标指向

一、数学期望课程的阶段划分

TIMSS(The Trends in International Mathematics and Science Study)是有较大影响的教育评价研究，该研究将课程分为三个层面：期望课程、实施课程、获得课程。期望课程代表着国家意志的课程意图、课程目标和要求，通常以教学大纲、课程标准或者部审教材的形式得到体现；实施课程主要关注课堂教学实际实施的情况；获得课程则关注学生实际习得的内容。其中期望课程是实施课程和获得课程的基础。因而，教学大纲或者课程标准体现的教学目标就反映了国家教育改革的动向。

1949 年新中国成立之际，我国主要学习苏联数学教育模式，颁布的数学期望课程以“数学教学大纲”命名。1949 年至 2000 年，我国颁布了一些中小学数学教学大纲。进入 21 世纪，我国进入新课程改革时期，开始采用“课程标准”名称，相继颁布了一系列数学课程标准。因此，1949 年以来的改革是基于教学大纲的教育改革，2001 年之后则是走向基于课程标准的课程改革。

许多学者对大纲时代的数学课程发展做了不同角度的划分。本书由于主要聚焦新课程改革，因而不再对教学大纲时代的数学课程改革细分阶段，只对基于课程标准的课程改革做进一步划分。

2001 年颁布的《全日制义务教育数学课程标准(实验稿)》、2003 年颁布的《普通高中数学课程标准(实验)》，标志着基于课程标准的课程改革的开始。基于课程标准的课程改革在经历了激动、困惑、争论、反思、调整的曲折发展历程之后，又站在了一个新的起点上，课程标准修订稿相继出台。2011 年颁布了《义务教育数学课程标准(2011

年版)》，2018 年 1 月颁布了《普通高中数学课程标准(2017 年版)》，2022 年 4 月颁布了《义务教育数学课程标准(2022 年版)》。因此，2001 年开始的数学课程改革是基于课程标准改革的初期，而 2011 年修订课程标准之后的改革则是反思、深化、调整后的改革。

基于此，本书将反映国家意志的数学期望课程的演变划分为三个阶段：大纲时代、课标初期、课标当代。大纲时代主要指 1949 年至 2000 年，本书主要考查比较有影响的中小学数学教学大纲；课标初期主要考查《义务教育数学课程标准(2011 年版)》和《普通高中数学课程标准(实验)》；课标当代主要考查《义务教育数学课程标准(2011 年版)》《普通高中数学课程标准(2017 年版)》《义务教育数学课程标准(2022 年版)》。

二、大纲时代：能力与情志

1950 年颁布的《小学算术课程暂行标准(草案)》《数学精简纲要(草案)》，分别是新中国成立之初关于小学数学教学和中学数学教学的第一个期望课程。此后根据时代发展和教育改革的需要，国家又颁布了许多数学教学大纲。

1950 年颁布的数学教学大纲主要是在学习借鉴苏联先进经验基础上制定的，“没有很好地结合中国实际，存在着比较严重的教条主义”。① 为适应中国社会主义建设发展的需要，教育部对中、小学数学教学大纲进行了修订，于 1963 年颁布了《全日制小学算术教学大纲(草案)》(以下简称“63 大纲小学”)、《全日制中学数学教学大纲(草案)》(以下简称“63 大纲中学”)。

“63 大纲小学”指出，小学算术教学的目的是：使学生牢固地掌握算术和珠算的基础知识，培养学生正确地、迅速地进行四则计算的能力，正确地解答应用题的能力，以及具有初步的逻辑推理的能力和空间观念，以适应他们毕业后参加生产劳动和进一步学习的需要。② “63 大纲中学”指出，中学数学的教学目的是：使学生牢固地掌握代数、平面几何、立体几何、三角和平面解析几何的基础知识，培养学生正确而且迅速的计算能力、逻辑推理能力和空间想象能力，以适应参加生产劳动和进一步学习的需要。③ 可见，63 教学大纲教学目的除了指出学生要掌握的基础知识以外，还明确提出了“能力”目标：计算能力、解答应用题能力、逻辑推理能力和空间观念(小学)，以及计算能力、逻辑推理能力、空间想象能力(中学)。其中“计算能力、逻辑推理能力、空

---

① 课程教材研究所：《20 世纪中国中小学课程标准教学大纲汇编(数学卷)》，427 页，北京，人民教育出版社，2001。

② 课程教材研究所：《20 世纪中国中小学课程标准教学大纲汇编(数学卷)》，82 页，北京，人民教育出版社，2001。

③ 课程教材研究所：《20 世纪中国中小学课程标准教学大纲汇编(数学卷)》，434 页，北京，人民教育出版社，2001。

间想象能力(空间观念)”是我国首次提出的“三大能力”。

1976 年以后，教育部在“教材要反映出现代科学文化的水平，同时要符合我国的世纪情况”①的指导思想下，采取“精选、增加、渗透”原则，于 1978 年颁布了《全日制十年制学校小学数学教学大纲(试行草案)》(以下简称“78 大纲小学”)和《全日制十年制学校中学数学教学大纲(试行草案)》(以下简称“78 大纲中学”)。“78 大纲小学”指出，小学数学教学目的是：使学生理解和掌握数量关系和空间形式的最基础的知识，能够正确地、迅速地进行整数、小数和分数的四则计算，初步了解现代数学中的某些最简单的思想，具有初步的逻辑思维能力和空间观念，并能够运用所学的知识解决日常生活和生产中的简单的实际问题。同时，结合教学内容对学生进行思想政治教育。“78 大纲中学”指出，中学数学教学目的是：使学生切实学好参加社会主义革命和建设，以及学习现代科学技术所必需的数学基础知识；具有正确迅速的运算能力、一定的逻辑思维能力和一定的空间想象能力，从而逐步培养学生分析问题和解决问题的能力。通过数学教学，向学生进行思想政治教育，激励学生为实现四个现代化学好数学的革命热情，培养学生的辩证唯物主义观点。

可见，78 大纲继承了“三大能力”的提法，但将计算能力改为运算能力，将逻辑推理能力改为逻辑思维能力，并明确提出了要培养学生分析问题和解决问题的能力。同时，教学大纲还提出了培养学生情感意志方面的目的，如培养辩证唯物主义观点。

之后，“三大能力”[运算能力、逻辑思维能力、空间想象能力(空间观念)]“分析问题和解决问题的能力”频繁出现在数学教学大纲中。例如，1992 年《九年义务教育全日制小学数学教学大纲(试用)》的教学目的包括使学生具有进行整数、小学、分数四则计算的能力，培养初步的逻辑思维能力和空间观念，能够运用所学的知识解决简单的实际问题。1996 年《全日制普通高级中学数学教学大纲(供试验用)》的教学目的是进一步培养学生的思维能力、运算能力、空间想象能力，以逐步形成运用数学知识来分析和解决实际问题的能力。

另外，通过考查中小学数学教学大纲可以发现，培养学生的情感意志也出现在数学教学大纲中，并且教学大纲对情感意志方面的要求也不断丰富。例如，“78 大纲小学”指出要“对学生进行思想政治教育”，1986 年《全日制小学数学教学大纲》提出“结合教学内容对学生进行思想品德教育”，之后“思想品德教育”成为小学数学教学大纲的重要内容。“78 大纲中学”提出要“培养学生的辩证唯物主义观点”。1982 年颁布的《全日制六年制重点中学数学教学大纲(草案)(征求意见稿)》指出要“培养学生的科学态度和辩证唯物主义世界观”。1986 年《全日制中学数学教学大纲》还提出了“培养学生对数学

① 课程教材研究所：《20 世纪中国中小学课程标准教学大纲汇编(数学卷)》，编者的话，北京，人民教育出版社，2001。

的兴趣”的要求。1992年《九年义务教育全日制初级中学数学教学大纲(试用修订版)》首次提出“培养学生良好的个性品质”，其后“培养良好的个性品质和辩证唯物主义观点”成为中学数学教学大纲的重要内容。

从整体上看，就情感意志的培养而言，使小学生受到思想品德教育、培养中学生良好的个性品质和辩证唯物主义观点，已成为我国数学教学大纲的显性特征。

可见，能力突出、情感意志显现是大纲时代的突出特点，其中培养数学“三大能力”“分析和解决实际问题的能力”以及使学生受到“思想品德教育”、培养“良好的个性品质和辩证唯物主义观点”已成为数学教育界的共识，也是大纲时代数学教学的重要目标。

三、课标初期：数学素养

我国于1992年首次在《九年义务教育全日制初级中学数学教学大纲(试用修订版)》中提出“数学素养”一词：“使学生受到必要的数学教育，具有一定的数学素养，对于提高全民族素质，为培养社会主义建设人才奠定基础是十分必要的。”[①]其后在1996年颁布的《全日制普通高级中学数学教学大纲(供试验用)》(以下简称“96大纲”)、2000年颁布的《九年义务教育全日制初级中学数学教学大纲(试用修订版)》和《全日制普通高级中学数学教学大纲(试验修订版)》中都有相同或类似表述。

这些大纲均没有明确界定数学素养，但将运算能力(计算能力)、思维能力、空间想象能力(空间观念)、解决实际问题的能力、创新意识、良好的个性品质、辩证唯物主义观点等内容纳入数学素养范畴。可见我国数学教育传统的“三大能力”、分析和解决实际问题的能力，以及培养学生个性品质、辩证唯物主义观点等仍然是数学素养的重要内涵。

进入21世纪，我国进行新一轮基础教育课程改革。《全日制义务教育数学课程标准(实验稿)》的颁布，标志着新一轮数学课程改革开始实施。《全日制义务教育数学课程标准(实验稿)》没有明确出现有关数学素养的表述，但其教学总目标的表述却与2000年数学大纲提出的数学素养的表述有很大关系。例如，在课程目标阐述中，在数学与思考方面，提出了“发展抽象思维”“发展形象思维”“发展合情推理能力和初步的演绎能力”等目标；在解决问题方面，倡导“从数学的角度提出问题、理解问题并能综合运用所学的知识和技能解决问题，发展应用意识”；在情感与态度方面，要求学生能够“对数学有好奇心与求知欲”“锻炼克服困难的意志，建立自信心”“形成实事求是的态度以

---

① 课程教材研究所：《20世纪中国中小学课程标准教学大纲汇编(数学卷)》，604页，北京，人民教育出版社，2001。

及进行质疑和独立思考的习惯”等。

《普通高中数学课程标准(实验)》明确指出，高中数学课程的课程目标是：使学生在九年义务教育数学课程的基础上，进一步提高作为未来公民所必要的数学素养，以满足个人发展与社会进步的需要。其具体阐述为：“获得必要的数学基础知识和基本技能，理解基本的数学概念、数学结论的本质，了解概念、结论等产生的背景、应用，体会其中所蕴含的数学思想和方法，以及它们在后续学习中的作用。通过不同形式的自主学习、探究活动，体验数学发现和创造的历程。提高空间想象、抽象概括、推理论证、运算求解、数据处理等基本能力。提高数学地提出、分析和解决问题(包括简单的实际问题)的能力，数学表达和交流的能力，发展独立获取数学知识的能力。发展数学应用意识和创新意识，力求对现实世界中蕴涵的一些数学模式进行思考和作出判断。提高数学学习的兴趣，树立学好数学的信心，形成锲而不舍的钻研精神和科学态度。具有一定的数学视野，逐步认识数学的科学价值、应用价值和文化价值，形成批判性的思维习惯，崇尚数学的理性精神，体会数学的美学意义，从而进一步树立辩证唯物主义和历史唯物主义世界观。”

可以看出，数学素养成为《普通高中数学课程标准(实验)》的关键词，课标中虽然没有明确数学素养的内涵，但其意义隐含在以上六个方面的具体阐述中。课程目标不仅继承了传统的“三大能力”，还将抽象概括、数据处理作为学生应该具备的基本能力；不仅延续了分析问题、解决问题的提法，还首次提出了“数学地提出问题”的能力；不仅包括数学情感意志的培养，还进一步丰富了情感意志的内容，比如，树立学好数学的信心、认识数学的价值、崇尚数学的理性精神、体会数学美等。

可见，《普通高中数学课程标准(实验)》与《全日制义务教育数学课程标准(实验稿)》虽然是不同学段的课程标准，但表述方式与目标内容较为一致，课程目标的主要内容建立在已有数学期望课程的基础上，延续了我国数学教育传统内容。特别是《普通高中数学课程标准(实验)》明确提出了数学素养的目标，并进一步丰富发展了数学课程目标的内涵，丰富了数学素养的意义。

至此，数学素养从大纲时代的幕后走向课标时代的前台，成为课标初期数学课程改革的重要目标。

四、课标当代：数学核心素养

《义务教育数学课程标准(2011 年版)》是对《全日制义务教育数学课程标准(实验稿)》的修订完善，它明确提出了指向义务教育阶段的数学素养的目标：“数学是人类文化的重要组成部分，数学素养是现代社会每一个公民应该必备的基本素养。”又具体提出了十个核心概念：应当注重发展学生的数感、符号意识、空间观念、几何直观、数据分析观念、运算能力、推理能力、模型思想，以及应用意识和创新意识。这十个核心概念是学生在义务教育阶段数学课程学习中最应具备的数学素养，是促进学生发展的重要方面，是学生掌握数学基本思想的基础。其后，马云鹏明确指出，这十个概念就是数学核心素养。①

《普通高中数学课程标准(2017 年版)》更是将数学素养贯穿于课标始终，特别是提出了数学学科核心素养的关键词。在课程性质中明确指出："数学在形成人的理性思维、科学精神和促进个人智力发展的过程中发挥着不可替代的作用。数学素养是现代社会每一个人应该具备的基本素养。"并从课程、教学、评价等方面，将"高中数学课程以学生发展为本，落实立德树人根本任务，培育科学精神和创新意识，提升数学学科核心素养""高中数学课程体现社会发展的需求、数学学科的特征和学生的认知规律，发展学生数学学科核心素养""高中数学教学以发展学生数学学科核心素养为导向""高中数学学习评价关注学生知识技能的掌握，更关注数学学科核心素养的形成和发展"等作为重要的基本理念。

同时，《普通高中数学课程标准(2017 年版)》首次提出了六大数学学科核心素养："在学习数学和应用数学的过程中，学生能发展数学抽象、逻辑推理、数学建模、直观想象、数学运算、数据分析等数学学科核心素养。"并将"发展学生数学学科核心素养"作为数学课程的核心目标，提倡"树立以发展学生数学学科核心素养为导向的教学意识，将数学学科核心素养的培养贯穿于教学活动的全过程"。

无论是《义务教育数学课程标准(2011 年版)》的十个核心词，还是《普通高中数学课程标准(2017 年版)》的六大核心素养，都是数学核心素养在不同阶段的具体表现。最新颁布的《义务教育数学课程标准(2022 年版)》把数学课程要培养的学生核心素养，统一表述为"三会"：会用数学的眼光观察现实世界，会用数学的思维思考现实世界，会用数学的语言表达现实世界。在小学阶段，核心素养具体表现为数感、量感、符号意识、运算能力、几何直观、空间观念、推理意识、数据意识、模型意识、应用意识、创新意识。在初中阶段，核心素养主要表现为抽象能力、运算能力、几何直观、空间观念、推理能力、数据观念、模型观念、应用意识、创新意识。②

可以看出，数学课程目标在经历了凸显数学能力("三大能力"、分析和解决实际问题能力)、情感意志以及显化数学素养之后，数学核心素养成为基础教育数学课程改革的关键词，成为引领数学课程改革的方向，引领着数学课程改革从知识本位走向核心素养时代。

学生数学核心素养的培育，最终要通过数学教学来实施。数学教学设计是达成数学教学目标的创造性过程，因而有效的数学教学需要通过数学教学设计来实现。因此，

① 马云鹏：《关于数学核心素养的几个问题》，载《课程·教材·教法》，2015(9)。

② 史宁中：《〈义务教育数学课程标准(2022 年版)〉的修订与核心素养》，《教师教育学报》，2022(5)。

数学核心素养成为数学教学设计的目标指向，即通过数学教学设计发展学生的数学核心素养。

第二节 数学核心素养的内在意蕴

数学核心素养成为数学教学设计的目标指向。因而，理解数学核心素养成为有效数学教学设计的关键。

“三会”成为数学课程要培养的核心素养。数学的眼光主要是数学抽象，表现为在小学阶段形成数感、量感、符号意识，在初中阶段形成抽象意识，在高中阶段则上升为拥有数学抽象能力。与数学抽象关系密切的是直观想象。数学思维主要是逻辑推理，在小学阶段表现为推理意识，在初中阶段逐渐形成推理能力，在高中阶段则上升为形式化的逻辑推理。数学运算是逻辑推理的一种特殊形式。数学语言主要是数学模型，在小学阶段能够具备一定的模型意识、数据意识，在初中阶段上升为模型观念、数据观念，在高中阶段则要建立模型思想、数据分析思想。① 以下通过追溯这些要素的历史发展，明确数学核心素养的内在意义。

一、数学核心素养要素溯源及发展②

(一)数学抽象、数学建模

《普通高中数学课程标准(2017 年版)》指出，数学抽象是指通过对数量关系与空间形式的抽象，得到数学研究对象的素养。主要包括：从数量与数量关系、图形与图形关系中抽象出数学概念及概念之间的关系，从事物的具体背景中抽象出一般规律和结构，并用数学语言予以表征。数学抽象主要表现为：获得数学概念和规则，提出数学命题和模型，形成数学方法与思想，认识数学结构与体系。而数学建模是对现实问题进行数学抽象，用数学语言表达问题、用数学方法构建模型解决问题的素养。数学建模过程主要包括：在实际情境中从数学的视角发现问题、提出问题，分析问题、建立模型，确定参数、计算求解，检验结果、改进模型，最终解决实际问题。数学建模主

① 史宁中：《〈义务教育数学课程标准(2022 年版)〉的修订与核心素养》，《教师教育学报》，2022(5)。

② 吴晓红：《基于课标史的数学核心素养意义探析》，载《江苏教育》，2020(11)。

要表现为：发现和提出问题，建立和求解模型，检验和完善模型，分析和解决问题。

从数学建模、数学抽象的内涵来看，数学抽象、数学建模与传统的数学教学目标“分析和解决实际问题的能力”有很大关系，因此，可以说数学抽象、数学建模是对传统数学能力的继承。

不仅如此，数学抽象、数学建模还丰富发展了“分析和解决实际问题的能力”的内涵。

首先，无论是“从事物的具体背景中抽象出一般规律和结构，并用数学语言予以表征”的过程，还是“在实际情境中从数学的视角发现问题、提出问题，分析问题、建立模型，确定参数、计算求解，检验结果、改进模型，最终解决实际问题”的过程，实际上不仅仅是分析问题、解决问题的过程，还包括发现问题、提出问题的过程。其次，数学抽象与数学建模明确了问题的不同背景，不仅强调了事物的具体背景、实际情境，还指出了问题的数学背景“从数量与数量关系、图形与图形关系中抽象出数学概念及概念之间的关系”。

这表明，数学抽象与数学建模根源于“分析和解决实际问题的能力”，并丰富发展了“分析和解决实际问题的能力”的内涵，不仅将“分析问题、解决问题”拓展为“发现问题、提出问题、分析问题、解决问题”，而且将“实际问题”拓展为“实际问题”与“数学问题”，丰富了解决问题的背景。

(二)逻辑推理、直观想象、数学运算

“63 大纲”首次提出“三大能力”目标：计算能力、逻辑推理能力、空间想象能力。自“63 大纲”后，“三大能力”一直成为数学教学的重要目标。例如，“96 大纲”指出，“进一步培养学生的思维能力、运算能力、空间想象能力”；2000 年《九年义务教育全日制初级中学数学教学大纲(试用修订版)》指出，进一步培养运算能力，发展思维能力和空间观念。《全日制义务教育数学课程标准(实验稿)》中的“三大能力”分别具化在知识与技能、数学思考、解决问题、情感与态度四个方面的课程目标中。例如，“掌握必要的运算(包括估算)技能”“发展空间观念”“发展合情推理能力和初步的演绎推理能力”“能进行有条理的思考”等。《普通高中数学课程标准(实验)》课程目标包括提高空间想象、抽象概括、推理论证、运算求解、数据处理等基本能力。《义务教育数学课程标准(2011 年版)》中，空间观念、几何直观、运算能力、推理能力等成为核心关键词。而《普通高中数学课程标准(2017 年版)》则明确指出逻辑推理、直观想象、数学运算是数学核心素养。

可见，历次数学教学大纲或课程标准都将“三大能力”作为教学目的，虽然个别名称略有变化，但基本上指向数学运算、数学推理、直观想象。因此，数学核心素养中的数学运算、逻辑推理、直观想象根源于数学的“三大能力”，是对我国传统数学课程

目标的继承。

不仅如此，数学核心素养还丰富发展了“三大能力”的内涵。以下仅以数学运算素养为例进行说明。

运算能力在不同教学大纲或课程标准中均有表述。例如，1992年《九年义务教育全日制初级中学数学教学大纲(试用修订版)》指出，运算能力是：不仅会根据法则、公式等正确地进行运算，而且理解运算的算理，能够根据题目条件寻求合理、简捷的运算途径。2000年《全日制普通高级中学数学教学大纲(试验修订版)》指出，运算能力是指：会根据法则、公式等正确地进行运算、处理数据，并理解算理；能够根据问题的情境，寻求与设计合理、简捷的运算途径。《义务教育数学课程标准(2011年版)》指出，运算能力主要是指能够根据法则和运算律正确地进行运算的能力，培养运算能力有助于学生理解运算的算理，寻求合理简洁的运算解决途径。

从表面上看，运算能力的意义基本没有发生变化，但实际上基于课标的数学课程改革赋予了运算能力更为丰富的内涵。除了原先对运算求解能力的一些要求之外(但是要避免繁杂的运算和过于人为的、技巧性过强的运算)，还应包括对估算能力、使用计算器和计算机的能力、求近似解的能力等方面的要求。也就是说，就运算的类型而言，由传统的笔算、口算拓展到了笔算、口算、估算、机算；不仅包括看得见的口算、笔算、估算等运算技能，也包括运用运算解决各种问题时的分析能力、推理能力等思维能力。除了掌握传统的四则运算的基本技能外，还要能够解决许多新型的运算问题。例如，找数字排列的规律、规律中的计算、计算中的规律、算式的大小比较、代数式求值、数形结合、运算与生活、定义新运算等方面。① 就运算的要求而言，课程标准倡导运算的“算法多样化”，鼓励学生用多种多样的方法进行计算，让学生具有开放的思维和意识；倡导“算法优化”，根据学生的认知特点、积累的运算经验以及学生擅长的计算思维方式，引导学生强化某种思维运算经验，从而获得一种基于自身个性化的优化思维运算。

《普通高中数学课程标准(2017年版)》还特别突出了对运算对象的关注——明晰运算对象，运算对象不仅仅是整数、分数、小数、正负数、法则、公式、四则运算等，它还具有十分广泛的内涵，不仅包括数值计算，以及代数式、方程的变形，还包括集合、向量、逻辑等的演算和数据的某些处理。② 这样，数学运算内涵进一步得到拓展。另外，课标强调了数学运算的层次性，突出了数学运算素养的情境性，将数学运算划分为三个水平。例如，水平一，能够在熟悉的数学情境中了解运算对象，提出运算问

---

① 王永春：《小学数学运算能力的培养应与时俱进》，载《小学数学教育》，2012(10)。

② 曹培英：《跨越断层，走出误区：“数学课程标准”核心词的实践解读之六——运算能力(上)》，载《小学数学教师》，2014(3)。

题；水平二，能够在关联的情境中确定运算对象，提出运算问题；水平三，在综合情境中，能把问题转化为运算问题，确定运算对象和运算法则，明确运算方向等。

（三）数据分析

数据分析源于《义务教育数学课程标准（2011 年版）》的数据分析观念，实际上是由《全日制义务教育数学课程标准（实验稿）》的统计观念和《普通高中数学课程标准（实验）》的数据处理能力演变而来的。

在信息化社会，数据是信息的载体，这个载体包括数，也包括言语、信号、图像。凡是能够承载事物信息的东西都构成数据，而统计学就是通过这些载体来提取信息进行分析的科学和艺术。[①] 因此，统计观念成为《全日制义务教育数学课程标准（实验稿）》的核心概念。统计观念主要体现在统计思考，统计过程及其认识，对统计过程、方法、结果的反思，但是却没有突出随机性。

《义务教育数学课程标准（2011 年版）》将统计观念修改为数据分析观念。数据分析观念包括：了解在现实生活中有许多问题应当先做调查研究，收集数据，通过分析作出判断，体会数据中蕴含着信息；了解对于同样的数据可以有多种分析方法，需要根据问题的背景选择合适的方法；通过数据分析体验随机性，一方面对于同样的事情每次收集到的数据可能不同，另一方面只要有足够的数据就可能从中发现规律。从中可以看出，"数据分析观念"增补了"体验随机性"的学习要求，强化了"数据中蕴含着信息"，强调了数据分析方法的"多样"性以及方法的"合适"性。从"统计观念"到"数据分析观念"更加突出了数据分析的核心地位，凸显了统计的研究对象，强化了处理数据、用数据说话的观念。

《普通高中数学课程标准（实验）》提出了"数据处理能力"，进一步突出了信息化社会、数字化时代中"数据处理"的重要性：需要我们具有收集数据、处理数据、从数据中提取信息作出判断的能力，进而具有对一堆数据的感觉能力，这是现代社会公民应具备的一种基本素养。

《普通高中数学课程标准（2017 年版）》明确提出"数据分析"是数学核心素养之一。数据分析是指针对研究对象获取数据，运用数学方法对数据进行整理、分析和推断，形成关于研究对象知识的素养。数据分析过程主要包括：收集数据，整理数据，提取信息，构建模型，进行推断，获得结论……

可以看出，"数据分析"素养更加明确了数据分析过程及表现。同时，课标特别给出了数据分析素养的三层水平划分，指明了数据分析素养的情境性、层次性，强化了对随机现象的理解与认识。

---

① 史宁中：《数学思想概论》，147 页，长春，东北师范大学出版社，2008。

因此，“数据分析”源于课程标准的已有理念，是对“统计观念”“数据处理”“数据分析观念”的继承与发展。在信息社会、数字化时代的今天，拥有“数据分析”素养越来越重要，“数据分析”素养因此成为新时代数学核心素养。

二、数学核心素养的显性要素

以上历史追溯表明，六大核心素养根源于我国数学教育的能力目标，突出了数学关键能力，乃至有专家指出“数学核心素养可以理解为学生学习数学应当达成的有特定意义的综合性能力”①。因此，《普通高中数学课程标准(2017 年版)》所提出的六大核心素养“更像是核心素养所应具备的‘要素集’，且从表述上看更像是六种数学能力，难以反映数学核心素养的全貌”②。

由于数学核心素养是数学课程目标的集中体现，是具有数学基本特征的思维品质、关键能力以及情感、态度与价值观的综合体现，而思维品质是思维在敏捷性、逻辑性、批判性、创新性等方面所表现的能力和水平，可以通过关键能力表现出来，因此，关键能力和情感意志可以看作核心素养的两个重要方面。

在此意义下，与其说数学核心素养包括数学抽象、逻辑推理、数学建模、直观想象、数学运算和数据分析，不如说，数学核心素养所体现的关键能力是数学抽象、逻辑推理、数学建模、直观想象、数学运算和数据分析。因此，关键能力成为数学核心素养的显性要素。

三、数学核心素养的内隐品质

《普通高中数学课程标准(2017 年版)》不仅明确指出了六大数学核心素养，也指明了数学核心素养的教育价值。例如，《普通高中数学课程标准(2017 年版)》指出，通过发展数学抽象素养，“学生能在情境中抽象出数学概念、命题、方法和体系，积累从具体到抽象的活动经验；养成在日常生活和实践中一般性思考问题的习惯，把握事物的本质，以简驭繁；运用数学抽象的思维方式思考并解决问题”。通过发展逻辑推理素养，“学生能掌握逻辑推理的基本形式，学会有逻辑地思考问题；能够在比较复杂的情境中把握事物之间的关联，把握事物发展的脉络；形成重论据、有条理、合乎逻辑的思维品质和理性精神，增强交流能力”等。

可见，数学核心素养的培养隐含着情感意志的培养，通过发展学生数学核心素养，

---

① 马云鹏：《关于数学核心素养的几个问题》，载《课程·教材·教法》，2015(9)。

② 吕世虎、吴振英：《数学核心素养的内涵及其体系构建》，载《课程·教材·教法》，2017(9)。

使学生学会“运用数学抽象的思维方式思考并解决问题”“形成重论据、有条理、合乎逻辑的思维品质和理性精神”“增强创新意识和科学精神”“养成一丝不苟、严谨求实的科学精神”“形成通过数据认识事物的思维品质”，等等。

因此，表面上看，数学核心素养表达的仅仅是关键能力，实际上，数学核心素养所体现的情感意志内隐在数学核心素养所体现的关键能力中，或者说，数学核心素养所隐含的情感意志的内涵是通过对数学抽象、逻辑推理、数学建模、直观想象、数学运算、数据分析的教学而体现的。

在此意义下，我们才能够更好地理解数学课程性质：数学教育承载着落实立德树人根本任务、发展素质教育的功能。数学教育……在学生形成正确人生观、价值观、世界观等方面发挥独特作用。

可见，关键能力仅是数学核心素养所显性体现的一个方面，情感意志是数学核心素养的内隐品质。因此，发展学生数学核心素养是通过对数学抽象、逻辑推理、数学建模、直观想象、数学运算和数据分析的教学来实现的。

另外，通过考查新中国成立以来的数学教学大纲可以发现，培养学生的情感意志也是数学教学大纲的重要目标。因此，如果将情感意志看作数学核心素养的内隐品质，这时，我们才能真正说，数学核心素养是对数学教育传统的继承与发展。

四、数学教育的根本目标

任何演变都不是一蹴而就的，都是时代发展的必然产物。只有结合时代背景，才能进一步深化对数学核心素养的认识。

2014 年颁布的《关于全面深化课程改革 落实立德树人根本任务的意见》指出，要研究提出各学段学生发展核心素养体系，明确学生应具备的适应终身发展和社会发展需要的必备品格和关键能力。2016 年《中国学生发展核心素养》颁布，核心素养成为基础教育课程改革的指路明灯，引领着基础教育深化改革从“知识本位”时代走向“核心素养”时代。

学生核心素养的培育，最终要通过学科教育实施，必须将宏观的核心素养体系落实到学科核心素养的培育上和具体的学科课程建设中。发展学生核心素养的重任落在学科教育工作者身上。

因此，数学核心素养的产生是时代赋予数学学科落实立德树人的教育责任。数学教育承载着落实立德树人根本任务、发展素质教育的功能。培养数学核心素养的根本目的在于发展学生核心素养，实现数学学科的育人功能。

因而，从根本意义上说，数学教育的目标，与其说是发展学生数学核心素养，不如说是通过数学发展学生核心素养。

本章小结

数学教学目标从大纲时代的能力突出、情志显现，到课标初期的数学素养，最后演变为课标当代的数学核心素养。数学核心素养成为数学教学设计的目标指向。

就数学核心素养的内涵而言，与其说数学核心素养包括数学抽象、逻辑推理、数学建模、直观想象、数学运算和数据分析，不如说数学核心素养所体现的关键能力是数学抽象、逻辑推理、数学建模、直观想象、数学运算和数据分析。与其说数学核心素养所体现的关键能力是数学抽象、逻辑推理、数学建模、直观想象、数学运算和数据分析，不如说发展学生数学核心素养是通过对数学抽象、逻辑推理、数学建模、直观想象、数学运算和数据分析的教学来实现的。

可以说，数学核心素养凸显的关键能力体现为数学抽象、逻辑推理、数学建模、直观想象、数学运算和数据分析，数学核心素养的内隐品质反映为情感意志。数学核心素养是对传统数学教学目标的继承与发展。数学课程要培养的学生核心素养，概括来说就是“三会”：会用数学的眼光观察现实世界，会用数学的思维思考现实世界，会用数学的语言表达现实世界。核心素养具有整体性、一致性和阶段性，在不同阶段具有不同表现。

章后练习

1. 数学教学设计的目标指向是什么？为什么？
2. 如何理解数学核心素养的内涵？
3. 简述数学教学目标的历史演变。

拓展阅读

1. 课程教材研究所．20 世纪中国中小学课程标准教学大纲汇编(数学卷)．北京：人民教育出版社，2001.

2. 马云鹏．关于数学核心素养的几个问题．课程・教材・教法，2015(9).

3. 吕世虎，吴振英．数学核心素养的内涵及其体系构建．课程・教材・教法，2017(5).

4. 蔡上鹤．新中国中学数学教材建设 51 年．数学通报，2002(9).

5. 蔡上鹤．建国以来初中数学教学大纲的演变和启示．数学通报，2005(3).

6. 史宁中.《义务教育数学课程标准(2022 年版)》的修订与核心素养. 教师教育学报，2022(5).

第四章

数学课堂教学设计的逻辑表达

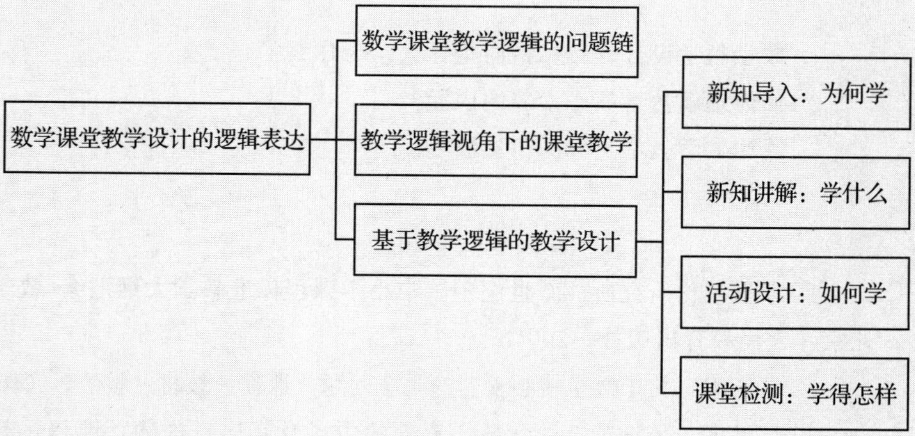

本章概述

本章首先探讨了数学课堂教学逻辑的问题链，并以教学逻辑视角审视数学课堂教学，明晰数学课堂教学设计存在的问题。在此基础上，本章从新知导入、新知讲解、活动设计、课堂检测等教学环节，给出以学为主的课堂教学设计的要点。

章前导语

有效的教学设计在于课堂教学的有效实施，因而课堂教学设计是教学设计的核心内容。由于教学的有效性在于逻辑性，“以学定教”成为教学核心理念，因此从学的角度阐明数学课堂教学设计的逻辑表达，将抽象的教学逻辑具化为可实施的课堂教学逻辑指南，有助于数学教学设计的实施以及教学目标的有效达成。

第一节
数学课堂教学逻辑的问题链

无论怎样建构课堂教学逻辑，其根本都指向人的发展，“人的发展促成问题解决，问题解决指向人的发展。”①因而课堂教学设计是指向问题解决的教学设计。数学家哈尔莫斯指出，问题是数学的心脏。波利亚认为，掌握数学就意味着要善于解题，数学教学就是数学解题教学。因此，实现数学教学设计的逻辑性在于阐明数学课堂教学逻辑的问题链表达。

一般而言，数学课堂教学是将学术知识经过教学法加工，改造成教学形态的知识的过程，因此数学课堂教学逻辑是基于数学学科体系逻辑、数学发展历史逻辑与学生认知逻辑的理性构建而成的，而这一过程的实现就是设定教学目标、分析学习内容、确定教学方法以及明确教学评价的过程。因而，以学生为主体的数学课堂教学应遵从“为何学”“学什么”“如何学”“学得怎样”这个环环紧扣、逻辑一贯的问题链展开。②

第一，“为何学”。数学学习内容对学生发展、对社会进步有何价值？准确把握这一问题是实施教学任务的起点。只有明确了“为何学”，正确把握数学本身的价值，教师才能确立正确的教学目标，学生也才能在学习过程中感受数学的魅力，从而引起学习动机，明确探求新知的必要性，最终实现学以致用。

第二，“学什么”。教学过程围绕数学内容展开。在教学过程中，学生学习的不仅是数学知识的本体内容，还有数学知识本身所蕴含的思想方法，包括知识的来源、发展以及运用，明确知识的发生、发展、创造过程，把握知识之间的内在联系。

第三，在明确了“为何学”“学什么”之后，就必然涉及“如何学”。主要表现为教师采用为完成教学任务所架构的一系列教学活动方式。教师对教材的理解、对教学目标

① 朱德全：《基于问题解决的处方教学设计》，载《高等教育研究》，2006(5)。

② 陈静、吴晓红：《教学逻辑的问题链表达及实现路径——基于〈用数对确定位置〉一课的分析》，载《教育视界》，2020(23)。

的把握、对教学过程的组织与设计等，都需要通过“如何学”来呈现。教师组织设计好学习方式、教学方式，通过适当的教学法加工，才能使学术形态的数学转化为易于学生理解的教育形态的数学，而教学方式方法不当极易导致教学质量的低下。

第四，教学离不开“学得怎样”，这是对教学活动是否实现教学价值做出判断的过程，主要表现为对教学过程与成果进行评价与反思：教学目标是否达成？学生学习了什么？学会了什么？是否会学了？还存在什么问题、困惑？教师常常结合教学目标，在学习巩固环节或者课堂小结环节设计出系列练习与测验，由此把握“学得怎样”。其中，练习与测验要能够全面、多维地反映学生学习的真实情况。

从上述分析可知，“为何学”—“学什么”—“如何学”—“学得怎样”形成了一个自然的数学课堂教学逻辑。所有的行为都与学习内容有关，“为何学”离不开具体的“学什么”而存在，这是“学什么”教学价值的集中体现，常常在课堂教学引入环节有突出体现；“学什么”需要借助于“如何学”来完成由学术形态向教育形态的知识转换，最终由“学得怎样”对前三个方面进行评价与反思。这四个方面环环相扣，紧密相连，最终促成数学教学目标的达成。

第二节
教学逻辑视角下的课堂教学

课堂教学归根结底就是由“为何学”“学什么”“如何学”“学得怎样”这四个环环相扣的基本问题构成，因此教学逻辑问题链是审视课堂教学的有效视角。以下以“用数对确定位置”为例，基于教学逻辑的视角对课堂教学设计进行分析。

“用数对确定位置”是苏教版数学四年级下册的内容。该部分在教材中共有两页：由如何确定在教室中的“小军”的位置引入数对；接着通过数对描述红山公园平面图中的位置，进行新知巩固；最后给出用数对确定平面图形的练习。某教师则采用了与教材不同的形式进行教学，以下是教学片段。

情境导入片段：

师：今天我们一起玩一个“找柯南”的游戏。

第一关：藏在一个点的后面：●

（此时学生毫不犹豫地说出，柯南就在这个点的后面）

第二关：藏在一行点的后面：●●●●●

师：现在你还可以找到柯南吗？

生1：不可以，因为不知道他藏在哪个点的后面。

师：对，老师现在提供一个新线索——藏在第二个点的后面。

生2：柯南藏在从左往右数第二个点的后面。

生3：柯南藏在从右往左数第二个点的后面。

师：为什么会产生这两种不同的结果呢?

生4：因为他们寻找的方向不一样。

师：很好！也就是说，我们需要规定方向。在数学中我们规定方向为从左往右。

第三关：藏在这些点的后面：

师：这时候还需要有新线索——数学家是用数对确定位置的。(呈现 PPT，如图 4-1 所示)

> 根据你对数对（4,2）的理解，在点子图中找到柯南的位置。
> 要求：
> ①先独立思考，再在点子图中找出柯南的位置，画一画。
> ②前后四人交流各自的想法。

图 4-1

这一片段在教学过程中属于引入，用游戏“找柯南”这一方式作为引入，其目的在于激发学生的学习兴趣。在游戏中，学生能不断完善自我，他们在遵循公平的规则的同时也发展了契约精神。

从实施效果来看，游戏引入符合学生认知发展规律，的确吸引了学生的兴趣，活跃了课堂气氛。但从“为何学”的角度来看，本节课的目的在于在具体情境中能用数对表示位置。而从教学片段中可以发现，在游戏的第三关直接告诉学生数学家用数对确定位置，这一做法并不能让学生体会到用数对确定位置的诸多好处，也不能让学生明白为什么一定要和数学家一样，只能用数对来确定位置。既然不能知其所以然，那么以后在具体情境中，学生就难以想到用数对表示位置，毕竟表示位置的方法有很多种。

可见，缺乏“为何学”这一逻辑要素的教学，无法体现明确学习新知的必要性，学生也不太可能感受到新知的价值。

新知讲解系列片段：

师：现给出数对(2，1)所代表的位置，请根据(2，1)的位置，通过小组讨论再确定一下(4，2)的位置。

师：请大家分别在图4-2中找出(1，1)，(2，2)，(3，3)，(4，4)，(5，5)，(2，1)，(4，2)，(6，3)。

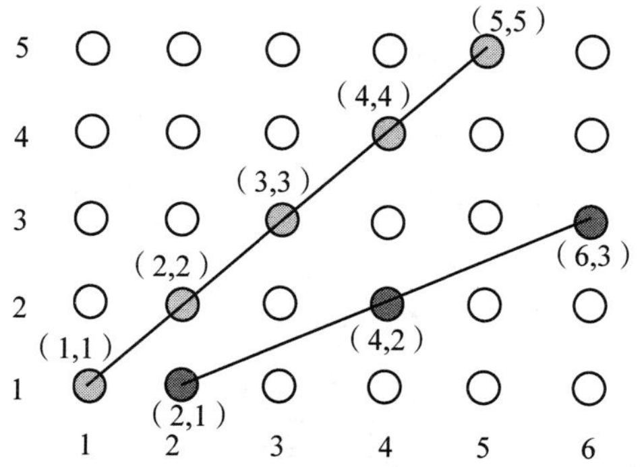

图 4-2

师：分析图形，我们可以知道(1，1)，(2，2)，(3，3)，(4，4)，(5，5)在一条直线上，(2，1)，(4，2)，(6，3)也在一条直线上。

师：点(4，2)，(2，4)表示的是一个点吗？数对(4，4)中的4代表相同的含义吗？

师：我们以后还会学习数学中的数对——笛卡儿坐标系。同样生活中也有数对，如国际象棋、地球仪上的经纬度、Excel表、魔方等。

这一系列的教学片段为我们呈现了探求新知的过程，从中可以看出教师对于围绕数对进行的教学活动可圈可点。其一，内容上体现了知识的深度与广度：给出多个点让学生根据对数对的理解标出其位置，并总结出多点在一条直线上，渗透了数形结合的思想，体现了几何直观；通过对(4，2)，(2，4)，(4，4)的辨析，加强学生对数对的书写形式"先列后行"的识记；最后，教学不局限于平面中、书本上的数对，拓展了"座位中的数对"，与生活实际相结合，还补充了笛卡儿坐标系等，既点明了数对的来源，又在点、线、面、体中寻找到了数对的存在，丰富了学生的空间观念。其二，教学方式以讲授法为主，循循善诱，知识点全面。

由此看出，该教学对"学什么""如何学"有了较好的实现，不仅对有序实数对有较为深刻的剖析，也采用恰当的基于问题串的课堂讲授，易于让学生理解掌握数对的本质。

我们也发现，在教学中，教师直接给出了数对及其书写形式这一做法，缺少了让学生主动创造数对的过程，使学生对数对只会形成"工具性理解"，难以对数对内蕴的价值有所感悟。实际上，数对的产生、数对的本质以及书写形式等学习内容，是培养学生创新思维的良好素材。如果能够放手让学生积极思考，不仅能调动学生学习的积极性，而且会使学生对新知的理解更加透彻。可以说，如果"如何学"设计不当，不仅会弱化对“学什么”的理解，也没有体现“为何学”的价值。

练习巩固片段：

师：座位中的数对(图 4-3)。

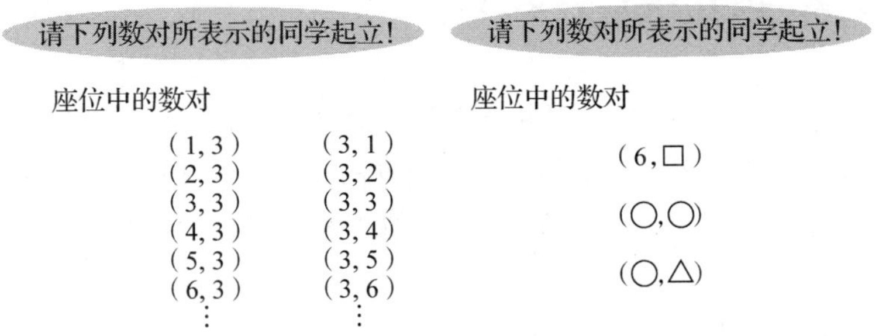

图 4-3

师：(呈现第一张 PPT 中第一列的内容)，请符合该数对表示的位置的小朋友起立。

(这时，应是第三行的小朋友起立，但是有好几个第三列的小朋友也站了起来。)

师：发现问题了吗？这些数对究竟表示的是什么位置？

(此时，教师重复了数对的书写规则，带领学生继续完成了其余的练习，但仍有个别学生没有分清列与行的顺序。)

这一教学片段为我们呈现了教学过程中知识巩固的教学。在教学最后环节，教师设计了一系列巩固练习题，但在练习过程中，仍有同学分不清数对的书写顺序，对数对的本质没有清晰的认识。由此看来，虽然大多数同学都很好地完成了巩固训练，但还有部分学生“学得不怎么样”。

在课后研讨中，大家普遍认为：这节课常常以确定教室中学生的位置的情境引入新课。本节课以游戏引入，形式新颖，以问题串逐步深化数对本质，设计包含了由点、线、面，最后到体中的数对，拓宽了知识的广度，重点突出，教学环环相扣。但是针对仍有部分同学分不清座位中的数对的问题，大家通过交流反思发现：虽然游戏新颖，但是没有明确学习数对的必要性；虽然拓宽了与数对相关的知识内容，但是涉及数对本质的问题很少。可以说，本节课的教学逻辑还不够完善，正是由于对“为何学”的不明确、“学什么”的不深入、“如何学”的不恰当，最终导致部分学生“学得不怎么样”。

可见，基于“为何学”“学什么”“如何学”“学得怎样”的教学逻辑问题链的视角，可以明晰课堂教学问题，深化对课堂教学质量的认识。

第三节
基于教学逻辑的教学设计

“为何学”“学什么”“如何学”“学得怎样”成为有效课堂教学的问题链，因此以学为主的课堂教学设计本质上就是对这四个基本问题的回答。反映在数学课堂教学过程中，主要表现在新知导入、新知讲解、活动设计、课堂检测等教学环节。

一、新知导入：为何学

新知导入的主要目的在于回答“为何学”，因此导入环节教学设计的重点就是要明确探求新知的必要性。这样才能唤起学生的学习兴趣，学生才能在享受学习的过程中慢慢体会新知对于社会进步、个人发展的重要性，体会到知识的价值，从而能够将知识内化成个人发展所需的必备品格和关键能力，真正明确“为何学”。

为此，在教学设计中，教师需要对知识本身的价值进行分析，明确新知可以发展何种能力与素养，这是设计合适的问题情境导入的前提。具体在“用数对确定位置”案例中，教师可以设计以下问题：“为何要确定位置？”“怎样确定位置？”“是否有别的方法确定位置？”“用数对确定位置这一方法有何好处？”以此来强化“为何学”的意义。还可以设计恰当的教学任务，让学生体验到运用以前学习的知识或经验解决问题的困难性、复杂性，感受新知完成任务的有效性、便利性。比如，教师可利用 PPT 呈现几组情境。

情境 1：对于 9×9 方格纸中的一个物体，请学生想办法表示其位置。这时由于不同学生表达确定位置的元素(排、列)的顺序不同，会给出不同的表示方法，导致最终结果不一致。

情境 2：确定教室中某一学生的位置。不同学生会有不同的表示方法，在这个过程中学生体会到如果总是从自己的角度去表达问题，别人会很难理解，从而在不断的数学交流中产生了统一表达的需要，培养了学生合作交流能力、问题解决能力、数学抽象等素养，让学生真正感受到学习数对的必要性。

二、新知讲解：学什么

新知讲解是数学教学的重要环节，其教学重点是回答“学什么”。只有当学习触及知识本质，并将其内化为个人的知识时，学习才有意义。因此新知讲解教学设计的核心就是准确把握学科知识本质。教师把握数学本质的途径与方法有很多种。例如，熟读学科知识发展历史，了解知识的“来龙去脉”；深入研读教材，把握教材编写的逻辑结构；前延后拓，以更宽、更广的视角研究教材；与同行共同探讨等。教师经过不断的学习与内化，对知识本质的理解会越来越深刻，对知识内蕴的思想方法的挖掘会越来越明确，最终形成自己的知识系统，从而可以深入浅出地进行新知教学。这样就可以对“学什么”有深刻全面的认识。

就“用数对确定位置”而言，教师需要真正认识到数对产生的必要性，用数对确定位置的简洁性、确定性，以及统一表示带来的沟通交流的便利性；需要深刻理解数对的本质是有序实数对；需要明确数对与学生以前学过的“几排几列”确定位置的关系；需要拓展数对与初中学习的直角坐标系的关系……

从根本上说，“教什么比怎样教更重要”，教师只有准确把握所教学科的本质，教学才可能避免流于形式，才能真正把握“学什么”。

三、活动设计：如何学

“学什么”是教学目标的定位，即选择哪些学习内容，“如何学”则是选择什么方式方法将学科知识教育化，以实现教学目标。教师必须考虑“如何学”，把学科知识进行教学法加工，让学生理解知识、掌握知识。

就当前而言，核心素养是时代发展对教育目标的重新定位，核心素养着力解决的是提高学生面对复杂情境下的问题解决能力，因而在发展学生核心素养的今天，创设能激发学生学习新知热情的问题情境，并基于情境再现知识的来龙去脉，是有效教学的关键。可见，教学活动设计的重点是在情境中再现知识创造过程。

需要说明的是，问题情境的来源并非只有生活情境，PISA 项目就把情境按照与学生生活的远近分成了个人情境、职业情境、社会情境以及科学情境四种背景类型(数学情境也属于科学情境)。也有学者认为①，数学学科的问题情境既可以是现实情境，也可以是数学情境；既可以是数学知识自然生长的情境，也可以是数学与其他学科关系的情境。由此看出，问题情境形式多样，学科教学需要根据新知的特点创设问题情境，但不局限于现实情境。另外，问题情境不是引入新课的敲门砖，需要将之贯穿于课堂教学始终，在问题情境中再现知识发生发展的过程，从而使学生在经历发现问题、提出问题、分析问题、解决问题的过程中，形成能力，发展素养。由此来看，“确定教室中某一学生的位置”便是一个较好的问题情境。

① 吴晓红：《数学课堂教学反思》，54 页，上海，华东师范大学出版社，2014。

四、课堂检测：学得怎样

课堂教学不能停留于完成预设的教学活动或教学任务，而需要关注“学得怎样”。课堂教学效果如何，关键在于看学生是否学了，是否学会了，是否会学了，是否喜欢学了。因而对于学生学得怎样，不能仅仅关注知识是否掌握了，更需要关注学生是否掌握了方法，是否形成了能力，是否培养了情感，是否发展了素养。

因此，注重从多角度检测学习成果、促进对新知的深层次理解，是保证“学得好”的关键。所谓多维度检测是指在练习巩固环节，既要关注学生知识技能的理解和掌握，又要重视学生解决问题的能力，还要关注他们的情感、态度与价值观的形成和发展，实现学生素养的全面发展。诸如，可以设计开放题拓展学生思维；设计有梯度的问题串作业，促进学生深度理解；设计时事热点讨论，增强学生表达、思辨能力……

所谓对新知的深层次理解是指“学得怎样”不能仅仅看正确率，还需要了解学生是否真正理解。常常有这种现象：学生解答正确但并不理解或者理解得不深刻，因而多维练习的正确率并不能真正反映学习全貌。理解是学习的关键和核心，只有对知识有了深度理解才能有技能的掌握、能力的发展，以及良好素养的形成。在多元检测的基础上，考查学生对知识理解的深刻性，才能更准确把握“学得怎样”。例如，本案例中，数对是有序实数对，在教学中需要让学生明白不止有数对一种确定位置的方式，还需要让学生明白数对的“先行后列”的规定也是可以的。如果学生基础好，还可以让学生了解“先列后行”的规定实际上与中学学习的坐标的表示是一致的。

对于知识的深刻理解，也有利于学生形成更规范的语言表达。在该案例的教学过程中、在学生理解数对的基础上，教师不断地强化学生对数对的读写规范性，有利于学生符号意识的形成，为学生初中学习平面直角坐标系、高中学习区间等埋下伏笔。

本章小结

课堂教学归根结底就是由“为何学”“学什么”“如何学”“学得怎样”这四个环环相扣的基本问题构成的。所有的行为都与学习内容相关，“为何学”离不开具体的“学什么”而存在，这是“学什么”教学价值的集中体现；“学什么”需要借助于“如何学”来完成由学术形态向教育形态的知识转换，最终由“学得怎样”对前三个方面进行评价与反思。

以“为何学”“学什么”“如何学”“学得怎样”的教学逻辑问题链审视课堂，可以明晰课堂教学问题，深化对课堂教学质量的认识。

数学课堂教学设计需要在新知导入时使学生感受到“为何学”，在新知讲解时使学生深刻理解“学什么”，在活动设计时要根据学习内容、学情等实际情况确定“如何学”，在课堂检测时要关注学生“学得怎样”。

章后练习

1. 数学课堂教学具有怎样的教学逻辑？

2. 基于课堂教学逻辑，怎样进行数学教学设计？

3. 选取某一节数学课堂教学，以教学逻辑问题链视角进行考查。

拓展阅读

1. 陈静，吴晓红．教学逻辑的问题链表达及实现路径——基于《用数对确定位置》一课的分析．教育视界，2020(23).

2. 朱德全，张家琼．论教学逻辑．教育研究，2007(11).

3. 郑会敏，罗生全．课堂教学逻辑的内涵、结构与发展理路．教育理论与实践，2019(22).

模块 2
数学教学设计的实施要素

数学教学设计主要回答的核心问题是：现在在哪里、要到哪里、如何到那里以及如何判断到了那里，具体反映为数学教学设计的实施要素：教学内容设计、学情分析、教学目标设计、教学活动设计、学习方式设计、学习评价设计等。本模块对此逐一分析。

第五章

数学教学内容设计

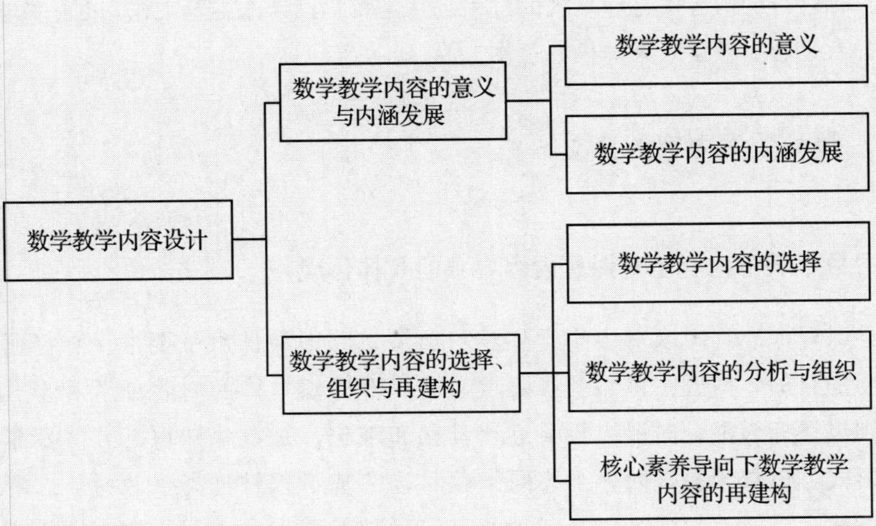

本章概述

本章的主要内容分为两节，第一节阐述了数学教学内容的意义与内涵发展，第二节说明了选择数学教学内容的基本原则、基本策略以及数学教学内容的分析与组织及再建构的基本方法和步骤。

章前导语

在准备上数学课之前，教师考虑的第一个问题是“教什么”。也许有人会毫不迟疑地回答“当然是教数学”，然而这个回答太宽泛了，你指的是“数学知识”吗？好像不仅仅是知识。是指数学教材中的内容吗？也不完全对。我们要找的，是适合学生学习的数学内容。如何选择合适的数学内容作为教学的主要部分？又如何对这些内容进行组织和再建构，并将其转化为学生的学材？这是每一个教师都必须认真思考的问题。

第一节
数学教学内容的意义与内涵发展

教学内容设计是指，教师在深入分析和领悟教材编排的基础上，对课堂教学素材进行合理选择、精心组织和再建构的过程。数学教学内容设计是指教师在对数学教材的内容层次和逻辑结构进行分析的基础上，结合课标要求和具体学生情况，为实现课堂教学目标进行的内容安排和呈现的过程。它是教学设计的主要工作，也是教学设计的主体部分，是影响教学效果的核心工作。

一、数学教学内容的意义

(一)数学教学内容是对课标内容要求的具体体现

数学课程标准是国家对中小学生学习所要达到的最低水平要求，它指明了学生学习数学的目的、内容主体和基本要求，但并不提供具体的内容细节和形式。各版本教材则以课标为根，对课标要求进行具化和细化，是数学知识、方法及思想的重要表现形式，但数学教学内容不等同于教材，它基于教材且高于教材，二者都是课标的具体体现，但教学内容更灵活地结合了学情等要素，是课堂实现课标理念的直接资源。

(二)数学教学内容是教师展开教学活动的核心工具

教学内容是教师从事课堂教学实践的核心工具，是教师设计课堂教学的主要依据。数学教师教学水平的高低，首先体现在对数学内容的把握上。低水平的教师，只会照本宣科，看到什么就教给学生什么，是知识的搬运工；高水平的教师，能透过现象看到本质，在教显性知识的同时，挖掘出其包含的隐性知识，教到一些别人教不出来的内容。教师分析教学内容的水平，直接影响着课堂教学的效果，也就是学生的发展。所以，优秀的教师大都十分重视教学内容的分析，高水平的分析能力，使得他们能准确把握内容所蕴含的多重意义，从而真正实现教学育人的真谛。

(三)数学教学内容是学生获取知识、发展能力的重要资源

无论是课标理念的实现，还是教师教学工作的展开，最终目的都是培养未来接班人，也就是为了学生的发展。数学教学内容为学生而设计，它为学生的数学学习提供了丰富适宜的主题与素材、内容与结构、活动及主线，是学生获取数学知识、数学技能、数学活动经验和数学思想的重要资源。数学内容设计直接影响着学生对数学本质的理解、数学思维的发展及数学思想的感悟。

二、数学教学内容的内涵发展

我国数学教学内容的主体要素表达经历了从“双基”到“四基”又到数学核心素养的变革历程。三者之间是继承发展的关系，不是非此即彼的关系。发展学生数学核心素养必须以数学教学内容为载体，找到合适的结合点，让学生在内容的学习过程中感悟数学的本质、思想方法及数学精神，最后达到学科育人的终极目的。

“双基”指的是基础知识和基本技能，一直是我国数学教育的优势和特色。随着课程变革的发展及与国际数学教育测试结果的比较，我们逐渐认识到数学思想方法的重要价值，并将其看作数学学习内容的重要部分，开始关注知识与思想形成的过程，即数学活动经验，提出了“获得适应社会生活和进一步发展所必需的重要数学知识(包括数学事实、数学活动经验)以及基本的数学思想方法和必要的应用技能”。将基本思想、基本活动经验，与基础知识、基本技能并列成为“四基”，这是对数学知识价值认识的巨大进步。

新课程改革以核心素养为培养目标，是学科育人价值的集中体现。数学核心素养具体包括数学抽象、逻辑推理、数学建模、直观想象、数学运算和数据分析，指的是学生通过数学内容的学习逐步形成的价值观、必备品格和关键能力。这一转变体现了人们对数学内容价值的新发现和新认识。数学内容，不再简单指向文本所体现出的部分，还包括文本中所蕴含的看不见的、更高级的、价值更大的东西，这些都对教师内容分析能力提出了更高的要求。数学学科核心素养是“四基”的继承和发展，“四基”是学生形成和发展数学学科核心素养的有效载体。也就是说，“四基”的教学，能够培养学生数学学科核心素养。数学基本思想是对数学知识和方法的抽象和概括，其蕴含在

数学知识的形成、发展和应用的过程中，而数学基本活动经验是学生在学习数学知识技能的过程中逐渐积累，并在感悟数学基本思想的过程中逐渐形成的。

第二节
数学教学内容的选择、组织与再建构

一、数学教学内容的选择

为了确定“教什么”，教师首先要对学习内容进行选择。在众多的教学资源中，我们常用的是教材，它是最重要、最可靠的教学资源，但它只是众多教学资源中的一个工具和材料。实施教学前要对它进行选择、加工和改造，才能使之转变成学生上课用的学材。

(一)选择数学教学内容的基本原则

1. 学科逻辑与心理逻辑相结合

数学是一门系统性、逻辑性很强的学科，但人类认识数学的过程并非完全按照数学内容本身的逻辑顺序进行的。学生的身心发展水平制约着教学功能的发挥。要发挥教学的作用，教学内容的组织和呈现必须符合学生身心发展的连续性和阶段性、稳定性和可变性、方向性和不可逆性、协调性和不均衡性、共同性和差异性等规律，必须考虑学生身心发展的年龄特征、认知水准、兴趣爱好、经验基础、能力高低、情感倾向及健康状况等，才能真正被学生接受。在教学内容的选择上，要以学生的心理水平为基础，符合学生的最近发展区，能使学生通过努力可以掌握，又能促进学生的发展，因此选择的内容要具有挑战性，能够激发学生的学习情感和积极的学习欲望；在教学内容的组织上，要把学科知识系统的内在逻辑顺序和学生学习活动内在的认知顺序相结合，使教学内容符合学生的认知发展规律；在教学内容的再建构上，力求具体形象、生动有趣、灵活多样，对于特定的内容，要做特殊的处理，不能机械教条。①

2. 直线式与螺旋式相结合

逻辑是组织数学内容的重要线索。前后数学内容之间的线性关系非常清晰，在教

① 马会梅、杨建朝：《教学内容设计的心理学研究》，载《河北师范大学学报(教育科学版)》，2009(10)。

材编写时已经同时关照了这种逻辑性和学生的接受能力，教师备课时要站在教材整体性的角度对这一点进行挖掘和体会。学生在小学阶段的接受能力是最弱的，所以小学阶段教材本身都会遵循循序渐进、螺旋式上升的编写原则。同一主题内容，会在不同阶段反复出现，但每次出现时，内容深度是不同的，对学生的要求也是不同的。很多老师没有注意到这种差别，选择了不适合学生的内容重点，降低了教学的效率。为了准确地实施教学，在不同年段帮助学生建立合适的认知结构、发展适宜的认知深度，教师需要全面系统地把握小学数学知识的整体结构，才能明确各知识点在不同年段的地位和作用。学生的后续学习是建立在之前学习的基础之上的，学生的后续数学活动经验也会促进原有经验的完善和重组。在某一体系内容的教学中，教师要积极准确地寻找这一知识的生长点，及时带领学生“回头看”，通过迁移转化，由旧及新、由浅及深。在知识生长点上的及时回眸，能帮助学生开启思维的大门，尽快找到运用旧经验解决新问题的办法，找到新经验与旧经验之间的联系，自主完成在已有知识结构基础上的新的建构，从而在经验的回溯与发展中完善、重组、丰富数学活动经验。例如，在教学苏教版数学四年级下册的“乘法分配律”时，教师一般都会让学生用不同的方法解决购物问题、排队问题，计算长方形的周长、面积等问题，通过比较同一问题不同解法的算式特点与结果，抽象概括出乘法分配律的模型。事实上，在真正揭开乘法分配律的神秘面纱之前，学生已经在不知情的情况下运用过乘法分配律。因此，在学生理解乘法分配律的模型之后，带领学生“回头看”，与学生一起回顾之前学过的口算乘法(如 23×3)和笔算乘法(如 28×12)，让学生说一说以前计算这样的口算和笔算的算理和算法，并引导学生与刚刚学习的乘法分配律进行联结，既为以前学习的口算与笔算找到理论支撑，也为刚刚学习的运算律找到“却是旧时相识”的例证。

3. 校内资源与校外资源相结合

数学学科核心素养强调学生要会用数学的眼光观察世界，会用数学的思维思考世界，会用数学语言表达世界(“三会”)。随着学生年龄的增长、知识水平的提高，他们对事物的好奇心和探究欲也逐渐拓展到客观世界的许多领域，他们开始关注自己所处环境中的自然现象和社会问题，希望能用自己所学的知识解决一些具有挑战性的实际问题。因此，我们要改变学生仅在教室内学、仅向书本学的旧观念，不仅让学生在模拟的课堂教学情境中学习，而且将教学空间拓展到学生的现实生活中，为学生提供观察、思考和表达世界的机会。例如，在教学苏教版数学三年级下册的“认识千米”这一单元时，如果仅仅让学生坐在教室内，通过观察、猜测、推想、计算等活动，认识千米这一长度单位，感悟 1 千米的实际长度，学生对 1 千米的认识肯定是肤浅的、僵化的。教师事先可以确定一段学生很熟悉的 1 千米的路程，组织学生实地走一走 1 千米，计量自己走 1 千米所用的时间，数一数自己走 1 千米所走的步数，从而帮助学生积累 1 千米有多长的经验。在此基础上，还可以将学生分成两组，分别站在相距1千米的路程的两端，通过让一端的同学挥一挥队旗让对方观测，一起喊一喊口号让对方辨听等活动，在多重感官的刺激下进一步增强学生对1千米的体验和感悟。学生走出教室，走进身边的天地，在开放的场景下，学得生动、学得主动，进而亲近数学、热爱数学。又如，在教学苏教版数学一年级下册的“认数”单元时，教师可以给学生布置相关的研究任务，让学生课后去了解中国的珠算文化，探究计算工具的发展历程。有了研究任务的驱动，有了解决问题的引领，就能激发学生在非正式的时间和场合进行学习的意识。学生会利用周末的时间去参观珠算博物馆，调动数学思维去研究算盘的发明、发展过程，感受珠算文化的悠久和底蕴；学生会利用放学后的时间，向祖辈、父母学习珠算，亲身体验用珠算解决问题的过程；学生还会利用其他可以自由支配的时间，去调查了解现实生活中珠算的使用情况，感受技术进步给人类生产和生活带来的变化。在这样的非正式学习活动过程中，学生发现问题、提出问题、分析问题和解决问题的能力会得到逐步发展。①

（二）选择数学教学内容的基本策略

1. 明确每个内容的地位和育人价值

首先，教师要通读教材，明确每节的内容在整个教材体系中的地位。由于教材是按照循序渐进、螺旋式上升的原则进行的，因而，教材中的单节内容一般会处于承前启后的位置上。对教材地位的分析，不仅要厘清其“来龙”，还要明确其“去脉”。教材地位的准确确定，是制定精准教学目标的前提。为确定课时教学目标，教师的教材分析应有全局观。对于单节教材，教师一定要站在全节、全章、全册、全年级、全学段，乃至整个数学学习的角度去界定其地位与价值。在数学教学中，有些数学知识，是素养养成中的匆匆过客，学生这辈子可能只会遇到一次，但有些知识却始终扎根于个体的脑海中，是其核心素养的一部分。对这些长久留存的知识，教师绝不能仅就眼前的作用进行定位，而是要放眼长远，将眼前目标与长远目标融合起来，找到最为合适的定位。② 例如，北师大版数学五年级下册的“复式折线统计图”从属于“统计与概率”领域，该领域的教学目标不仅仅是读懂、绘制各类统计图表等知识和技能，更重要的是培养学生的数据分析观念，以及在探究学习过程中学会思考、学会表达及交流与合作等非学科能力。有效落实多维多元的学科育人价值，“统计与概率”领域的核心概念是数据分析观念。《义务教育数学课程标准（2011年版）》中对其内涵有明确的界定，可以进一步概括为三方面的内容：数据意识（解决问题前，需要做调研以获得数据，养成用数据说话的意识和习惯，体会数据中蕴含着信息）；根据问题背景与需要选择合适的统

① 王海峰：《论小学数学基本活动经验积累的路径》，载《教学与管理》，2015(5)。

② 印冬建：《数学教材分析的基本策略》，载《教学与管理》，2018(25)。

计方法；通过数据分析体验随机性(对于同样的事情，每次收集的数据可能不同，有足够的数据时可以从中发现规律)。因此，“统计与概率”领域内容的教育价值主要有三点：形成通过数据来分析问题的意识；建立随机的概念(有些事情可能发生，有些事情可能不会发生，但掌握的信息多了，也能够合理地推断实际背景)；学习如何判断事情的主要因素(要在杂乱无章的数据中提炼信息、寻找规律，就需要把握事情的主要因素。确定分类的标准就是“抓主要因素”)。①

其次，教师要跨越教材，明确每个内容在学科育人方面的价值。学科教学不仅承载着帮助学生掌握学科知识、培养学生学科能力的重任，还承载着更为重要的育人功能。例如，方程在解决数学问题方面非常轻便，为什么要让学生一直学习算术？算术的价值是什么？为什么有了横式还要学习竖式？竖式的价值又是什么？仅仅是为了给横式一个结果吗？这些问题的答案既不在教科书里也不在课标里，但通过查阅资料教师可以回答这些问题。例如，横式能够简单描述数量之间的关系；竖式本质上是一种运算工具，它不仅能很好地体现十进制思想，更能训练思维的敏捷性和简洁性，其价值就在于对人心智能力(一般性)的训练。教师在教学过程中要有这类问题意识，向教材外积极寻找问题答案，才能明确每个内容的育人价值。②

2. 调整具体内容匹配本班学情

教材的预设流程，是教师确定教学流程的重要参照。教师只有遇到确实与本班学情不匹配的预设环节时，才会对教材流程进行适当调整。在明确每个内容的地位和价值并摸清教材编排基本思路，厘清每一个环节的设计意图后，可基于原有基本思路进行微调。

微调之前要对教材实施“地毯式扫描”。首先，要关注教材的正文部分，这是教学内容蕴藏的主体部分，阅读时要关注到每一个词语、符号和图形，应特别关注那些从正文中凸显的文字，比如彩色的、黑体字呈现的，理应成为教学的重要内容；其次，应关注附于正文旁的泡泡和贴士中的内容，这一内容是教学过程中不可缺失的；最后，应关注配套图形或配套练习中隐含的重要结论。接下来要考虑本班学生的具体情况，已经掌握的较稳定的内容可以按照教材的原有思路进行适当压缩，而一些隐藏于边边角角的内容，很可能是本班学生用得上的宝藏，要在边角阅读中把它们“抠”出来，并做进一步的加工和丰富，使其成为更有价值的素材。

---

① 刘加霞：《基于核心概念实质设计学习任务，有效落实学科育人价值——以吴正宪老师执教的“复式折线统计图”为例》，载《小学教学(数学版)》，2019(11)。

② 刘晓婷：《带着问题做教材研究——从竖式计算的“标准形式”带来的困扰谈起》，载《小学教学(数学版)》，2014(4)。

二、数学教学内容的分析与组织

(一)分析教学内容的要素"层"

数学内容并非都以显性的方式呈现在教材中，教师要逐层对这些内容进行分析和提炼。按照从显性到隐形的顺序，教学内容可分为概念、方法、过程、思想、结构等层次。

1. 数学概念

数学概念是反映数学对象的本质属性的思维产物，所谓本质属性就是该类事物共有和特有的稳定属性。数学概念包括内涵和外延两个方面。揭示数学概念的本质属性，就是要掌握概念的内涵，明确概念的外延。比如，小学低年级自然数的学习，必须明确自然数的两重意义：一是表示数量意义，即被数的物体有"多少个"，这种用来表示事物数量的自然数，称为基数；二是表示次序意义，即最后被数到的物体是"第几个"，用来表示事物次序的自然数，称为序数。自然数不仅包括正整数 1，2，3，…还包括 0，这就是自然数的外延。数学中有些概念的本质，相对比较隐晦，需要教师努力揭示。比如，"把连接两点之间的线段的长度叫作两点之间的距离。""从直线外一点到这条直线所作的垂线段的长度叫作点到直线的距离。"这样的定义并没有直接反映出距离的本质。那么，距离的本质是什么呢？距离的本质就是"最小值"：图形 P 内的任一点与图形 Q 内的任一点间的距离中的最小值，叫作图形 P 与图形 Q 的距离。在教学中把握住这一本质，那么，后续学习"两平行线之间的距离""点到平面的距离""直线到与它平行的平面的距离""两个平行平面的距离""异面直线的距离"的概念时，学生往往也能不教自明，从而顺利实现知识的迁移。也就是说，掌握数学概念的本质，并不意味着简单地背诵概念的定义。

2. 数学方法

数学中除了一些结论性知识，还有大量的方法性知识，如运算的方法、度量的方法、变换的方法、论证的方法等。掌握数学方法的本质，不仅要掌握"怎么做"，即方法运用的程序与步骤，还要掌握"为什么可以这样做"，即方法运用的缘由、条件和范围等。比如，对于数的加、减运算的方法，必须抓住计数单位这一本质。因为自然数以"1"为标准，"1"是自然数的单位，所以任何两个自然数都可以直接相加减。同分母分数，因为它们的分数单位相同，所以能直接相加减；异分母分数，因为它们的分数单位不同，所以就要把它们化成相同的单位，这样才可以相加减。对于小数的加减运算，为什么小数点对齐才能相加减呢？其本质也是相同计数单位要对齐。在小数中，小数点的左边是整数部分，第一位是个位，第二位是十位……小数点右边是小数部分，第一位是十分位，第二位是百分位……在计算小数加减法的竖式中，只要小数点对齐，相同数位就对齐了，相同计数单位也就能相加减了，而不必考虑小数的末位是不是一定要对齐。所以对于运算方法，不仅要教算法，更要教算理。其他方法性知识的教学同样如此。

3. 数学过程

数学有三种形态：原始形态、学术形态和教育形态。原始形态是指数学家在探索、发现数学真理时所进行的曲折、复杂的数学思考；学术形态是指数学家对探索、发现的数学真理进行归纳、整理形成文本材料后的一种形态，它呈现出的是“简洁的、冰冷的形式化美丽”；教育形态是指教师通过自己的设计，将学术形态的数学知识有效地“激活”，使学生在学习数学时，能够模仿数学家进行“火热的思考”，它是介于原始形态和学术形态之间的一种形态。弗赖登塔尔曾经这样描述数学的表达形式：没有一种数学思想，以它被发现时的那个样子被公开发表出来，一个问题被解决后，就发展为一种形式化技巧，结果把求解过程丢在一边，使得火热的发明变成冰冷的美丽。因此他说教材是“教学法的颠倒”。为了彰显数学知识的过程性，通过数学知识的教育形式散发出数学的巨大魅力，让数学“冰冷的美丽”焕发学生“火热的思考”。在小学数学教学设计中，教师要学会稚化思维。所谓稚化思维，就是教师把自己的外在权威隐蔽起来，在教学时不以一个知识丰富的教师自居，而是把自己的思维降格到学生的思维水平上，亲近学生、接近学生，有意识地退回到与学生相仿的思维状态，设身处地地揣摩学生的学习水平、状态等，有意识地生发一种陌生感、新鲜感，以与学生同样的认知兴趣、同样的学习情绪、同样的思维情境、共同的探究行为来完成教学的和谐共创。比如，在人教版数学二年级上册“乘法的初步认识”的教学中，要把自己的思维置于前人“做乘法”的境地，想象自己在对乘法一无所知的情况下面临的困惑，由衷地感受到乘法的出现所蕴含的价值。

4. 数学思想

数学问题可以千变万化，而其中运用的数学思想方法，却往往是相通的。不去领悟数学思想方法，只满足于对知识结论的记忆和解题技巧的掌握，这种数学教学，难以培养出有创造力的人才。数学知识教学只是信息的传递，而数学思想方法的教学才能使学生形成观点和技能。数学学习的根本目的，就在于掌握这种具有普遍意义和广泛迁移价值的策略性知识——数学思想方法。所谓数学思想是指人们从某些具体数学内容和对数学的认识过程中抽象概括出来的对数学知识内容的本质认识。数学方法是指人们在数学问题解决过程中所采取的步骤、程序和实施办法。数学思想是数学的灵魂，是数学内容和数学方法的升华与结晶，它支配着数学的实践活动。数学方法是数学思想的表现形式和得以实现的手段，它为数学思想提供逻辑手段和操作原则。运用数学方法解决问题的过程就是感性认识不断积累的过程，当这种量的积累达到一定程度时就产生了质的飞跃，从而上升为数学思想。若把数学知识看作依据一幅构思巧妙的蓝图而建筑起来的宏伟大厦，那么数学方法就相当于建筑施工的手段，而这张蓝图就相当于小学数学教材中蕴含了丰富的数学思想方法，但这些思想方法并没有明确地写在教材上。如果说显性的数学知识是写在教材上的一条明线，那么隐性的思想方法就是潜藏在其中的一条暗线。明线容易理解，暗线不易看清。明线直接用文字形式写在教材里，反映知识间的纵向联系；暗线反映着知识间的横向联系，常常隐藏在基础知识的背后，需要经过分析、提炼才能显露出来。在数学教材里，到处都体现着这两条线的有机结合。比如，在人教版数学五年级上册“简易方程”的教学中，包含了许多数学思想方法：通过多种形式，从用符号表示数，到用字母表示数，由此渗透了代数的基本思想——用字母表示数的符号化思想；字母既可以表示已知量，也可以表示未知量，当字母表示未知量时，要设法建立包含未知数的等式——方程思想；为了建立方程，通常需要寻找一个量，这个量既可以这样表示，也可以那样表示，由此获得等量关系，这就是重要的数学思想——不变量思想；解方程的过程，是采用对象性思维的方式，利用等式的性质对方程进行等价变形的过程——等价转化思想；建立方程过程中的诸多实例，都是采用“问题情境—建立模型—求解验证”的思路，从现实生活或具体情境中抽象出数学问题的过程——数学模型思想；对于方程求解的方法与步骤，采用了由具体实例到一般意义的抽象概括——从特殊到一般的归纳思想；在归纳数量关系用字母表示时，还渗透了变量间的对应和依存关系，如标准体重随着身高的变化而变化，两个量之间具有一一对应的关系——函数思想。

5. 数学结构

美国教育家布鲁纳认为：“不论我们选教什么学科，务必使学生理解该学科的基本结构。”所谓学科的基本结构，是指该学科的基本概念、基本原理及其相互之间的关联性，是指知识的整体性和事物的普遍联系，而非孤立的事实本身和零碎的知识结论。他认为，这种基本结构应该成为教学过程的核心，因为掌握了学科知识的基本结构，就能把握住知识体系的核心和关键，就可以从宏观上理解学科知识，避免“只见树木不见森林”。小学数学的各个内容领域，都是按照数学的科学体系和儿童认知发展顺序建立起来的统一体。因此钻研教材和进行教学，不仅要研究本节课的教学内容，更要研究这部分内容与前后知识的内在联系；不仅要熟悉自己所教年级的教学内容，还要熟悉相邻年级的教学内容，甚至要熟悉整个学段的教学内容。这样才能了解到所要教学的内容是在怎样的基础上发展起来的，又怎样为后面所要学习的内容做准备；才能在教学中有意识地沟通新旧知识的纵横联系，突出基本概念和基本规律。比如，在“多边形面积的计算”的教学中，教师应重视引导学生加强对知识之间内在联系的认识，帮助学生构建完整的知识体系，形成良好的数学认知结构，以有利于学生对数学知识的理解。一方面，在各种图形的面积计算公式的推导过程中，要充分利用割补、拼摆、平移、旋转等实际操作，引导学生运用化归转化的思想，把所研究的图形转化成已经会计算面积的图形，在探索规律、推导公式的同时，使学生感受各种图形之间的区别与联系；另一方面，在学生掌握了各种图形的面积计算公式的基础上，引导和帮助学生沟通各种图形的特征及面积计算公式之间的内在联系，将三角形、平行四边形、长方形、正方形等看作梯形在不同条件下的特殊情况，从而把学生所学过的面积计算公式统一为梯形面积公式。数学中的各种内在联系，不仅包括知识之间的内在的纵向联系，还包括思想方法之间的横向联系。比如，在“图形度量”方面，分别研究了长度、角度、面积、体积的度量方法。知识展开的逻辑顺序是：线段长→多边形周长→圆周长，两直线的夹角→角的度量→两直线位置关系，单位正方形面积→长方形与正方形面积→其他多边形面积→圆面积→多面体表面积，单位正方体体积→长方体与正方体体积→圆柱体积→圆锥体积。四项研究的具体内容不同，但其逻辑结构却是相同的，都是“定义几何量→确定度量单位→寻求度量方法→建立可能的度量公式”，这就是数学中的基本思想——度量思想。例如，研究长方形的周长：定义周长是各边长度之和→定义长度单位是某根尺的长度或其更小分量→推出“周长等于长加宽乘 2”。因此，挖掘内在联系，找准核心思想，通过融会贯通，使我们透过繁杂的现象，抓住了本质，同时简化了记忆。更重要的是，我们学会了认识问题的思想方法：由寻找联系入手，把个别的、离散的现象构造成浑然一体的系统，这标志着能力的提高和素质的发展。总之，高水平的数学教师，通过犀利而深邃的数学眼光，看到的不只是各种数学概念、公式、法则和图表，而应是书中跳跃着的真实而鲜活的数学内容。这些内容给人的感觉是“不在书里，就在书里”。

教师对这些内容挖掘得越丰富，感悟出来的道理就越透彻，设计出来的教学就会越厚重，学生由此汲取的数学营养就会越丰富。①

(二)组织好教学内容的各种“序”

数学知识体系的序是教材编排的一个依据，但教材编排还要遵循学生的认知规律，因此，相关教学内容是螺旋式上升、分散编排的。教材编排的序，包含整套教材之序、同板块教材之序、本单元教材之序，还有本课时活动线索之序。从整体到局部，从宏观到中观再到微观系统研读教学内容的序，有助于厘清教材编排思路，科学组织教学活动。

1. 明晰整套教材之序

以“圆的认识”为例，苏教版数学教材分两段编排：第一段是在一年级下册“直观认识长方形、正方形、三角形和圆”；第二段是在五年级下册“探索圆的特征，直观认识扇形”。一年级下册的“直观认识圆”，通过从“体”中分离出学生的思维序“形”的活动，

---

① 王珍、李祎：《小学数学教学“教什么”》，载《教学与管理》，2014(5)。

安排学生照样子画一画、比一比，找一找、辨一辨、围一围、拼一拼，初步感受圆和长方形、正方形、三角形的不同，体会圆的边是“弯”的，另外三种图形的边是“直”的。五年级下册“圆的认识”，通过用线绳、圆规等不同方式画圆的活动，借助操作、观察、比较、想象、推理，深入探索圆的特征，认识圆心、半径和直径，体会圆上任意一点到圆心的距离是相等的，真正建立圆的概念。

2. 把握整个单元之序

研读单元编排，突出重点，分散难点，才能瞻前顾后，提高效率。例如，“圆”单元共编排 11 道例题，分别包含圆的特征、周长和面积。一个单元是由若干道例题组成的，这些例题按照一定的逻辑顺序组成了学生认知发展的序列。

3. 研读课时内容，厘清教学活动之序

教材不是直接呈现静态的数学结论，而是呈现一个引导学生经历知识的产生、发展与形成的过程。也就是说，指向一个个具体知识的数学活动是教材的重要组成部分。研读课时内容的线索呈现，能帮助教师研判教学的重难点，有效安排教学活动。例如，“圆的认识”这节课可以安排两个层次的学习活动。第一个层次让学生从静态和动态两个层面充分感知圆，第二个层次引导学生在操作活动中探索并发现圆的一些主要特征。①

三、核心素养导向下数学教学内容的再建构

如前所述，数学教学内容按照由浅入深的顺序可以分为概念、方法、过程、思想和结构等。作为最高层次的内容形式，教学内容结构化有利于提升学生的数学认知结构品质，使之具有简约性，有利于数学知识的记忆、存储和检索，从而提高知识的迁移能力，并使知识具有自我生长的活力，在新情境中生成新知识、新方法、新思想。所以，教师在教学设计时需注重教学内容的结构化组织，注意各章节、单元或同一课时中教学内容之间的相互联系，加强学习领域、模块或主题之间的整合，固点、串线、组面，帮助学生形成良好的认知结构。②

在结构化思想指引下，指向核心素养的数学教学，倡导大观念、大主题、大单元统领下的教学内容重组，成为当下数学课堂教学热点。以知识逻辑结构、核心数学概念、认知方法体系、数学思想方法组织学材建构单元，成为这些热点教学设计的有效路径。

---

① 胡良梅：《研读小学数学教材的三重境界》，载《教学与管理》，2018(32)。

② 石树伟：《大道至简：再议数学教学内容的结构化组织》，载《数学通报》，2014(1)。

(一)以知识逻辑结构组织学材再建构

从知识逻辑结构的视角研究课程，组织学材，关注知识间的内在逻辑，使得相关知识形成一个完整的知识链条和结构体系，有利于发展学生的数学核心素养。数学知识具有较强的系统性和逻辑性，各部分之间的联系十分紧密。在研究教材编排的内容结构时，既要研究本节课的具体内容，又要研究这部分内容与前后知识的内在联系。这就需要在教学设计上有整体的设计观，从教知识点走向让学生学知识体系，有先整体再分化的教学意识和策略，这样的教学才能有利于学生整体性地理解知识，减轻学生的记忆负担，帮助学生形成良好的认知结构。例如，“小数点的移动，引起小数大小的变化”是苏教版数学五年级上册的教学内容。该内容安排了两个课时：例 2 是教学小数乘整十、整百……引起小数大小的变化规律，“ 5.04 乘 10，100，1 000 各是多少?”例 5 是小数除以整十、整百…… 引起小数大小变化的规律，21.5 除以 10，100，1 000 各是多少？由于这两个内容的安排相隔三四节课的时间，在教学时，教师都是把这两个内容按教材呈现的顺序分开教学的，同时，都按照教材中的提示语来安排教学设计。从教材提供的两个例题的提示语可以看出，小数点向右(左)移动的规律的教学路径都是一致的。由于这两个内容存在许多相似性和相关性，在教学这一规律时，可以突破教材对话框中的教学路径，借助已有的“小数数位顺序表”的建构方法和学生已储备的类推经验，对两个例题进行整合，实现高效教学。①

(二)以核心数学概念组织学材再建构

“数学的根本是数学概念。”核心数学概念是数学知识大厦的基石，是数学思想和方法的载体，是数学教学的核心与基础。以核心数学概念组织学材建构单元，学生在经历概念形成、发生、发展的过程中，理解数学知识之间的联系，更好地掌握核心概念，理解核心概念。例如，异分母分数加减法是小学加减法运算的最高阶段，是正数范围内加减法的一次终结。通过整体把握教材，挖掘数学本质，可以发现整数、小数的计数单位具有直观、显性化的特点，而异分母分数进行加减法运算时，需要产生一个新的分数单位，这个单位相对抽象和隐性。但是三者的运算之间有更为密切的联系，即本质相同，都是相同计数单位相加减。因此，运用对分数意义的理解，借助几何直观理解分数加减法的算理，归纳出分数相加减的算法，从感性经验上升到理性认识，发展学生的运算能力。学生受整数或同分母分数加减法的负迁移，有的把分子、分母分别相加；有的认为相同的不变，不相同的相加减。由此可见，学生只关注算的形式，

① 朱学尧：《从教知识到教知识的结构——“小数点的移动，引起小数大小变化”教学思考》，载《小学教学(数学版)》，2018(9)。

不关注算的本质，不能根据分数的意义思考分数加减法的实质。课堂上，通过数学活动，将异分母分数加减法与整数及小数加减法进行对比，建立联系，通过辨析形式的不同与本质的相同，打通算理，让学生对小学阶段加减法运算形成更加完整的认识，将对异分母分数加减法算理的理解根植于心中，能够正确计算并表达算法背后的道理，是具有良好运算能力的表现。①

(三)以认知方法体系组织学材再建构

数学教育不仅让学生学会数学知识，更重要的是让学生学会获取知识的方法与能力。学生的数学学习过程往往是获取新知→感悟理解，建构知识体系→迁移拓展，探索更新知识→反思完善，进行学习探索。

例如，人教版数学二年级的“两步应用题”(见拓展阅读)。吴正宪老师用波利亚“解题四部曲”来组织教学内容。波利亚在《怎样解题》中提出了解题的四部曲，即弄清题意—拟订计划—执行计划—回顾检查。这四部曲在吴老师的课堂上得到了充分体现。上课伊始，吴老师向学生提出第一个问题：“弟弟采了4个桃子，哥哥比弟弟多采3个，两个人一共采了多少个桃子?”围绕四部曲，吴老师引导学生审题，读清题目要求(弄清题意)；通过分析找出解决问题的策略(拟订计划)；实施计划的过程(执行计划)；看知识发展，看数学方法，反思自己的得与失(回顾检查)。通过分析找出解决问题的策略，这一环节令人印象深刻：当“弟弟采了4个桃子，哥哥比弟弟多采3个，两个人一共采了多少个桃子”的问题提出后，教师引导学生弄清这道题讲的是什么事，在分析“哥哥比弟弟多采3个”后，出示了一个“智慧人”，并问学生：“你们想一想：智慧人会喊出什么?”这一问题的提出不正是让学生思考解决这类问题的关键吗？经过片刻的思考后，一个学生喊出了自己的想法：“喂，同学们千万不要忘记答题啊!”“你在提醒大家要记着答题，可这个提醒没有让我们眼前一亮。”又一个学生喊出来：“同学们一定要认真审题啊。”“你告诉我们要注意审题，可还是没让我们眼前一亮啊，谁能提出让我们眼前一亮的问题呢?”接着一个学生大声地喊出来：“喂，同学们要先求出哥哥采了多少个桃子呀。”“你的问题一喊出来，真是让我们眼前一亮啊!”波利亚解题四部曲，作为一种重要的认知方法，在数学解题领域有重要地位。借助这一认知方法，吴老师把简单的课上出了深度和意味。②

---

① 于今育、陈春芳：《把握“数的运算”的本质，发展学生的核心素养——例谈“分数的加法和减法”单元分析与设计》，载《小学教学(数学版)》，2019(10)。

② 高雪艳：《朴实的学习内容，深刻的思想内涵——观吴正宪老师的“两步应用题”》，载《小学教学(数学版)》，2010(11)。

(四)以数学思想方法组织学材再建构

数学思想方法是一类特殊的“知识”，仅仅依靠教师讲授与机械训练无法形成，必须借助于学生的做，在做中发现，在做中形成，在做中内化。数学学习活动，其实质就是“做数学”，是数学科学探究活动的模拟再现，对学生内化数学思想方法具有重要作用。因此，以数学思想方法组织学材再建构时，教师应基于对教学内容的知识线索分析，进行以下五个方面的深入分析：教学内容中内蕴的数学活动是怎样呈现的，其意义是什么；数学学习活动中内隐的数学思想方法是什么；学习活动开展对学生的思维发展有哪些要求；学生现有的数学思想方法有哪些与本学习活动有关；教师应该提供怎样的帮助，促进学生实现数学思想方法的内化。例如，在小学一年级学生初步认识加法时，教科书以一张“小丑手拿气球”的图片来引入第一个学习活动，通过小丑“手”的动作来凸显加法“合”的意义，通过对具体气球数量的变化抽象出数量关系，并建构数量关系模型。其中，学习过程体现了数学抽象的思想方法，学习结论则体现了数学建模的思想方法。教师以此为参考，在后续的学习活动中也可以借助具体的生活情境来引导学生实现数学思想方法的内化。①

本章小结

数学教学内容就是学生的学材，它既不等同于数学知识，也不等同于数学教材，它具有丰富的内涵，是国家规定课程内容的具化和细化，是教师教学的主体工具，是需要精挑细选的，也是需要精细组织的。在核心素养的大背景下，数学教学内容是实现数学素养、培养数学思想和精神的重要载体，也是锻炼学生一般思维的重要工具。教师要秉持“大单元”“大概念”“数学结构”的整体教学思想，从整体化思考的视角对教学内容进行组织和再建构，才能实现学生核心素养的发展。

章后练习

1. 什么是数学教学内容？
2. 核心素养背景下的数学教学内容有什么特征？
3. 选择小学数学教学内容的原则有哪些？
4. 选择小学数学教学内容的策略有哪些？
5. 如何对数学教学内容进行组织？
6. 对数学教学内容进行再建构的途径有哪些？

① 姜立刚：《小学数学教学内容分析的三大线索》，载《教学与管理》，2018(29)。

拓展阅读

1. 于今育，陈春芳．把握“数的运算”的本质，发展学生的核心素养——例谈“分数的加法和减法”单元分析与设计．小学教学(数学版)，2019(10).

2. 张齐华．“认识百分数”教学实录．小学教学(数学版)，2020(11).

3. 高雪艳．朴实的学习内容，深刻的思想内涵——观吴正宪老师的“两步应用题”. 小学教学(数学版)，2010(11).

第六章

学情分析

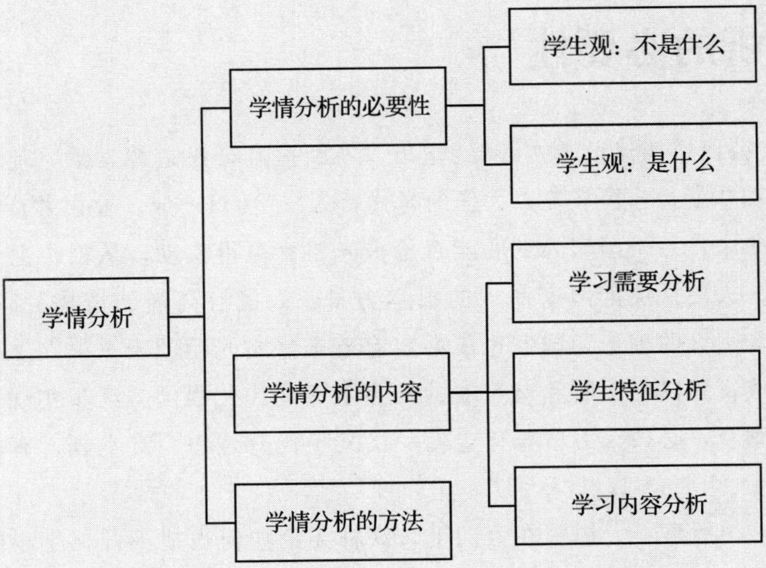

本章概述

本章共分为三个部分。第一部分从学生观的角度，阐述了学情分析在教学设计中的必要性。第二部分从学习需要分析、学生特征分析、学习内容分析这三个方面具体介绍学情分析的内容。第三部分用案例描述的方式，介绍学情分析的方法。

章前导语

《义务教育数学课程标准(2022 年版)》在课程理念中指出：义务教育数学课程以习近平新时代中国特色社会主义思想为指导，落实立德树人根本任务，致力于实现义务教育阶段的培养目标，使得人人都能获得良好的数学教育，不同的人在数学上得到不同的发展，逐步形成适应终身发展需要的核心素养。这样的理念能否在教学实践中得到有效贯彻呢？对教学设计有何启发呢？长期以来，大家总是以为只要认真分析教材内容，正确把握教学内容的重难点，便能设计出一份优秀的教案。但是，为什么根据这样一份“优秀”的教案往往不能上出一堂精彩的课呢？为什么同样的教案，在不同的班级使用会有不同的效果呢？显然，“人”——课堂中的学生，应是教学设计时需要考虑的关键要素，即教学设计首先要做好学情分析。学情分析的重要性到底何在？“学情分析”要分析哪些内容？又该怎么分析？只有弄清楚这些问题，才能更好地完成一份更出色、更科学的教学设计。

第一节 学情分析的必要性

《新时代公民道德建设实施纲要》指出，不断提升公民道德素质，促进人的全面发展，培养和造就担当民族复兴大任的时代新人。“功以才成，业由才广。”在日益激烈的国际竞争中，一个国家的发展能否抢占先机、赢得主动，从根本上说在于国民的整体素质。人民是决定国家命运的根本力量，人民有高尚的情操、高远的情怀、坚定的信仰和远大的理想，国家也就必定有着美好与光明的未来。在 21 世纪中叶，要把我国建成富强民主文明和谐美丽的社会主义现代化强国，逐步实现中华民族伟大复兴的中国梦，必须大力培养和造就一代又一代有理想、有本领、有担当的时代新人。

有这样一个故事：大锁锁在大门上，铁杆无论如何也撬不开，小小的一把钥匙却能轻易地将它打开。铁杆不服气地质问钥匙，钥匙笑着回答：因为我最了解它的心。故事很短小，但意味深远。在教学中，我们深谙：一把钥匙开一把锁。要想培养有理想、有本领、有担当的时代新人，必须有正确的学生观。那么应该有怎样的学生观呢？

一、学生观：不是什么

(一)学生，不是“白纸”

学生学习的数学不同于数学家研究的数学，它是与学生生活背景有着广泛联系的数学。学生并不是上学后才接触数学，也不是仅仅在学校中才接触数学。他们经常接触到生活中一些与数学有关的现象，在对这些现象做出解释的过程中，积累了丰富的感性经验。尽管这些经验有的来自成人的帮助，有的来自课外书籍等，有的来自自己的感悟，但它们都是客观存在着的事实。比如，他们小时候玩过各种形状的玩具，做过纸工，比过物体长短、大小、轻重、厚薄、宽窄，他们知道几点起床、几点睡觉、几点上学、几点放学，他们还去过超市购物等。所有的活动，都使他们获得了几何形体的最初步的观念，虽然这些概念或观念往往是非正规的、不系统的，甚至是模糊的、错误的，但这些都为他们学习数学奠定了基础。原有的知识储备、现实活动中的经验积淀乃至儿童时期在社会生活中所形成的许多关于数学的朴素认识，都构成了学生进行数学学习的“特定视界”，影响并制约着数学学习。

1996年美国国家科学理事会发表了《人如何学习》的报告，报告中指出，学生在来教室时，也带来了他们对世界的已有看法。如果没有最初的看法，他们可能就无法领会在教室中所授的新概念和信息。我们应当充分关注学生原有的知识储备和经验背景，打破“零起点”教学的惯性思维，在尊重儿童经验事实的基础上，引导学生从“数学”的角度提升已有认识，帮助他们将生活中的数学经验进行总结升华，促使他们完成对知识的理性概括，从粗浅的经验到深入的理解。

(二)学生，不是“容器”

“要倒给学生一杯水，教师要有一桶水。”细析这句话，却不尽然。教师要有渊博的知识，但“倒”这种方式却有问题，忽视了学生的需求。教育不是往学生的脑袋中倒东西，而是让知识真正在学生的脑海里生根，慢慢生长出来。学习，不是为了占有别人的知识，而是为了生长自己的知识。

有一次，陶行知先生在武汉大学演讲，他在讲台上撒了些碎米，然后从箱子里捉出一只公鸡，先用手按住公鸡的头，让它吃米，公鸡不从；再扒开公鸡的嘴，把米硬往公鸡嘴里灌，公鸡拼命挣扎，就是不吃。陶先生松开手，公鸡自由地活动了一会儿，便悠然自得地吃起米来。公鸡吃米与学生学习，虽风马牛不相及，但蕴含的道理相通。正如陶行知先生所言：“我认为，教育就跟喂鸡一样！先生强迫学生去学习，把知识硬灌给他，他是不情愿学的，即使学，也是食而不化，过不了多久，他还会把知识还给先生。”

传统的教学观认为，教学就是教师教、学生学，教师讲、学生听，教师传授、学生接收；教学过程就是教师教学生进行认识的过程。而在实际上教学过程往往已经被简化为知识的授受过程及师生间告诉和被告诉的关系。教育部前几年曾在全国做了一项调查，结果显示：目前我国中小学学生的学习方式，以被动接受式为主要特征，40％的小学生“从不使用查阅资料或者集体讨论的学习方式”。英国哲学家罗素说：“被动地接受教师的智慧，对于大多数男女学生来说都是容易做到的，因为这样无须他们努力独立思考，然而被动接受的习惯对于一个人的未来却是灾难性的。”日本学者佐藤正夫指出：“学生采用什么样的方法进行学习，将会深深地左右他们的态度与性格。”

“头脑不是一个被填满的容器，而是一个需要被点燃的火把。”数学知识不能简单地灌输给学生，而只能由每个学生依据自身已有的知识和经验主动地加以建构。正如荷兰数学教育家弗赖登塔尔所说，数学学习主要是进行“再创造”，这个过程必须由学生自己主动去完成，而不是外界所强加的。学生通过这些活动，才能“理解”与“消化”。所谓“理解”，就是指“被纳入适当的图式之中”，这在很大程度上是一个意义赋予的过程，即学生必须依据自身已有的知识和经验建立起实质性的、非任意的联系，从而获得确定的意义。

(三)学生，不是“标准件”

在我国历史上，从孔夫子时代起，就提出因材施教的理论，然而也同样是从孔夫子时代起，中国教育无不企图把受教育者从一个个的“个人”变成“某一种人”或“某一类人”。我们以往的教育，常过多地强调统一性和规范性。

由此，我们培养的学生则很可能是亦步亦趋、人云亦云、唯命是听的。学生的数学学习活动应当是一个生动活泼、丰富多彩、富有个性的过程。就同一数学内容的学习而言，不同的个体也完全可能由于所处的文化环境、家庭背景、知识背景和思维方式等方面的差异而具有不同的思维过程，形成一定的差异性和个体特殊性。学习过程中，当自己的思路与课本或教师的思路不一致时，学生经常逼迫自己改变自己的观点。这样的学习，是让学生真正感到压抑、枯燥、乏味、负担沉重的主要原因。在教学中，我们不应过分地去追求统一性，而应看到合理的教学在很大程度上是“个体化了的”。也就是说，每个学生都可以有自己的“节奏”；而且在肯定教学活动规范性质的同时，我们还应提倡开放性和创造性。陶行知说：“教育是农业，而不是工业。”教育要培养的是一株株姿态各异的麦苗，而不是工业化流水线上千篇一律的产品。教师既要让全体学生都有进步，又要允许快慢不一、先后有别。我们培养的学生不应像他、像你或像我，而应像他们自己。

这就需要我们“蹲”下身来看学生，千万不能让他们新颖、奇特的行为因教师的轻视、蔑视而被否定。我们之所以认为伟人伟大，是因为我们总是仰望他们。因此，当我们蹲下身、弯下腰，平视学生时，我们就会发现学生也有“伟大”之处。

二、学生观：是什么

教学，需要我们走近学生、走进学生，我们需要弯下腰、蹲下身，以解读学生的态度与方法重新认识学生，即树立正确的学生观。一个教师应有的正确的学生观如下。

(一)学生是人

学生是独立存在的、具有主体性的人。学生不是任何人可以随意支配的附属品，他们和成人一样具有独立的人格尊严、丰富的情感和独特的个性，其生命具有完整性。他们是具有主体性、独立人格、创造力以及独特个性的人。学生是人，意味着我们必须真正将学生视作具有独立人格、思想感情、主观能动性和认知潜能的人，将学生真正当人看，在教育中赋予学生以“人”的含义：在教育中，我们不仅要尊重学生的人格尊严，还必须将学生视作主动的、积极的、有进取精神和创造性的学习者，在教育教学活动中还给学生想象与创造的时间和空间，把精神生命发展的主动权交给学生，使学生真正地成为学习活动的主人。另外，由于学生是具有独特个性和生命完整性的人，这就意味着在教育中必须承认和接受学生个体发展的差异性。

(二)学生是富有潜力的发展中的人

一方面，学生具有巨大的发展潜能，需要教育者科学、合理的开发与发掘。另一方面，学生又是具有一定能力并享有一定权利的主体，他们享有一定的权利并具备行使这种权利的能力。成人不仅不能剥夺或者代替他们行使其权利，相反要给予他们应有的尊重和适当的保护。

(三)学生是独特的人

一方面，学生时代是人生命历程中最富生命活力，生命色彩最为丰富斑斓，生命成长最为迅速、最为重要的时段。我们不能简单地将其定义为“成人期”的准备，相反，必须肯定其作为人完整生命历程的重要组成部分所具有的价值。另一方面，我们还必须承认学生有着生动的、独特的、成长价值不同于成人的生活和内在世界，理解并尊重学生独特的精神生活、内在感受以及不同于成人的观察、思考和解决问题的方式，肯定充盈着纯真情趣、智慧、和谐和生命活力的学生世界的价值。

周国平说：“教育不是制造，学生不是产品。所以衡量教育质量，不可能用外在的需要，外在的目的来制造机械产品，来制定指标，用指标来衡量。所以，要提高教育质量，一个前提就是把学生当成人，了解学生的生长，对他们的培育处在什么样的状态。”如果要真正做到教育目标上以人为本，教学方式上人性化，那么就必须理解学生、发现学生，把学生真正地当“学生”，用一种全新的学生观支撑我们的学校教育，并指导我们的课堂教学。只有确立全新的学生观，我们才能全身心地去热爱学生、理解学生、尊重学生，为有悠久人文文化历史的中华民族培养出一批批能立于世界民族之林的人。

正确的学生观落实到具体的教学设计活动中，就是了解学生、分析学生、认识学生，也就是通常所说的学情分析。这如同中医看病的“望、闻、问、切”，通过不同的策略与途径了解病情。只有清楚地了解了病人的病是什么、为什么，才能知道怎么施救，否则的话就是“盲人骑瞎马”。同样，学情分析是教师做好教学设计的一个重要步骤。可以说，没有学情分析就没有科学的教学设计，没有科学的教学设计就没有有效的课堂教学。

第二节
学情分析的内容

学情分析是教学设计的有机组成部分，是编写科学的教学设计的先行条件。学情分析是教与学目标设定的基础。没有学情分析的教学目标，往往是空中楼阁；没有学情分析的教学设计，就会无的放矢。只有真正了解学生的现有知识经验和心理认知特点，才能确定学生在不同领域、不同学科和不同学习活动中的最近发展区(已经达到的发展水平与可能达到的发展水平之间的区域)，而从知识、技能、能力等方面阐述最近发展区就是教与学的目标。

学情分析也是教与学内容分析(包括教材分析)的依据。没有学情分析的教学内容往往是一盘散沙或无的放矢。只有针对具体学生才能界定内容的重难点和关键点。

学情分析还是教学策略选择和教学活动设计的落脚点。没有学情分析的教学，往往是教师一厢情愿的自我表演。学生没有知识经验基础，任何讲解、操作、练习、合作都很可能难以落实。

总之，学情分析是对“以学生为中心”“以学定教”的教学理念的具体落实。学情分析的中心问题是建立起新的学习与学生的起始状态的相互联系，学习不仅受学生的起点能力即原有知识基础和技能水平制约，而且还受学生的认知风格、学习偏好方式、学习能力状况等的影响，教师需要探知学生学习本教材的学习内容时已经知道什么、想知道什么、能知道什么；学生对今天这个材料有没有兴趣，有没有学习的愿望；学生在学这个材料时，差异程度怎样……

从大的方面来说，分析学情主要从两个方面人手，即学生和学习材料。学习元认知、探求的兴趣影响着学生学习材料时的状态和结果，而学习材料的广度和深度以及所蕴含的文化意义也影响着学生的学习成效。所以，教学设计时所进行的学情分析，一般是指教师对执教对象——学生的情况分析，大体包括三个要素：学习需要分析、学生特征分析和学习内容分析。

一、学习需要分析

学习需要是指学生目前的学习状况与所期望达到的学习状况之间的差距，也就是学生目前水平与期望学生达到的水平之间的差距(图 6-1)。

图 6-1

可见，学习需要分析是教学设计过程中，系统地揭示学习需要，发现教学问题，确定产生的原因、教学问题的性质，弄清已有的资源和约束条件的一种前端分析。其实质是解决教学设计的必要性和可能性，保证设计工作有的放矢，人力、物力、财力的有效利用。学习需要分析也是一种差距分析，能揭示学生在学习中存在的差距，形成以行为术语表述的教学目标。

学习需要分析的结果是提供差距的有效资料和数据，从而帮助我们形成教学设计项目更科学、更合理的教学目标。

二、学生特征分析

教师应做好对学生特征的客观分析。一是对学生群体基础的分析，分析该年龄段学生的身心特点和认知规律。这一般指学生的学力基础，包括知识技能、学习习惯、学习态度与学习动力等。二是对学生个体差异的分析，学生拥有不同的学习风格，而学习风格在整体上反映了学生的个性类型特征。在教学设计时，教师应针对学生的学习风格特征，有针对性地选择教学策略，通过匹配教学策略与有意适配教学策略，有效地促进学生的发展。

(一)学生的生理、心理特点分析

学生在身心发展、成长过程中，其情绪、情感、思维、意志、能力及性格还极不稳定和不成熟，具有很大的可塑性和易变性。通过分析了解他们当时的生理、心理与学习该内容是否相匹配及可能产生的知识误区，充分预见可能存在的问题，对课堂学习有针对地加以分析，使教学工作具有较强的预见性、针对性和功效性。

比如，小学一年级的学生一般对小学生活感到既新鲜又不习惯，他们好奇、好动、喜欢模仿，但大部分很难做到专心听讲，特别信任教师，并且有直观、具体、形象等思维特点。他们心理活动的随意性和目的性虽有所发展，但仍以不随意性为主。一年级学生参加集体活动时的集体意识比较模糊，还不能清楚地意识到自己和集体的关系；意识不到班级是一个集体，意识不到班级的荣誉。他们还不具备自我评价能力，对活动的成败不会放到心上，但喜欢听表扬的话，对批评的话语不放在心里，一会就恢复到原始状态。而到了小学四、五年级，学生的生理和心理方面都会发生很大的变化。9～11岁这个儿童成长的关键期，处于儿童期的后期阶段，这个时期学生的大脑发育正处在内部结构和功能完善的关键期，在小学教育中正好处于从低向高过渡期，学生的生理和心理变化明显，是培养学习能力、情绪能力和意志能力的最佳时期。学生已经从被动学习向主动学习转变，有了自己的想法，但辨别是非的能力还有限，社会交往经验缺乏，经常会遇到很多难以解决的问题。如果不注重引导，学生可能会因为一些小的困扰影响学习，逐渐对学习失去兴趣。但通过正确的教育，可以提升学生对自然和社会的探索激情和欲望，使其综合能力得到快速的提高，在学习的旅途中实现一次具有重大意义的深刻转折，从此踏上成功的人生之路。

因此，从学生的生理、心理特点进行学情分析非常重要。具体地说，对所在年龄阶段的学生，看他们长于形象思维还是长于抽象思维；乐于发言还是羞涩保守；喜欢跟老师合作还是抵触老师；不同年龄学生注意的深度、广度和持久性也不同。这些特点可以通过学习一些发展心理学的简单知识来分析，也可以凭借经验和观察来灵活把握。

另外，不同年龄学生感兴趣的话题也不同，教师一方面要尽量结合学生的兴趣开展教学，另一方面要适当引导，不能迁就学生的不良兴趣。

(二)学生的认知状况和思维发展水平分析

数学教学活动必须建立在学生的认知发展水平和已有的知识经验基础之上。正如美国教育心理学家奥苏伯尔所言，影响学习的最重要因素，就是学生已经知道了什么。教师要探明这一点，并据此进行教学。深入了解学生的情况，把握学生的学习起点，这应是一切教学工作的实际出发点。

分析学生的认知状况，第一，分析学生的“已知”。分析学生已经具备的与本节学习内容相关的知识经验和能力水平等，即学生学习的起点能力，它包括知识起点能力、技能起点能力、态度起点能力等，综合多个方面的因素得出学生准确的起始水平。第二，分析学生的“未知”。这是相对“已知”而言的，包括学习应该达到的未知知识，还包括实现终极目标之前学生所没有掌握的知识。第三，分析学生的“想知”。这是指除规定的学习目标要求外，学生还希望知道哪些内容。

当然，除了学生的认知状况，其思维发展水平也直接影响数学课堂教学的效果。因此，备课时还必须深入了解和分析学生的思维水平，这主要从两个方面进行：其一，知识储备情况，即学生已有的认知结构中所具备的与所要学习的新知识有关的概念、法则、原理、思想方法等知识的掌握情况，如是否清晰、稳定，可辨别程度，可迁移性等；其二，思维发展水平，即学生现有的可接受能力，涉及观察力、记忆力、想象力、推理能力等方面，要防止数学知识与问题的呈现超出学生的最近发展区。

(三)学生的个体差异分析

俄罗斯思想家、教育家洛扎诺夫在《自己的角落：洛扎诺夫文选》一书中说过，理想的教育应当尽可能地保持个性，因为这是人及其创造中最可珍贵的东西、最美好的东西，哪里的个性没有保存，受到压抑或被忽视，哪里的教育就不能完全实施。确实，我们说课堂要看得见“学生”，很重要的一项内容就是指看得见学生的个性。虽然学生坐在同一间教室里，看似接受完全一样的教育，但每个学生都有自己的个性与特点，所经历的内在学习过程必定千姿百态，教育的结果也必然是多样态的。学生是学习的主人，关注学生个体差异的课堂，才能使教学更多元化、人性化。

要想看得见学生的“个性”，首先要分析学生的个体差异，即对学生的学习能力和学习风格等方面进行科学而客观的分析。

一方面，要分析不同班级的不同情况。一个班级的学生在一起学习的时间长了会形成“班级性格”，有些班级学生思维活跃、反应迅速，但往往思维深度不够、准确性欠缺；有些班级学生则较为沉闷，但可能具有一定的思维深度。通过对班级的整体情况的分析，可以更恰当地设计教学任务的深度、难度和广度，从而减少对学生学习的控制，真诚、客观地相信学生的学习能力和学习水平，鼓励学生进行尝试、探索与思考，充分激发自己的潜能，变传统的教师“教懂”为学生自己真正“学会”。

另一方面，要分析学生的不同情况。由于遗传因素、社会环境、家庭条件和生活经历的不同，以及学习习惯、学习兴趣、知识基础、学习能力的不同，每个学生形成了独特的个性。分析个体理解掌握新知识的能力如何、学习新的操作技能的能力如何，不仅分析本班学习能力突出的学生，也关注学习能力较弱的学生，这样才能做到因材施教，才能采取变通灵活的教学策略，为学生提供多元的学习路径，让每个学生都有一个适合自己的学习计划。比如，对相应的学习内容如何学、用什么方式学，甚至花多长时间学、学到什么程度等，都尽量由学生基于兴趣和能力自行决定，把每个学生看成独特的个体，给学生更大的空间与自由，让学生获得学习的自主性，使他们最好的禀赋能够显示出来。

(四)学生数学活动经验分析

数学教学不仅是结果的教学，更重要的是过程的教学。数学课堂教学必须结合具体内容，让学生在数学学习活动中“经历过程”。数学活动经验是一种过程性知识，是学生在数学活动过程中内化了的数学知识、技能及情感体验，既包括学生的日常生活经验，又包括学生在学校数学课程中获得的经验。数学活动经验的获得依赖于多种数学活动，如观察、理解、提问、建模、论证等。一般而言，经验极具个性，是个体的自我创造、个性的再现。有效的数学活动并不一定是操作活动，一道数学问题的分析与解决过程就可以是一个有效的数学活动，关键是怎样让这样的过程更“有效”。分析学生已有的数学活动经验与新知识之间的结合点，这是设计有效的数学活动的前提。

只有清晰掌握了学生已有的数学活动经验，才能更好地关注每个个体的数学活动经验的增长，教学设计时才会更多地关注到给学生充分参与探究活动的机会，更有效地关注学生问题解决后的反思与提炼，适时地引导学生观察、思考、发现、比较，帮助学生实现数学活动经验显性化。值得一提的是，数学活动经验的积累不可能一蹴而就，也不可能一劳永逸。它需要有不断的活动操作，思维过程的经历与刺激才能形成。学生在这样真实的探究活动中，不断地经历体验、内化感知、总结概括、类比迁移，才能使自己积累的经验成为真正的经验。

另外，学生不仅学习数学知识与结论，更重要的是经历数学思想与方法的积淀、凝聚过程，学生所感悟到的数学思想将让他一生受益。数学思想的形成不会是无本之木、无源之水。数学思想的领悟也不可能是空穴来风，它一定有知识作嫁衣、有过程当载体、有心灵来体验。那么在进行学情分析时，也要关注学生以往对数学思想方法的领悟，从当下的学习内容与材料出发，思考可以做哪些适切的引导，帮助学生获得更多的、更深刻的体会。

三、学习内容分析

学习内容分析是根据总的教学目标，规定学习内容的范围和深度，并揭示出学习内容中各个组成部分之间的联系，以实现教学效果的最优化，即解决“学什么”和“怎样学”的问题。学习内容分析以学生的学习结果为起点，并以学习起点为终点，是一个逆向分析的过程。学习内容分析从学习需要分析所确定的总的教学目标开始，通过反复提出“学生要掌握这一水平的技能，需要预先获得哪些更简单的技能”这样的问题，并一一回答，一直分析到学生已具有的初始能力为止。

课堂上，学生使用的教材是学习内容的具体承载物。它呈现在学生面前的也仅仅是一种学习材料，并未与学生的需要构成一定的关系。学习材料是静态的，但不是僵化的。教师不是教教材，而是用教材来教，需要剖析所学材料和学生实际经验之间的关系，分析学生对学习这个材料具备了哪些基础、存在哪些困难，并充分地调动起相关主题曾经留给学生的影响，在这个基础上，确定如何对学习材料进行处理及学生应达成的三维的、分层的、具体的、可观察的学习目标。

当然，分析学习内容时，尤其要关注对学生在学习中可能遇到的困难和障碍的分析。教师如果能及时帮助学生克服这些困难和障碍，学生就能获得真实的发展。因此，在备课中，教师要深入分析教材，明确概念和例题的本质是什么？从怎样的材料出发，经过怎样的过程概括而来？最终要形成怎样的数学结构？组成怎样的知识体系？领悟怎样的数学思想方法？然后从每个细节中努力去关注和发现学生在学习中可能存在的困难和障碍，具体分析这些困难和障碍产生的原因，思考相应的、具体的而有针对性的教学策略。

学情分析除了以上三大项内容外，值得一提的是，在学情分析中，还有教师对于自己先前经验的回顾与分析，这个分析的结果常常体现在教师对学生学习基础与现状的判断上。学情分析是融主观与客观于一体的过程。教师的先前经验影响其对于学习材料的解决和再处理，影响其对于学生的了解和要求的确定。一位优秀的教师在进行教学设计时，会将自己多年教学实践积累的课堂经验也纳入思考的范围，使得设计既有创造性又有个性化的色彩。

第三节
学情分析的方法

在教学设计时，关于学情分析大致可以形成如下流程(图 6-2)。

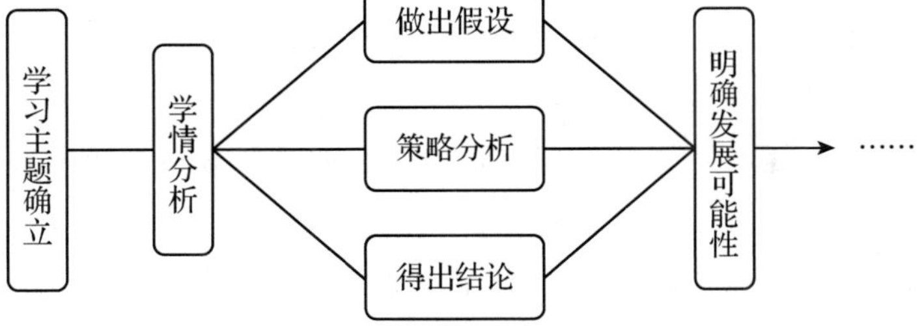

图 6-2

在这个流程中，通过哪些策略进行恰当的学情分析显然尤为重要。那么学情分析有哪些策略和方法呢?

下面的案例描述的是老师们谈他们了解学情的方法。

【案例】教师 A：从多方面了解学生。

下面是一位刚毕业走上工作岗位的年轻教师的工作笔记。

大学毕业后，我到一所农村学校从事数学教学工作。我想尽快了解学生的情况，在与原来的教师交接班时，我了解到这所农村小学学生的整体学习情况：学生学习基础差，家长不重视基础教育。但此刻的我依然信心满满，开学第一天，我首先根据学生上学期的期末测试情况对学生有了一个初步的了解和模糊的认识。接下来，我根据学生每天的课堂学习表现，交作业、做作业的情况及课堂反馈，将学生大体分成了以下几类：第一类，默默无闻但努力学习的。这类学生学习成绩尚可，可独立完成老师布置的作业。第二类，默默无闻但不学习的。这类学生对学习缺乏兴趣，没有明确的方向，在迷茫和混沌中度过在校的一天又一天，作业也常有抄袭现象。第三类，课堂反应积极且学习成绩较好，在 35 名学生的班级中，大约有 6 名这样的学生。这类学生能在学习中严格要求自己，但方法略显刻板，没有形成自己独立的学习策略。对这三类学生，每堂课上，我都采用宽严相济的方法，尽可能确保每名学生都能得到较好的发展。

课后，我又经常与学生平等交流，也得知一些学生的家庭背景及成长经历，从对学生的简单、肤浅的认识，逐步转入对他们内心世界的探索。我尽力站在他们的角度和立场上，思考他们成长过程的点滴带给他们的影响。对一些性格腼腆的学生，我给予他们更多的鼓励和赞赏。对一些积极、活泼的学生，在日常教学活动中，我会让他们承担一些管理责任，加强他们在学习中的主人翁意识。

渐渐地，这个所谓“后进班”，慢慢呈现出了新的力量。每一堂课，也变得更加生动而富有生命力了。

【案例】教师 B：通过对作业及课堂学习进行跟踪和记录来了解、分析学生。

想要了解学生对知识的掌握情况，可以对学生的作业进行跟踪记录。南京市琅琊路小学的张绍华老师专门设计了一个学生作业情况记录表，每天利用表格记录哪些学生解决问题的方法有创造性；哪些学生有不同寻常的思维方法；哪些解决问题的习惯值得推广；学生在哪道题上出现了问题，出现问题的原因有哪些，是哪些学生出现了这些问题；对部分学生提出表扬或批评；有些问题应如何避免等。下面是张绍华老师设计的每日作业记录表(表 6-1)。

表 6-1

<table>
<tr><td colspan="4">(　　)年级第(　　)学期　第(　　)周周(　　)</td></tr>
<tr><td rowspan="5">亮点分析</td><td>学生姓名</td><td>描述与纪实</td><td>分析或诊断</td></tr>
<tr><td></td><td></td><td></td></tr>
<tr><td></td><td></td><td></td></tr>
<tr><td></td><td></td><td></td></tr>
<tr><td></td><td></td><td></td></tr>
<tr><td rowspan="4">问题诊断</td><td></td><td></td><td></td></tr>
<tr><td></td><td></td><td></td></tr>
<tr><td></td><td></td><td></td></tr>
<tr><td></td><td></td><td></td></tr>
</table>

也许这张表格还不够完美，但每天坚持记录，让张老师获得了了解分析学生的丰富资源。

张老师认为，要了解学生对知识的掌握情况，还可以进行测验，然后对测验进行跟踪和记录，从而发现学生有哪些共性问题，以便解决。还可以观察课堂上学生听课时的反应，留意学生上课回答课堂问题的能力，上课时候的表情、心态、情绪。对一个知识点的掌握情况，学生基本都写在脸上。这些都可以做适当的记录。

【案例】教师C：通过课前调研了解、分析学生学情。

在针对具体教学内容时，进行一定的针对性调查和了解，是比较可行的。比如，特级教师张冬梅在教学“整百数乘一位数的口算”时，为了了解学生的现实起点到底在哪里，就做了一次课前调研。张老师给出了 24 道“直接写得数”的练习题，其中也包含了“整百数乘一位数的口算”。在尚未学习新知识的情况下，张老师让学生进行了 3 分钟的口算练习(表 6-2)。

表 6-2

<table>
<tr><td colspan="4">班级________　姓名________　正确题数________</td></tr>
<tr><td>4×5＝</td><td>50×3＝</td><td>80×8＝</td><td>200×5＝</td></tr>
<tr><td>300×5＝</td><td>500×4＝</td><td>700×8＝</td><td>3×800＝</td></tr>
<tr><td>2×200＝</td><td>60×3＝</td><td>7×600＝</td><td>9×700＝</td></tr>
<tr><td>7×70＝</td><td>800×8＝</td><td>4×900＝</td><td>500×9＝</td></tr>
<tr><td>700×7＝</td><td>5×700＝</td><td>700×2＝</td><td>3×700＝</td></tr>
<tr><td>8×500＝</td><td>90×3＝</td><td>500×5＝</td><td>6×300＝</td></tr>
</table>

没有一名学生提出里面有还未学的题目，或有不会做的题目，3 分钟后，练习题很顺利地被收了上来。

统计结果：样本练习卷98份，全做对的有61份；做对23题的有29份；做对22题的有7份，还有1份做对20题。

98人共错题47道，正确率达98%。

错题摘抄如下：

8×500=400，8×500=40 000，200×5=10 000，200×5=100(两道积的末尾有3个“0”的乘法，共错11人次)；

9×700=630(积的末尾有2个“0”，却少了一个“0”，类似这样的错误，共错13人次)；

50×3=1 500，900×4=36 000，2×200=4 000(类似这样积的末尾多1个“0”的，共错14人次)；

7×70=140，80×8=160，700×7=1 400(共错4人次)；

其他错误，如4×900=6 300，700×8=5 400，800×8=4 900(共错5人次)。

又找了6名学生(全做对的2名学生、错1题的2名学生、错2题的2名学生)面对面谈话。学生的回答如下。

(1)如果是加法的话，也是这样算的。(没听懂)

(2)原来有2个0，所以我乘好了再加两个0。

(3)200×5？3个0？太多了，我擦了1个0，一开始我写了3个0。

(4)8×500，呀，我错了，应该是4 000，不，咦，是400呀，哦，可能是4 000。

(5)我没认真想，我知道等于多少了，能让我改吗？(果然改对了)

(6)我没列竖式，可能错了。

通过批改、谈话、分析，我们可以得到这样的学情。

1. 学生基本会算整百数乘一位数，并模糊感觉到“400×2”与“4×2”有着某种联系。

2. 积的末尾有3个0的整百数乘一位数是此类题中的易错题；学生主要的错误集中在积的末尾的“0”的个数的问题上。

3. 学生对于为什么这么算的认识不够，对算理的理解不清晰。

4. 学生对一位数乘一位数、整十数乘一位数、整百数乘一位数等口算方法之间的联系与区别认识不够。

以上结论，给教学设计的启示如下。

1. 学生对于整百数乘一位数的口算有一定的计算基础，但缺乏理性的认识，因此从学生的现实起点出发，更好地把算法与算理结合起来教学是本课关注的重点。

2. 受整十数乘一位数口算的正迁移作用，学生大多用“先乘后添0”的方法进行计算，因此教学时不必盲目追求算法多样化，也不必刻意地优化，相反地，让学生理解“为什么”这样做才是最重要的。

3. 本课的知识点本身就比较简单，但数学意义与教学价值却有更深层次的定位。

通过今天的学习，从表内乘法到整十数乘一位数口算，再到整百数乘一位数口算，其中的联系与区别，学生应该在脑海中形成一张清晰的知识结构图，并能在同化与顺应中形成一个关于乘法口算的整体感悟。而这些感悟也将积极影响下位的学习，如整千数乘一位数、整十数乘整十数。只有这样，学生才能深刻体会本课的教学意义，才能体会这一内容在学科教学中的价值与地位。因此，沟通知识间的联系，体会数学的思想方法，是本课关注的又一重点。

从上面的案例中我们可以看出，教师每天都分析学生、研究教学。可以说，教师每天在课堂教学中实践着学情分析。上面的三位教师分析学情的方法并不一致，但也有着异曲同工之处。教师A用“分析期末测验情况”“观察课堂学习表现”“交作业、做作业的情况及课堂反馈”“课后与学生平等交流”等方式了解学情，是值得肯定的。如果能使学生学情的内涵再深刻一些将更好。教师B的“通过对作业及课堂学习进行跟踪和记录”的策略进行学情分析，比教师A的策略更具体、更具有针对性。教师A、教师B的学情分析比较宽泛。与他们相比，教师C的学情分析就更贴近某一学习内容或某一堂课的教学设计。教师C通过课前的调研与分析、学生访谈，来了解学生的现实起点，正确掌握学生新旧知识的衔接点，从学生的学习需要出发，更好地把握学习内容，更准确地定位教学的重难点，使教学目标的设定与教学策略的选择有了重要依据。

学情分析，可繁可简。成熟教师，之所以能简中见繁，皆因曾于繁中历练，正如无数次山重水复后的柳暗花明；年轻教师，必思于繁、行于简，才能逐步在繁杂纷乱中循出属于自己的规律，逐步螺旋式上升、积淀经验。其实，关于学情分析的策略研究还很薄弱，策略与方法也一定不止上面案例中所描述的多方面观察、经验分析、个别访谈、课前调研等。每位教师只要做到有心，在日常掌握学生基本情况的基础上，每节课备课前，根据具体的情况，有选择性地、创造性地使用不同的策略去把握班级情况，全方位地了解每一个学生，便能让教学设计更科学、更有效。

本章小结

教育，面对的是活生生的人，它的宗旨是发现，是引导，是保护，是激励。数学课堂不应被简单地当作接受知识的地方，而应当成为学生探索与交流、自主建构的场所，成为学生自由表达自己的思想、放飞心灵的舞台。这就要求教师在教学设计时，要着眼于促进学生的主动发展、全面发展和可持续发展，要综合考虑学生的学习起点与终点、考虑学生的差异性，进行有针对性的分层设计。为此，在教学设计时教师要进行充分的学情分析，为后续教学内容的选择、教学方法的设计、作业的设计和教学评价的实施打下基础。学情分析是对“以学生为中心”“以学定教”的教学理念的具体落实，是教师完成教学设计的一个重要步骤。可以说，没有学情分析就没有科学的教学设计，没有科学的教学设计就没有有效的课堂教学。学情分析大体包括三个要素：学习需要分析、学生特征分析和学习内容分析。教师可以通过多方面观察、经验分析、个别访谈、课前调研等多种策略与途径进行学情分析，再根据实际情况，有选择性、有创造性地使用有效的策略进行全面而科学的学情分析。

章后练习

1. 谈谈你对学情分析的必要性的理解。

2. 学情分析的内容包括哪些？

3. 结合数学教材的具体内容，进行一次学情分析的实践。

拓展阅读

1. 王月萍．备课从学情分析到教学设计．南京：江苏凤凰科学技术出版社，2015.

2. 方国才．新课程怎样教得精彩．北京：中国科学技术出版社，2006.

3. 李锋．基于标准的教学设计：理论、实践与案例．上海：华东师范大学出版社，2013.

第七章

数学课堂教学目标设计

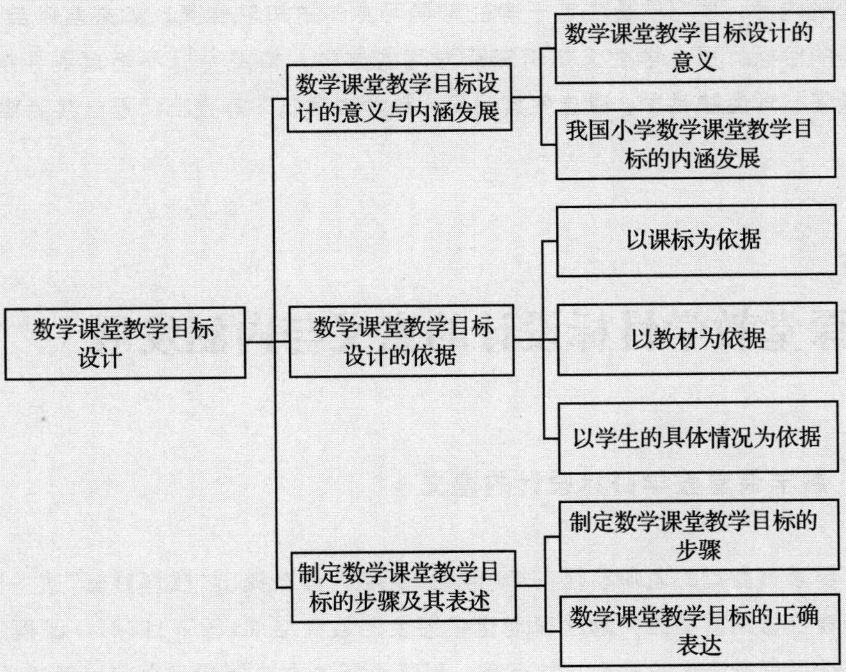

本章概述

本章共三节内容，第一节介绍了教学目标在数学课堂教学中的意义与价值，并进一步阐述了新中国成立以来我国小学数学课程目标的变化轨迹，以达到对课堂教学目标内涵的正确理解。第二节论述了制定教学目标的三个依据：数学课程标准、数学教材和学生情况。第三节说明了制定数学课堂教学目标的具体步骤及其正确表达。

章前导语

无论是传统形式的教案、常见的教学设计，还是当下流行的导学案，教学目标必是其中最为重要的内容，因为它是教学设计的起点和基石。目标对人的活动具有引导、激励和评价等功能。无论做任何事情，首先我们需要考虑清楚想要获得什么，然后才能考虑怎样获得，最终验证是否获得。然而，在各种听评课和研讨活动中，我们发现，即使是优秀的教师，也常常跳过教学目标，直接将关注点放在教学环节的设计上。教学目标成为一个可有可无的“样子货”，这些“样子货”有的照搬教参，更有甚者直接将数学课程标准的内容目标搬运至此。教师手边的教学参考之所以被称为参考，就如同将领身边的参谋，表明它不能代替教学决策的制定。没有一个“货真价实”的教学目标，就没有人能够判断学生的发展是否行走在正确的方向上，那么再精彩的教学环节也失去了被评判的标准，最有质感的内容也说不清它的价值，研讨活动最终脱离方向，不能深入。失去了教学目标，课堂教学就是花样游泳，只见精彩，没有方向。研究表明，学习相同的内容，学习质量决定于学生对学习方向的知晓程度。如果教师自己都没有一个明确的目标，那么学生又如何知晓学习的方向。如果目标不能起到导向的作用，教师满堂灌、学生被动学、课堂气氛沉闷、教学效率低下等突出问题自然就难以避免。

第一节
数学课堂教学目标设计的意义与内涵发展

一、数学课堂教学目标设计的意义

教育学家布鲁姆的老师泰勒在 20 世纪 30 年代首次提出“教育目标”这一概念，他强调了教育目标的重要性：通过确定这些想要的教育结果(教育目标)，课程的制定者应当有一个尽可能清晰的最有益的标准，用这个标准来选择学习内容，设计学习活动，决定接下来的教学过程。实际上，它贯穿了课程计划的每一步。我们花费大量的时间在起草和表述一个目标上，因为目标是指导所有其他活动的关键标准。教学目标作为教育目标的下位概念，是教育目标在每一节课上的具体实现。如果对泰勒的如上表述在教学层面做一个解读，则目标在教学中的价值主要体现在以下三个方面。

第一，目标决定了学习内容的选择。

第二，目标决定了学生活动的设计。

第三，目标对应着学习结果的检测。

可见，教学目标是决定一堂课各个方面的“根”，是“源”。换句话说，教师的教、学生的学及教学效果的评都是围绕教学目标展开的。心理学中用效价衡量目标价值的大小，效价是指已经达成目标与满足个人价值需要的大小。效价的大小，往往是人们依据某些条件对其形成的一种主观判断的结果。教师对教学目标价值的认知，直接影响到教师对教学目标的制定、执行和完成情况。如果教师对教学目标价值的认知是消极的，则对教学的影响不大或很差，相反，如果教师对教学目标价值的认知是深刻的，则有可能对教学产生应有的积极作用。①

二、我国小学数学课堂教学目标的内涵发展

对于什么是教学目标，尽管理论上有多种不尽相同的表述，但所反映的教学目标的基本内涵是一致的，即教学目标是“教学中师生预期达到的学习结果和标准”②。结果预期的内容是“学生的变化，即学生能做到什么，会做了什么”的明细规格。换句话说，教学目标要反映出学生学习的结果，及学生学习的变化。③

对数学课堂教学目标起指导作用的，是国家数学课程目标，这是课堂教学目标的上位目标。课堂教学目标要为实现国家课程目标服务。因此，有必要了解我国小学数学课程目标内涵的发展变化，以便更好地理解小学数学课堂教学目标的基本理念和精神。

数学课程目标体系主要包括课程目标内容体系和课程目标价值取向两个子体系。课程目标内容体系包括知识、能力和情意三个子维度。课程目标价值取向包括学生本位价值取向、学科本位价值取向和社会本位价值取向。这三种价值取向的地位，在不同的时代会发生变化，并由此引发数学课程目标体系的变动。

新中国成立初期，百废待兴，社会本位价值取向被放在首要位置：培养社会主义接班人。受全面学习苏联影响，数学课程又逐渐体现出苏联数学课程中体系完整、逻辑严密的特征，也就是逐渐凸显出学科本位的价值。进入21世纪后，我们逐渐认识到人才培养的创新性和自主性的重要性，使学生本位价值取向慢慢占领上风。课程目标价值取向的这种时代变化，引发了课程目标内容体系的变动。

知识目标方面，经历了由“双基”到“四基”的完美蜕变，即“基础知识＋基本技能”→基础知识(数学事实、数学活动经验)＋数学思想方法＋基本技能→基础知识＋基本技能＋基本思想＋基本活动经验的演变过程。数学知识目标和技能目标的发展逐步完善、

① 陈耀文、岳亮萍：《基于课程标准的教学目标在课堂中的有效落实》，载《教育理论与实践》，2014(11)。

② 毛伟、盛群力：《内外结合编写综合教学目标》，载《课程·教材·教法》，2015(6)。

③ 彭豪祥：《教学目标认知偏差：负效应及其解决对策》，载《中国教育学刊》，2013(9)。

完整，逐渐提高对知识的学习过程的关注。

能力目标方面，经历了由最初只提出逻辑思维能力→明确提出“四大能力”→“三大能力”＋运用所学知识解决日常生活和生产中简单的实际问题的能力→“四大能力”＋分析问题、解决问题的能力→“四大能力”＋发现问题、分析问题、提出问题、解决问题的能力。能力目标的范围逐步扩大，含义更加明确，表述更加清晰，由逻辑推理能力到逻辑思维能力再到思维能力的演变体现数学课程对发展学生思维的灵活性和敏捷性所提出的更高要求。能力目标的培养适应学生自主学习和终身学习的需要。

情意目标方面，经历了由没有情意目标→一般情意＋思想品德教育→一般情意＋数学情意(思想品德教育＋学习数学的兴趣＋树立学好数学的信心)→数学应用意识＋体会数学与自然及人类社会的密切联系＋了解数学的价值＋增进对数学的理解＋学好数学的信心→了解数学的价值＋提高学习数学的兴趣＋增强学好数学的信心＋养成良好的学习习惯＋具有初步的创新意识和科学态度的演变过程。情意目标从无到有，从一般情意到一般情意＋数学情意目标有机结合，充分体现数学课程在注重学生基础性情感培养的基础上，有机融合学科专业精神和情感的培养，体现人文关怀，关注学生的主体性。①

第二节 数学课堂教学目标设计的依据

怎样才能制定科学有效的教学目标呢？制定一个教学设计需要考虑三个基本依据：课标、教材和学生。但教学目标在课堂教学中的价值体现不在于制定依据的“有”和“无”，而在于对依据理解的深度和操作的精度。教学目标的科学性和有效性，首先体现在是否正确理解了这些依据与教学目标的关系。

一、以课标为依据

课标是国家对不同学段的学生规定的通过该门课程的学习，在知识与技能、过程与方法及情感、态度与价值观三个维度方面应达到的基本素质要求，是对学生经过某一学段之后的学习结果的行为描述。但是，根据调查，50％以上的教师(尤以农村教师

① 杨健、李磊、傅海伦：《中国当代小学数学课程目标发展演变的特征分析》，载《数学教育学报》，2020(5)。

最为突出)没有学科课程标准，有课标并在备课前对其认真研究的教师不足 1/3。[①] 还有些教师常常分不清课标要求与课堂教学目标之间的关系，给自己的教学带来了困惑。

事实上，我们需要分清几个具有层级关系的术语，第一个常见的术语叫教育目的，它是国家制定的教育方针或培养目标，是一个比较抽象、笼统、方向性的概念。例如，党的十八大报告提出："把立德树人作为教育的根本任务，培养德智体美全面发展的社会主义建设者和接班人。……培养学生社会责任感、创新精神、实践能力。"第二个常见的术语就是课标，它是学科专家对国家教育目的的具体化规定，是对特殊学段所有学生提出的最低要求。例如，《义务教育数学课程标准(2011 年版)》第三学段，问题解决部分第 3 条："在与他人合作和交流过程中，能较好地理解他人的思考方法和结论"。第三个术语是我们这里所提的教学目标，它是教师依据课标要求制定的，是对课标要求的进一步分解和细化，是最为具体和贴合学生实际的状态。

可见，教师是将课标的要求转化为具体教学目标的"责任人"，是国家教育目的最终得以实现的关键。课标是教学目标的蓝图和依据。教师在将其进一步细化为每节课具体的教学目标时，一定要结合学生情况，才能实现有效落实，进而通过一系列教学目标的达成来实现课标的要求。

二、以教材为依据

教材也是根据课标的要求编写的，从内容选择、呈现方式、板块划分和编排顺序等方面与课标保持基本一致。教材不仅承载了课标要求的内容，进一步体现了课标中倡导的重要理念，为教师教学提供了素材，其编排顺序和呈现方式都具有特定的教学含义。因此，在制定教学目标时，首先要明确教材中每一段信息所承载的教学目标，每一段信息所承载的教学目标可能不是单一的，应当使教材内容与自己的教学目标相一致，当教材内容与自己的教学目标出现不协调的情况时，应当调整或删补教材内容来顺应自己的教学目标，而不是让教材内容来决定教学目标。

目前，我国实行"一标多本"，课标虽为全国通用，但教材版本却是各个地区根据本地区的教育文化、教学风格及学生水平制定，取材来源不尽相同，强调的理念也各有侧重。除了各地区正式出版的各类教材，国家还积极倡导开发区域教材、校本教材等。之所以倡导教材多样化，就是为了打破过去"教教材"的死板做法，充分发挥各地自有特色，使得教材内容更加适应本地学生兴趣。

在最近的一次教学研讨活动中，一位优秀的青年教师还在纠结要不要选择给学生教授一块原来存于旧版教材而消失于新版教材中的内容。这样的纠结源于教师对

---

① 常学勤:《教学目标设计常见问题与矫正策略》，载《教学与管理》，2015(22)。

教材权威的过分依赖和学生现实需求之间的冲突。我们知道，教材是教材编写者以课标为基础，吸收了国内外优秀教学内容的精华，以最符合特定年龄学生认知的一般特点进行编排的，是教师教学和学生学习的知识载体，具有一定的权威性。但是，就如同课标是对全国学生提出的最低标准一样，教材面对的也是一个较大区域内的全体学生，当教材内容不能满足特定学生群体的学习需求时，当以学生的需求来确定教材内容的选择。

三、以学生的具体情况为依据

学生是最为核心的考量依据，学校教育以学生发展为本。“以学定教”是重要的教学理念。课标是根，教材是叶，学生发展才是果。在制定教学目标阶段，我们关注的是学生已有的水平与可能发展的水平之间的距离。但据调查，62.2%的教师认为“课程标准是教师制定具体教学目标的直接而唯一的依据”，还有57.3%的教师认为“教师必须完全服从课程标准在教学中的权威”。应该说，没有哪位教师会忽略学生情况进行教学，即使为陌生学生授课，也会尽量了解学生的已有状况。即使是面对自己的学生，有时也只考虑了部分而不是全体，又或者从学生认知基础去考虑，忽视了学生当前学习态度、情感等因素。有人将这些现象总结为四点，即“目中无人”“无始有终”“顾教失学”“群独失调”。“目中无人”是指教师在制定教学目标时，只关注知识而忽略了学生的发展，他可能对一个课时或一个单元的知识目标非常清楚，可以达到精细化的程度，但很少对学生的发展有类似精细化的研究。“无始有终”是指教师对教的终点研究多，而对学的起点研究少。好的教师，首先考虑的是学生的“生长点”，即使拿着内容最简单的一课也能教得风生水起。“顾教失学”是指教师较多关注自己“教什么”“教得怎么样”而忽视“学生要学什么”“学得怎么样”。“群独失调”是指教学目标没有平衡好学生整体情况和个体差异之间的关系。①

总之，课标是准绳，教材是资源，学生是本。只有深刻理解了这三个依据与教学目标之间的关系，才能制定出科学有效的教学目标。

下面是一位教师对原教学目标的一次分析改进，对我们理解教学目标的意义及制定依据具有启发意义。

“集合”是人教版数学三年级上册第九单元“数学广角”的内容，本单元仅安排一个例题：计算参加跳绳和踢毽比赛的人数。例题介绍了如何用韦恩图表示出参加两项比赛的人数，同时启发思考怎样列式解决问题，渗透集合的有关思想和方法。因为内容简单，教师直接摘抄了《教学参考》中的教学目标。

---

① 孙立平：《基于生本视角的教学目标设计的审视》，载《教育理论与实践》，2014(26)。

1. 让学生经历解决问题的过程，了解简单的集合知识，初步感受它的意义。

2. 使学生学会借助韦恩图、运用集合的思想方法来解决较简单的实际问题，从而感受数学与生活之间的相互联系。

3. 培养学生合作学习的意识和学习的兴趣。

这样的目标定位在实际课堂教学中却遇到了问题，关于教学目标达成度的课堂观察数据显示：第一，64%的学生能够借助韦恩图，填出集合中的元素，但无法说清集合各部分表示的意义，更不要提集合各部分间的关系；第二，70%的学生还是按原来的数学方法：直接列式解决简单的重叠问题；第三，仅有10%的学生能画出韦恩图，运用各部分间的关系，列出两种及以上的算式——目标达成度低！

课后，该教师就教学目标设计规范求教于大学教授，并与教研组同伴一起检视、分析原教学目标，发现原教学目标犯了两个方面的错误：一是目标主体陈述错误，教学目标应以学生为主体，结果变成了教师，忽视了学情分析；二是目标的行为动词模糊、笼统、抽象、指向不明，混淆了课程目标与教学目标的区别，使得教师无法把握和检测学生行为结果的达成程度。

找到原因之后，教师对原教学目标制定存在的问题进行了分析。首先，在全面研究数学课程标准的基础上，确定第一学段有关本课的目标定位：本课地位特殊，属于数学广角单元。该单元介绍了一些重要的数学思想方法，集合思想就是这一学段非常重要的数学思想。新课程改革后，问题解决在第一学段的比重大大增加，数学思想方法渗透需依托现实情境，从问题解决过程中感悟。故从问题解决角度明确三年级应达到的目标：了解分析和解决问题的一些基本方法，知道同一个问题可以有不同的解决方法。其次，细读教材，厘清本课的知识结构和重难点。结合课程标准和教材的编写特点，发现理解韦恩图的意义和用集合思想解决问题是本课的教学重点。但这样的说明过于笼统，需要将其阐述得更加清晰、明确。整个教研团队群策群力，从骨干教师的经验分享，到课堂观察的数据总结，再次将教学目标细分为：理解韦恩图各部分及其关系，能用不同的方法解决简单的集合问题。最后，研究学生，了解学生的学习起点，探明学生对于本课知识点的学习可能达到的程度。根据小学中段学生抽象能力较弱的特点，要求学生先借助直观图，清楚说出韦恩图各部分意义及其关系，从而解决简单的集合问题；接着能应用结论，用多种方法来解决问题。综合上述考虑，制定了新的教学目标。

1. 借助直观图能清楚说出各部分及其关系。

2. 会利用集合的思想方法来解决简单的重叠问题。

3. 能用不同方法解决简单的集合问题。①

---

① 胡蝶：《寻找课眼——以小学数学〈集合〉两次教学设计的变化为例》，载《上海教育科研》，2016(8)。

以此为表现目标设计教学任务后，达到了教、学、评的统一，充分发挥了教学目标的作用。

第三节
制定数学课堂教学目标的步骤及其表述

一、制定数学课堂教学目标的步骤

(一)分析课标

如前所述，在国家教育目的的实现过程中，教师的主要任务是分解与细化课标，操作时可以遵循以下几个步骤。

第一步，摘录课标相关内容；

第二步，确定关键词；

第三步，分解核心概念；

第四步，分解认知动词；

第五步，初步确定教学目标。

例如，课标第三学段“图形与几何”的“四边形”部分，要求“理解平行四边形、矩形、菱形、正方形的概念……”根据教学进度的内容，操作时可以遵循以下步骤。

第一步，摘录“理解菱形的概念”；

第二步，确定关键词“菱形”和“理解”；

第三步，分解核心概念“菱形”为菱形的定义、图形、性质、相关的证明及计算；

第四步，分解认知动词“理解”为说出、画出、得出(演绎)、运用、判别等；

第五步，结合对学生情况的分析，对以上内容及行为动词进行恰当选择，可初步将教学目标表述如下。

第一，能说出菱形的定义，能画出菱形。

第二，能根据菱形的定义得出菱形四边相等的性质，并运用性质进行说理和计算。

第三，根据菱形的定义判断一个四边形是否是菱形。

(二)分析教材

叶圣陶先生说过，教材无非是个例子。教师在分析教材时，可以遵循以下几个步骤。

1. 分析本节内容在整个教材体系中的地位和价值

只有对教材体系有一个整体把握，才能理解好当前内容的价值和地位。教师在制定教学目标时，先对整个教材的知识体系、编排结构做到心中有数，才能找到本节内容的关键点，明确本节内容在本单元、本册，甚至本学段中的位置。只有这样，才能更好地将新旧知识进行恰当连接，帮助学生发展和完善其认知结构。

2. 解读知识内容，弄清编排意图，做好“用教材”

教材是课堂教学的第一资源，确定教学目标的重要凭据。教材的每一段文字、每个符号，甚至每个插图都是教材编写者“有意为之”，值得教师反复研读，仔细琢磨。例如，苏教版数学二年级下册，“角的初步认识”的内容。例题创设的情境是一个男孩剪出了一个五角星，一个女孩手里拿着一个三角形，桌上放着纸工袋、三角板、正方形纸片、一个闹钟、一把剪刀。这些都是学生熟悉的图形和物体。教材提供的材料是精心设计的。一是尽量选取不同的物体表面和图形，让学生抽象出各种大小不同的角，概括出角的一般特征；二是为了与生活中的角区别，教材提供的材料都是很薄的，其厚度不会引起注意，便于学生在实物的一个面上寻找并指出角。一位教师对教材中的情境进行了重新设计：在一个童话般的意境中有一些小角长着天使的翅膀飞来飞去，图中还有滑滑梯、秋千等，画面非常精美。显然，这位教师没有真正理解教材内容，选取材料也没有慎重思考，长着翅膀的角还是几何图形的角吗？从滑滑梯、秋千等物体上抽象角，非常容易与生活中的角混淆。这种只注重生活情趣而忽略数学本质的设计，对教学是无益的。①

3. 根据学生的情况，大胆取舍，合理剪裁，重构教材

教材是提供给学生学习的材料，而学生学习的材料却不仅仅是教材，还包括教材中的课程资源与教材外拓展的课程资源等。学习材料的搜索和选择直接影响到学生对知识的理解和能力的形成。因此，教师在深入钻研、理解教材的基础上还要跳出教材、超越教材，根据学生的具体情况对教材进行拓展和延伸，或调整，或取舍，或“深挖”。

(三)分析学情

科学的学情分析，能使教师比较全面深入地理解学生已有的知识储备、能力水平、学习动机与态度及班级整体个性等基本信息，为“以学定教”提供重要依据，帮助教师从学生实际出发确定教学起点。要破除学情分析中的经验主义、主观主义和形式主义现象，教师要掌握科学的分析方法，常见的方法有观察法、资料分析法、问卷调查法、

---

① 张平：《解读教材，我们应把握什么——以苏教版国标本小学数学教材为例谈教材解读策略》，载《教育科研论坛》，2010(12)。

访谈法、基于教育理论的经验分析法等。本模块前面已经系统介绍了学情分析的科学方法，此处不再赘述。

二、数学课堂教学目标的正确表达

了解了制定课堂教学目标的过程之后，我们再来谈谈怎样陈述目标才是规范的。目标陈述的规范至今也没有公认的、统一的标准，但是它必须符合一些要求：第一，目标指向是学生通过学习之后的预期结果，因此行为主体必须是学生，而不是教师；第二，目标陈述主要是为了便于后续的评价行为，因此行为动词要尽可能清晰、可把握，否则无法规定教学的正确方向；第三，有时单靠行为动词无法将目标清晰地表达出来，因此需要一些附加的限制条件，如学习情境、工具、时间、空间等的规定；第四，目标指向的是全体学生而不是个体学生，同时为了便于评价，目标的表现程度是达到最低要求，而不是最高要求。它只是说明目标所指向的学生最起码应达到的标准，不代表所有学生真正获得的真实的教育结果，前者只是后者的子集。

具体地说，行为目标陈述的基本要素有四个：行为主体、行为动词、行为条件和表现程度。例如，“在 1 分钟内(行为条件)，学生(行为主体)能算出(行为动词)至少 4 道题(表现程度)”。然而，并不是所有的目标呈现方式都要包括这四个要素，有时为了陈述简便，可以省略行为主体或(和)行为条件，但前提是以不会引起误解或多种解释为标准。

(一)行为主体

导学目标是评价学生的学习结果的依据，而不是评价教师有没有完成某一项工作的依据。因此，目标陈述必须从学生的角度出发，陈述行为结果的典型特征，行为主体必须是学生。这与教学大纲的陈述方式是不同的，以往我们习惯采用“使学生……”“提高学生……”“培养学生…… ”等方式都是不符合陈述要求的。尽管有时行为主体“学生”两字没有出现，但也必须是隐含着的。

(二)行为动词

为了便于教学后的评价，行为动词应该尽量使用一些可观察和可测量的动词，如果使用“提高……”“灵活运用……”“培养学生……的精神、态度”“了解”“掌握” 等行为动词，缺乏质和量的具体规定性，评价就无法开展。因此目标所采用的行为动词应该是具体的、明确的、可操作的、可把握的，即应该是可评价的。例如，苏教版数学四年级下册第 78～79 页“三角形的内角和”，有位教师的教学目标是这样陈述的。

1. 引导学生通过量一量、算一算、折一折、拼一拼等活动，发现三角形的内角和是 180°的规律，并灵活运用规律解决问题。

2. 在量一量、算一算、折一折、拼一拼等活动中，培养学生动手操作能力，积累数学活动经验，感悟转化、特殊与一般、归纳等数学思想。

3. 在游戏、操作、交流中激发学生学习数学的兴趣，培养学生自主探索的意识。

实际上，大部分学生在课前已经通过各种渠道知道了三角形的内角和是 180°，如果强行使用教学参考中的发现作为行为动词是不合实际的。另外，感悟是内隐的发展，如何让其外化呢？学生对数学内容有兴趣，会是怎样的表现？通过对这些问题的思考，我们不妨对如上目标做些修改，像如下这样的表述，也许会更恰当一些。

1. 能规范使用量角器进行精确测量和计算，验证三角形的内角和。

2. 能在折一折、拼一拼的操作过程中体会一般与特殊的数学思想，并能进行简单说理。

3. 能积极投入操作并独立思考，乐于与同学进行交流和分享。

(三)行为条件

行为条件是指影响学生学习结果的特定的限制或范围。如果没有明确的行为条件，学生最终的学习结果往往就难以评价，因此在描述课程与教学目标时，通常都说明在什么样的条件下达到何等程度的结果。对条件的表述有四种类型：一是关于使用手册与辅助手段，如"可以带计算器"或"可以查对数表"；二是提供信息或提示，如"能使用韦恩图解决……"；三是时间的限制"在 2 分钟内，能……""通过两课时的学习，能记住……"等；四是完成行为的情境，如"在课堂讨论时，能叙述……要点"。

(四)表现程度

教学目标所指向的表现程度通常是指学生通过一段时间的学习后所产生的行为变化的最低表现水准或学习水平，用以评价学生的学习表现或学习结果所达到的程度。因此除了行为动词上体现程度的差异外，还可以用其他的方式表明所有学生的共同程度。例如，假设一道题目有五种解题方案，但作为面对全体学生的标准，不能要求所有的学生都能回答五种解题方案，那么就可以这样来陈述，"至少写出三种解题方案""85％的学生都能答出五种解题方案"等。

本章小结

教学目标在整个教学设计中处于核心位置，应当是教师最为重视的教学设计环节。要体会到它对教、学、评的引领价值。在教学设计时要充分考虑学生，一切以学生的发展为目标，将课标、教材作为重要参考资料，体现出对“四基”“四能”及学生情意态度的培养。教学任务的设计、数学内容的选择等都要为实现教学目标服务。一节课的学习效果，也要从目标出发来考评，要将教学目标的实现分解在课堂教学的全过程。一个理念正确、内容完善、表达清晰简练的教学目标，是一份优秀教学设计的第一特征。每一个词语、每一句话都是教师课前准备充分性的体现，要尽量使其可测、可观察。

章后练习

1. 在撰写一份教学设计时，为什么要首先制定教学目标？

2. 数学教学参考中列出的课堂教学目标和教师课堂教学目标之间是什么关系？

3. 数学课堂教学目标和数学课程目标之间是什么关系？

4. 制定教学目标的依据有哪些？

5. 在制定一份教学目标时，要注意哪些要素？

拓展阅读

1. 胡蝶．寻找课眼——以小学数学《集合》两次教学设计的变化为例．上海教育科研，2016(8).

2. 张平．解读教材，我们应把握什么——以苏教版国标本小学数学教材为例谈教材解读策略．教育科研论坛，2010(12).

第八章

数学课堂教学活动设计

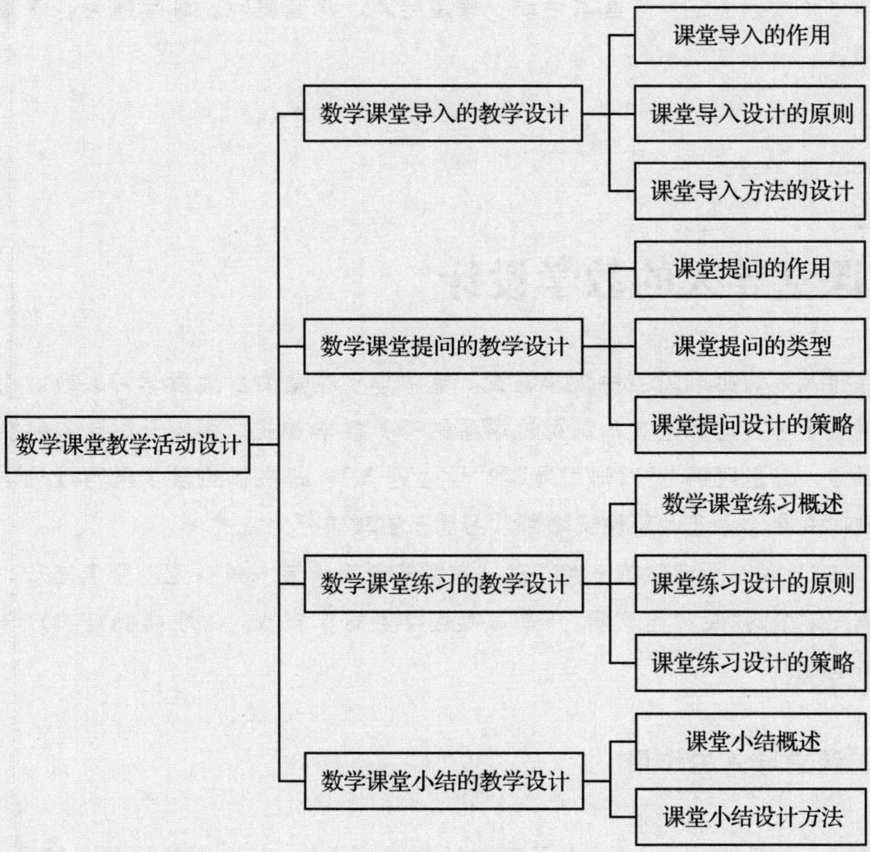

本章概述

本章分为四个部分，分别是数学课堂导入、课堂提问、课堂练习和课堂小结的教学设计。作为数学课堂教学活动的重要环节，四个部分的内容主要包括作用、原则和设计的策略三个方面。

章前导语

课堂教学设计是教师有效开展教学活动的保证。教学设计的目的是运用已知的教学规律去创造性地解决教学中的问题。从教学实践上看，数学课堂教学设计通常包括以下四个部分：一是进行数学教学内容和学生情况分析；二是编制教学目标；三是制定教学方案，做教学活动的设计；四是教学方案的评价设计。

教学活动是教学设计的核心部分，是课堂教学的设计图，它力图反映出课堂教学全过程的概貌。从教学流程的视角可将教学活动设计分为导入设计、情境设计、提问设计、课堂观察设计、课堂习题、课堂练习、课堂小结设计等。但由于每节课的具体任务不同，课型不同，教学活动千差万别，数学教学活动设计也不尽相同。本章主要选择教学活动设计中的一些基本活动：课堂导入、课堂提问、课堂练习、课堂小结等进行阐述。

第一节 数学课堂导入的教学设计

课堂导入是教师采用各种教学方式，集中学生注意力，激发学习兴趣，引起学习动机，明确学习方向和建立知识间的联系的一类教学方式。事实上，导入包括“导”和“入”两部分，分别理解为“教师引导”和“学生进入”，即在新的教学内容或教学活动开始前，教师引导学生进入某种情境和学习状态的教学行为方式。

“良好的开端等于成功的一半。”在一堂课的开头，导入具有先声夺人之效。善教者往往从激发学生的“疑”“趣”“情”开始，唤起学生的求知欲，为取得良好的教学效果奠定坚实的基础。

一、课堂导入的作用

课堂导入，犹如乐曲中的“引子”、戏剧的“序幕”，起着酝酿情绪、集中注意力、渗透主题和进入学习状态的作用。精心设计的导入，能抓住学生的心弦，促成学生的情绪高涨，有助于学生获得良好的学习效果。导入的主要作用有以下几点。

(一)集中学生注意力，形成课始标志

注意是心理活动或意识对一定对象的指向与集中，是人们获取知识、掌握技能、

完成各种智力操作和实际工作的重要心理条件。在每堂课前，学生都可能或多或少被经历过或从事的事情困扰，沉浸于当时的情绪中不能自拔。实现学生情绪转移的关键就在于良好的课堂导入。

新课伊始，如果教师针对学生的年龄特点和心理特征，精心设计好导入的方法，用贴切而精练的语言，正确、巧妙地导入新课，可以激发起学生强烈的求知欲望，引起学生浓厚的兴趣，使学生全神贯注、精神振奋、积极主动地去接受新知识。因此教师在设计新课导入环节时，要给学生较强烈的、新颖的刺激，帮助学生收敛课前活动的各种思想，把注意力迅速集中并指向特定的教学任务和程序之中，为完成新的学习任务做好心理上的准备。

(二)激发学习兴趣，引起学习动机

托尔斯泰说过："成功的教学所需要的不是强制，而是激发学生的兴趣。"兴趣是入门的向导，是感情的体现，是知识的"生长点"，是学习动机中最现实、最活跃的成分，是学习取得高效率的催化剂，是进行教育的有利因素。学习动机是引起学生学习活动，并维持这种学习活动持续进行，以满足学生需要的一种内在心理过程或内部动力。浓厚的学习兴趣和强烈的求知欲望，能激发学生热烈的情绪，使他们愉快而主动地进行学习，并产生坚忍的毅力，表现出高昂的探索精神，能收到事半功倍的效果。

教师在设计课堂导入时，要用学生喜闻乐见的形式，如典故、游戏、结合信息技术手段进行展示等，创设新颖奇特、趣味横生、悬念生惑的情境，从而充分调动学生的兴趣，引导学生在愉悦中进行学习。

(三)明确学习目标，启迪学生思维

课堂导入设计的关键点和难点是启迪学生的思维。思维是各种能力的核心，课堂教学要重视培养学生的数学思维能力。良好的课堂导入要能够点燃学生思维的火花，开拓学生思维的广阔性、灵活性、敏捷性和发散性。教师在导入时采用形象化的语言叙述或设计出富有启发性的问题，诱发学生的思维，增长学生的智慧，使学生的思维尽快活跃起来，从而造成一种教学需要的"愤""悱"状态。

(四)铺设知识桥梁，建立知识联结

数学学科的知识逻辑性很强，很多新知识都是以旧知识为基础发展来的。课堂导入设计需要建立在学生的"数学现实"基础之上，承前启后，或以旧引新，或温故知新，促使学生建立新旧知识间有效的联系，让新学知识在原有知识结构的基础上进行，使学习成为有意义、有深度的学习。

二、课堂导入设计的原则

教师在课堂导入时，一定要根据既定的教学目的来进行精心设计，要符合教学内容本身的科学性，做到短小而精确，突出数学本质；要从学生的实际出发，富于启发性；要从课型的需要出发，具有新颖性和趣味性。

（一）针对性原则

课堂导入设计的针对性原则包括两个方面：一是针对学科特点，明确课堂教学目标，抓住教学内容的重难点和关键点；二是针对学生的心理特点、知识基础、认知规律、学习风格、兴趣爱好等，进行有针对性的设计。"导"是辅助，"入"才是根本。导入新课时所选用的材料必须紧密配合所要讲述的内容，从教学实际出发，设计具体、简洁、有针对性的导入方法。

（二）启发性原则

课堂教学本质上是引导学生发现问题、提出问题、分析问题和解决问题的过程，而富有启发性的导入能引导学生发现问题，激发学生解决问题的强烈愿望，能创造愉快的学习情境，促使学生自主进入探求知识的境界，起到抛砖引玉的作用。新课伊始，教师要通过创设富有启发性的问题，引发学生的认知冲突和思维的矛盾，让学生有疑可思，因疑而思，打开思维之门，收到启发思维的效果。

（三）趣味性原则

教育家第斯多惠说："教学成功的艺术就在于使学生对你所教的东西感到有趣。"充满兴趣的课堂导入，能调剂课堂教学的氛围和节奏，可以最大限度地激起学生学习的兴趣和热情，并激发其内在的学习积极性和主动性。在课堂导入设计时，导语要风趣幽默、生动形象，方式要新颖独特、多元多样，案例要生动活泼、突出本质，以便让学生以最佳的心理状态，投入新知识的学习中来。

（四）简洁性原则

课堂导入，虽然是教学过程中的一个重要环节，但不是中心环节。导入要精心设计，要确保教学内容符合学生的认知水平和接受能力，力争用最精练的语言、在最短的时间内，集中学生注意力，使学生迅速进入学习情境。导入环节一般要在3～5分钟内缩短教师和学生、学生和知识之间的距离，完成教学环节向新课程的过渡。

(五)迁移性原则

从心理学的视角来看，学生的学习是根植于已有知识背景和生活经验上的。从学科特点上看，数学教学内容具有逻辑性和系统性的特点。要想让学生学习的知识系统化，关键就是建立新旧知识之间的联系。因此，导入设计要在联系学生旧知识的基础上，找准新知识的生长点，实现从已知到新知的过渡，并逐步促进知识之间的正向迁移。

三、课堂导入方法的设计

课堂教学采用什么方式导入，需要在深入钻研教学内容、明确教学目标和分析学生的认知特点的基础上进行选择。“教无定法”，说的是在教学活动中教师的“教”应是灵活的。同样，新课导入的方法也是多变的。以下将结合数学教学案例，阐述小学数学课堂教学导入设计的常用类型和方法。

(一)情境型导入

情境型导入是利用语言、环境、游戏、活动等手段，创设一种符合教学需要的情境，以激发学生的学习兴趣，启发学生的思维，使学生处于自主学习状态的方法。情境型导入有以下几种方法。

1. 游戏情境导入法

心理学家弗洛伊德指出，游戏是由愉悦原则促动的，它是满足的源泉。小学生的认知特点决定他们在获取知识时更倾向于愉快、轻松的学习方式。通过游戏情境导入新课，学生在亲身体验的过程中开始新知识的学习，容易获得成功的体验，并更愿意深入思考问题。

【案例】在教学“圆的周长计算”时，导入设计如下。

在上节课结束时，老师布置一个任务，让学生预先用硬纸板做好大小不同的圆形，量出圆形纸板的周长和直径，并记下每次测量的结果。

师：同学们，我们现在来做一个游戏，把你们课前测量得出的圆的直径或周长告诉老师，老师不用量就能立即说出相对应的圆的周长或直径的长度，请同学们检查老师说得对不对？游戏开始。

生1：直径 3 cm。

师：周长等于 9.42 cm。

生2：周长等于 18.84 cm。

师：直径等于 6 cm。

……

师：游戏结束，你从刚才的游戏中发现了什么？圆的周长和直径有什么关系？你想知道这个秘密吗？那么，我们共同来学习圆的周长计算。

通过游戏导入新课，学生在游戏和教师的启发下产生了浓厚的学习兴趣和迫切的求知欲，顺利完成了向新课的过渡。

2. 故事情境导入法

故事情境导入法是深受低年级学生欢迎的导入方法之一。新课伊始，教师不急于揭示课题，而是设计一个与教学内容有关的故事来唤起学生的生活经验，从中抽象出数学问题。故事导入能给数学课增加趣味性，帮助学生开展思维，丰富联想，调动学习的积极性，使学生自然而然地进入最佳的学习状态。

【案例】讲授“商不变的规律”时， 引用猴子分桃的故事进行导入。

师：大森林里住着一群猴子。一天猴爸爸带回来好多桃子，回到家就把桃子分给孩子们，猴爸爸说：“给你们 8 个桃子，平均分给 4 只小猴子吧”。

小猴子们听了很高兴，但一只小猴子说：“才 8 个桃子，有点少了。”猴爸爸说：“那给你们 20 个桃子，不过要平均分给 10 只小猴子。”小猴子还不满足地说：“能不能再多给点？”猴爸爸很大方地说：“那给你们 40 个桃子，平均分给 20 只小猴子。”小猴子的要求得到满足，就兴高采烈地去分桃子了。猴爸爸却大笑起来。

猴爸爸为什么大笑呢？这几种情况下，每只小猴子分别能分到多少个桃子呢？

通过生动的故事来导入新课，学生乐在其中，同时又会产生疑问，从而带着疑问去发现故事里蕴含的数学知识和数学思想。

3. 生活情境导入法

数学源于生活、寓于生活、用于生活。数学教学内容必须易于被学生理解和接受，而小学生的感性知识主要来源于生活经验，生活世界的素材就是学生获取知识的重要途径。根据这一特点，教师在导入设计时，可以将学生熟悉的生活情境与教学内容联系起来，引起学生的注意，培养学生的参与意识。

【案例】在教学“ 圆的认识”时， 导入设计如下。

师：我们学过哪些和“圆”字相关联的词语？

生：花好月圆，团团圆圆 ……

师：你在生活中见过圆吗？

生：圆盘、茶杯的口……

师：生活中的圆真多，有人说因为有了圆，我们的世界才变得如此美妙而神奇！这节课就让我们一起走进圆的世界，去探索其中的奥秘，好吗？

课堂导入在关注学生的经验和兴趣的基础上，通过现实生活中的生动素材引入新知，使抽象的数学知识具有丰富的现实背景，努力为学生的数学学习提供生动活泼、主动求知的材料与环境。

(二)新旧联系型导入

新旧联系型导入有以下几种方法。

1. 以旧引新导入法

这种方法有两种途径：其一，从总结旧课入手导入新课。教师在讲授新课之后，首先要对以前学过的有关内容进行概括，进而提出与此有关的新知识。这种导入法使学生把新旧知识连贯起来思索，既起到承上启下的作用，又起到巩固旧知识的作用。其二，从检查提问旧课入手，引导回忆旧课，导入新课。在讲授新课前，教师先提出以前学过的问题让学生回忆、思考和回答，教师订正和补充，为导入新课创造条件。

【案例】在教学“毫米的认识”时，导入设计如下。

师：请同学们观察老师手中的两本书，猜猜哪本厚？(出示 4 毫米和 5 毫米厚的书)(学生猜，老师暂不给出判断)

师：哪位同学能想个好办法又快又有根据地正确判断出哪本厚、哪本薄？(可以平放在桌上比一比)追问：如果不用这种比较的办法，你还能想出更科学的办法来比较这两本书的厚薄吗？(可以用尺量)

师：用尺量就要用到长度单位，我们已经学过哪些？(米、分米、厘米)让学生比画 1 米(出示米尺)、1 分米、1 厘米的长，并画出线段。

师：这本书厚有 1 米吗？有 1 分米吗？有 1 厘米吗？为了量出这本书的厚度，同学们头脑里是否会有一个新的愿望？(要有一个比厘米更小的长度单位)

激发学生的学习愿望和参与动机是引导学生主动学习的前提。教师在导入的过程中，借助一个简单的问题，让学生进行讨论和观察，进而联系学生已有知识，寻找正确的判断方法，由此激起学生探寻比厘米更小的长度单位的强烈愿望。

2. 类比导入法

类比导入法就是当新旧知识有较强的相似性时，让学生用旧知识类比来得出新知识，这种方式有利于培养学生的思维能力和发现问题的能力，更重要的是有利于培养学生的类比思想，培养学生用联系和发展的观点看问题。

例如，小学数学教学中，通过加法的运算律类比得出乘法的运算律；在讲矩形的性质时，可以先让学生回忆平行四边形的性质，从而引导学生类比得出矩形的性质。

(三)直观导入法

直观导入法，即教师将与教学内容相关的直观实物、教具或图像展示在学生面前，使学生产生好奇心，运用多种感官参与学习活动，从而获得大量感性材料的导入方法。教师在教学过程中将实物和直观教具展示给学生，必要时配合身体语言或表情语言使学生获得直观感知，有助于学生对教材中定理和概念的理解，提高学生的观察能力。

直观导入法一般包括直观启示法、教具演示法、实验导入法。

【案例】在教学“轴对称图形”时，导入设计如下。

师：同学们，好好看一看老师手中的图片，你能找出什么规律？哪位同学来说一说？(老师手中拿着三张图片并向学生展示：苹果、蝴蝶、手拉手的小孩。)

生1：可以先把图片对折一下。

师：这位同学的想法不错，那请一位同学把这几张图片对折一下，并说一说你发现了什么。

生2：把这几张图片对折一下，发现对折形成一条直线，并且直线两边可以完全重叠起来。

师：刚才你用自己的话概括出了轴对称图形的特征，今天我们就来共同学习这种新图形。

直观导入法有利于培养学生的观察力，使学生获得直观的感性认识和丰富的感性材料，激发学生的学习兴趣，使学生注意力集中。学生在直观感知的过程中理解抽象的数学知识。

在使用直观导入法时，教师要注意以下几点。

第一，实验、实物、模型、挂图等内容应与新课题有密切的联系，切忌哗众取宠、不着边际的故弄玄虚，以防冲淡主题内容。

第二，在直观演示中，教师应有引导性地指导学生进行观察，及时提出问题引发学生思考，促进他们的思维，为学习新课题做好准备。

(四)问题导入法

课堂提问是开发学生思维的有效途径。“设疑”作为教学活动的先导，是激发学生好奇心的关键途径。当教师提出的问题能引发学生的认知冲突时，学生才会产生问题意识，并去积极地思考。教师在设计问题导入时，应该有目的、有计划地选择问题，考虑到学生可能出现的反应，并在课堂教学中创造性地解决突发的状况。常见的问题型导入有以下几种。

问题启示法：教师通过问题引起学生兴趣，启发他们的思维，进而引出课题。

巧设问题悬念法：有经验的教师经常设计一些学生急于想解决，但运用已有知识和方法一时无法解决的问题，形成激发学生探究知识的悬念而引出课题。

揭示矛盾法：通过揭示已有知识结构中无法解决的矛盾，突出引进新知识的必要性，从而导入新课。

【案例】教学“小数除以小数”时，导入片段呈现如下。

（上课后，老师出示本课例题：0.459÷0.09。）

师：同学们，你能又快又准确地得出这道题的答案吗？

生 1：可以将这个算式中的两个小数同时扩大 1 000 倍，这个算式就变成了整数除法。我们知道除数和被除数同时扩大相同的倍数，商不变。因此，可以得出答案。

生 2：我直接模仿整数除法的法则进行计算，并得出答案。这里除数有 3 位，就先看被除数的前三位。

生 3：我给两个数加上单位，就变为 0.459÷0.09 米，再将它们转化成单位是毫米的算式进行计算，即 459÷90 毫米，这样的情况我们已经学习过。

师：同学们的想法可真多。下面我们就来共同探讨这道算式是怎样计算的。

在这里，教师有意识地提出了一个与学习内容有关的问题，使学生能够积极地思考并产生各种想法。课堂气氛较活跃，有利于学生主体性的发挥和思维能力的发展。

除此以外，数学课堂教学中常用的导入方法还有开门见山导入、数学史料导入等。导入只是课堂教学活动中的一环，教师还要注意课堂教学活动的整体设计。导入设计要简洁明了，紧扣课题，切忌喧宾夺主，影响主要教学内容的进行。不论使用什么样的导入方法，都要考虑它是否适合于具体的教学内容。只有恰当的导入方法才有利于教学活动的顺利进行。

第二节
数学课堂提问的教学设计

课堂提问是教师以问题的形式，通过师生的相互作用，检查学习、巩固知识、运用知识、促进主动学习、促进思维、促进理解、发展能力并最终实现教学目标的一种教学行为方式。在小学阶段，数学教学应着重培养学生在问题解决、反思质疑、合作交流等方面的素养，为学生未来的学习、工作和生活奠定基础。课堂提问是培养学生问题意识的关键环节。

一、课堂提问的作用

课堂提问，一般要经历发出信息、接收信息、反馈信息三个阶段。首先，教师以简明的语言提出问题，让学生根据教师的要求，理解题意，进行思考并寻找答案；其次，学生用口头语言回答教师提出的问题，教师依据学生的回答给予回应。因此，课堂提问可以起到强化知识传输、评价学生、调控教学进程、沟通师生情感等作用。

(一)反馈调控

反馈是实现调控的必要前提。教师通过恰当的提问，可以迅速获得反馈信息，了解学生对知识的理解、掌握和应用的程度，找出问题所在，并据此对课堂教学进程做出相应的调整。当学生思维出现偏差或课堂出现冷场时，教师通过一个导向性的问题可及时引发学生的思维活动，以此来控制教学方向和进度。

(二)诊断评价

提问的诊断评价作用表现为：新课导入时的提问用于前期诊断，目的是了解学生的知识起点，准确找出新知识的衔接点；讲授中的提问是知识形成过程中的评价，通过提问可以了解学生是否能够运用数学视角观察问题、数学语言表达问题、数学思维思考问题，是否能够找到有效的方法解决问题，是否有反思自己思考过程的意识。

(三)发现新知

“一个差的老师奉送真理，一个好的老师教人发现真理。”新知识的发现，依赖于旧知识的启发和延拓，这种知识的迁移是让学生发现新知识的途径。教师在设计这类课堂提问时应考虑以下几个方面：第一，根据学生对旧知识、经验、方法、工具是否熟悉和掌握的程度，进行复习、归纳旧知识的提问，为学生学习新知识铺平道路；第二，运用彼此相互联系、互相呼应的一组问题，逐步引导，使学生的积极心理状态得以保持；第三，重视课堂提问的生成，随时修改自己的教学设计。

(四)巩固强化

各种数学概念、定理、法则的习得离不开问题的启发；知识与技能的巩固强化同样来自精心设计的问题的诱导；教师恰到好处的提问，不仅能激发学生强烈的求知欲望，而且还能促进其知识内化，构建认知结构，强化综合应用能力。教师的提问是对学生学习行为的支持与强化，其表现为：第一，教师有针对性的提问可以揭示内容的重点，引起学生充分的关注；第二，针对易混淆或似是而非之处的提问，有助于学生厘清概念，明辨是非；第三，分析应用型的提问可促进知识内化，有助于学生认知结构的建构；第四，教师对学生回答的介入与追问，可以加深学生印象，巩固所学，进而拓展引申，提高学生思维的层次。

二、课堂提问的类型

依据不同的分类标准，课堂提问有以下不同的类型。

美国贝尔在《中学数学的教与学》中，按照事实、技能、概念、原理四种对象与认识、理解、应用、分析、综合、评价六种认知水平交叉结合，把问题分成 24 种类型（如事实理解、事实分析、技能应用、技能评价、概念认识、原理综合等）。根据提问的目的和作用将其分为引入性提问、复习性提问、启发性提问、显示性提问、表现性提问、联想型提问、类比型提问、悬念型提问、迁移型提问、发散型提问等类型。根据学生的认知水平可以将问题分为高层次思维问题和低层次思维问题等。

本部分内容中，根据数学学科和学生思维活动的特点，将提问分为以下几类。

(一)复述性提问

复述性提问就是要求学生回忆并复述所学过的概念、公理、定理、性质、法则等。学生根据教师的提问进行记忆搜索，并给出教师要求记忆的内容。这种问题与新课的内容相关度较大，问题比较简单，但却能为学生的积极思维创造条件，同时也为新知的学习扫除障碍。

(二)理解性提问

理解性提问是为加深学生对知识的理解进行的提问。为检查并加深学生对所学数学内容的理解，教师设计一些问题，要求学生能用自己的语言对新知识进行描述，对旧知识进行解释和重新组合。这类问题不仅可以培养学生洞察和掌握知识的本质特征的能力，而且还可以训练他们的语言表达能力，便于教师做出形成性评价。

(三)运用型提问

运用型提问是一种高级认知提问，要求学生将已内化的信息再外化，通过信息反馈和知识运用巩固所学内容；要求学生对已知信息进行归类分析、加工整理、综合考查，以便达到透彻理解和系统掌握。一般来说，各种概念外延的界定、定理和法则的运用、各种专门方法的实施都属于运用型问题。

(四)分析型提问

分析型提问的特点是：问题没有现成的答案。学生需要识别条件和结论，或找出条件之间、因果之间的关系，组织自己的想法、寻找依据、进行解释或鉴别。在学生回答分析型问题时，教师要不断给予指导、提示和帮助，尤其对年龄较小的低年级的学生，教师除鼓励学生回答问题外，还必须不断地给予提示和探询。学生回答后，教师要针对回答进行分析和总结，以使学生获得对问题的清晰表述。

(五)综合型提问

综合型提问要求学生对已有材料进行分析、综合，进行独立思考，提出新见解、新观点，从分析中得出结论，或要求学生根据已有的事实推理想象可能的结论。通过对综合型问题的回答，学生需要从脑海中迅速地检索与问题有关的知识，对这些知识进行分析、综合得出新的结论，这个过程有利于学生能力的培养。

(六)评价型提问

评价型提问是一种系统化的综合提问，它包括对概念、方法和技能、原理的评价，或对有争议的问题提出自己的看法，即评价各种观点、思想和方法等。

评价型提问要求学生对事物的本质进行判断，需要学生建立起正确的价值、思想观念或给出判断评价的原则，以作为他们评价的依据，因此在课堂讨论中不能频繁地出现，它应在一定数量的分析与综合讨论之后才有效。

三、课堂提问设计的策略

小学课堂的精髓在于设计好的课堂提问。一个好的课堂提问不仅能够引起新知，而且能够引发新的提问来承接教学内容。对于教师来说，课堂提问的设计是备课与上课环节中的重难点，也是优化课堂教学的重要手段。因此，把握并优化小学课堂提问设计对于改良课堂提问现状有重要意义。

(一)提问设计要有序有度

衡量提问有效性的一个基本维度就是对于课堂教学目标的达成程度。根据一定的教学目标，包括“双基”目标，过程与方法目标，情感、态度与价值观目标等，科学合理的提问设计需要做到：问题要有梯度，要环环相扣，逐层递进；要遵循从易到难、由简至繁、由浅入深、由表及里的原则，一步一个台阶把问题引向深入，让学生逐步习得数学知识、逐步感受数学的真善美。

【案例】在教学“千克的认识”时，问题情境的创设如下。

师：同学们请认真看图(教师播放大猩猩和小兔子掰手腕比赛，比赛刚开始，小兔子就输了)，这样的比赛公平吗？为什么？你是怎样知道它们谁轻谁重的？你见过体重计吗？(教师借助学生已有的经验引出质量单位——千克。)

在设计中，教师结合教学目标选择了具有典型性和代表性的问题，围绕教学重难点，设计层次递进、环环相扣的问题串，诱导学生逐步认识到问题的关键所在，使得学生集中精力，突出重点，突破难点，掌握了一定的方法和技能。

(二)提问设计要注重启发性

启发式教学是指教师根据教学规律和学生的心理特点，通过呈现诱导材料或创设诱导环境，适时而又巧妙地给学生以引导、鼓励、启迪，让他们通过自己的积极思维，创造性地进行学习。提问是教师常用的启发手段之一。

【案例】教学“三角形三边关系”时，导入设计如下。

教师：同学们，第13届科艺节已经开幕了，其中有一个大家都很想参加的比赛项目，那就是帆船制作。(课件出示帆船模型)今年的帆船制作跟往年不同，船帆的框架要求做成三角形。有一个小选手总是做不好，你们可以帮助他吗？

提出问题：做这个框架需要几根小棒？为什么？可是比赛的时候只能用一根小棒，怎么办？

虽然学生在此之前已经对三角形有了一定的了解，但是还没有深入思考过三角形三边的关系。因此该设计在导入时就通过问题引导学生根据模型去思考制作一个三角形需要的木棒数，激发了学生的思考，为后续教学做了很好的铺垫。

(三)提问设计要关注对象

课堂提问既要考虑科学性、严谨性和逻辑性，又要结合学生的认知特点，对学生的心理状况进行分析，针对不同水平的学生设计不同层次的问题。数学课不单单是掌握知识的工具课，也是促进学生身心全面发展，培养和谐的人的一门学科，所以课堂提问不能仅考虑教学目标的完成程度，欠考虑甚至不考虑人的需求。教学的目的在于发展更好的人，因此，教师在课堂提问时，应充分考虑学生的差异性、层次性，尽可能根据学生的不同水平设计不同层次的问题，让全体学生都有参与和体验的机会。

【案例】

在讲授“长方体的表面积”时，为了进一步让学生掌握长方体的表面积的计算方法，建立初步的空间观念，并体会数学与生活的联系，教师通过联系学生实际来进行课堂教学。教师提问："同学们，你们都拆过快递箱子吧，它们大多都是长方体的，要是让你们计算一下快递箱子的表面积，你们知道它们是由几个面组成的吗?"学生们便开始积极思考，很快在脑海中建立起对长方体的空间观念，之后便很轻松地掌握了长方体表面积的计算方法。所以说，从生活实际出发，对于学生建立空间观念很有帮助。

(四)提问设计要把握时机

对问题安排的时机把握也需要一定的技巧性。所谓把握时机是指提问要问在当问之处、当问之时和当问之人。教师何处当问？一般地，教师可对重点之处、需要追根溯源之处或学生有疑问之处进行提问。教师通过提问，突出重点，突破难点，找出问题的本质和根源。心理学研究表明：一节课40～45分钟，学生的认知积极性呈现一种波浪形态，因此，提问适宜在讲授新课前和上课开始的10～20分钟以及下课前的10分钟左右进行。此外，当发现学生听课注意力不够集中时，可借助提问让他们专心听讲；当学生面露难色时，可通过提问及时解惑；当学生对所学内容众说纷纭时，可通过提问明辨是非，也就是说提问要把握火候，讲究时机。

第三节 数学课堂练习的教学设计

【案例】教学“加减法的估算”时， 课堂巩固练习之一设计如下。

师：一个商品大约20元，就把它摆放在20元货架区，即大约20元的商品放在一起。出示课件，商店货架上放置如下物品：笔盒18元、足球49元、跳绳22元等。其中20元区、50元区的商品，小朋友都很喜欢。如果只能选择其中两样，请问你会怎样选？大约要多少钱？你要完成几个任务？（生答）追问：大约要多少钱是什么意思？（生答）自己想一想或跟同学说一说。（小组合作）。教师指名汇报：选哪两样？选自哪个货架区？大约多少钱？你是怎样想的？如果学生出现大约71元等情况，教师可组织纠正。

通过上面的案例展示，请思考：课堂练习不仅要巩固学生所学的概念、法则、定义、解题方法等，更重要的是要培养学生什么？

一、数学课堂练习概述

(一)数学课堂练习的内涵

课堂练习是课堂教学的重要组成部分，是把数学基础知识、基本技能、思想、方法联系在一起的纽带，是帮助学生理解、巩固数学基础知识、形成数学基本技能、提高数学能力、养成数学素养的基本手段，是把所学的理论与实践结合起来的媒介，也是教师了解学生情况及调控教学的重要手段。现代教学论认为，数学教学的主要特征就是将教的过程变为引发学生练的过程，每节数学课的教学任务都可以通过不同层次的练习来实现。所以提高数学教师练习设计的能力是提高课堂教学效率的重要途径之一。

(二)数学课堂练习的功能

教师要知道：为什么要安排课堂练习？课堂练习具有什么样的功能？唯有如此，才能设计好的课堂练习。课堂练习具有教育教学功能、知识功能、反馈功能和发展功能。

1. 教育教学功能

在数学课堂中，几乎没有一节课是只讲不练的。按照上课的流程看，在新授课前，可以设计为学习新知识服务的预备性练习；在教学中，需要设计结合课堂教学内容所做的单项的、局部的反馈练习；在新课结束时，要设计巩固性的基本练习、变式练习；在新课结束后，需要设计有提高性对比的练习、综合性练习或为后期继续学习所做的探究性练习。数学知识具有抽象性、严密性和广泛的应用性等特点。通过课堂练习，可以揭示数学知识的本质，帮助学生掌握由具体到抽象、由特殊到一般地认识事物的一般规律，将知识的学术形态转化为更容易让学生理解的教学形态；可以更好地展示新旧知识之间的逻辑关系，让学生建立良好的认知结构；可以调动学生学习的积极性，培养学生养成勤于思考、善于探究的习惯和辩证唯物的观点，最终提高学生的基本素养。

2. 知识功能

数学练习题的知识功能体现为通过练习激发学生发现问题、解决问题的强烈动机，通过练习学习新知识、领悟新知识。可以说，数学习题是架设新旧知识的桥梁，是激发学生产生疑问的物化手段。优秀的教师常常通过数学练习题将旧知识引导到学生学习新知识的情境中。

3. 反馈功能

实践证明，学生一旦完成练习，他们最在意的事情就是练习的结果是否正确，但关注程度将随着时间的推移而逐渐减弱。因此，教师要抓住时机，利用学生对练习印象最新鲜、最清晰的时候进行反馈，让学生及时了解自己练习的质量，便能起到事半功倍的效果。其实，反馈不只是为了知道题目的对错。反馈可以使教学更具有针对性，让每个学生都能在自己原有认知水平上有所提高，还能够培养学生自我检验的习惯，让他们掌握一定的检查方法，提高自我反馈的意识和能力。

4. 发展功能

通过练习，可以使学生的初步逻辑思维能力由简单向复杂、由低级向高级逐步得到提高，数学思想方法得到锻炼，数学思维品质得到培养。例如，在解决开放性问题的练习中，提高学生提出自己独立见解的求异思维能力；在学习几何形体的形状、大小、相互关系表象的练习中，发展学生的空间想象能力；在观察和认识周围事物的数量关系和形体特征的练习中，发展学生的个性和数学才能，提高学生的语言表达能力，促进思维更加条理化、概括化等。

二、课堂练习设计的原则

【案例】

在教学"加减法的估算"时，教师设计了这样一道练习题：(此前教师出示货架商品价格)生活中问我们大约是多少时，我们可以用估算的方法比较方便。同学们会算吗？老师要考考大家。我选两样商品，你马上估算出大约要多少钱？并告诉大家你是怎样估算的？笔盒、足球大约多少钱？足球、跳绳大约多少钱？

《义务教育数学课程标准(2011 年版)》指出，通过义务教育阶段的数学教育，学生能体会数学知识之间、数学与其他学科之间、数学与生活之间的联系，运用数学的思维方式进行思考，增强发现和提出问题的能力、分析和解决问题的能力。该教师在习题设计时充分考虑了数学发展进程中人类的活动轨迹，用贴近学生熟悉的现实生活，沟通数学与生活、生活与教材之间的联系，使生活和数学融为一体，从生活中的数学现象出发，抽象出书本上的数学知识，学生在参与的过程中，学习基础知识，掌握数学知识的本质。

教师在设计数学课堂练习时，不仅需要考虑学生的特点、数学特点，还需要关注数学课堂练习设计需要遵循的基本原则。只有这样才能发挥课堂练习的实际作用。通过课堂练习，不仅能使学生获得可持续发展的数学知识和数学思想方法，还能更好地挖掘教材知识的潜在功能，恰当地对所学知识进行延伸、拓展。

(一)科学性原则

科学性原则体现在以下两个方面：一是数学课堂练习的设计遵循课程标准所提出的基本要求，符合学生的思维特点和认知发展规律，符合课堂教学的具体内容；二是所设计的练习题本身不能出现科学性错误，问题的指向性要明确，不能模棱两可，更不能超出知识范围，随机设计。

【案例】

在教学"加减法的估算"的尝试环节，教师设计了一道这样的练习题：小明有20多支水彩笔，妈妈又给小明买了12支，请问现在小明大约有多少支水彩笔？

根据课堂学生的反应，大部分学生认为大约是30支。此时，教师在追问学生如何思考的情况下，引导学生探讨是否会出现大约40支水彩笔这个结果。

小结：这道题目真有点儿与众不同，20多支可能是21支，加上原来的12支大约是30支；20多支也可能是29支，加上原来的12支，大约有40支；因此估算的时候我们要考虑不同的情况，情况不同，结果也会不同。

数学学习的发生，需要教师对数学核心内容及其本质有整体的把握和认识，对数学知识的本质和知识之间的联系有深刻的理解，而最终让学生理解知识并感悟其中蕴含的数学思想，提升学生的核心素养。

(二)层次性原则

数学知识的教学，要注重知识的生长点与延伸点，把每堂课教学的知识置于整体知识的体系中，注重知识的结构和体系，处理好局部知识与整体知识的关系，引导学生感受数学的整体性，体会对于某些数学知识可以从不同的角度加以分析、从不同的层次进行理解。

课堂练习的层次性是指在设计编排练习题目时，教师要根据教材本身的逻辑性、学生认识的有序性，将练习由易到难，由简到繁，依次安排，以适应不同阶段、不同层次学生的需求，让学生拾级而上，一步步迈向掌握知识的最高级。因此，在课堂练习设计时，教师要考虑到练习的难度和层次必须适合学生现有的水平，并兼顾到学生的最近发展区。

【案例】

教学"加减法的估算"的练习环节设计了两个层次：一是应用练习，巩固深化；二是整合运用，回归生活。两个层次环环相扣，深刻体现了练习设计的层次性原则。(如上两个案例)教师以商场购物分解的序列任务层层推进，在巩固提高的练习设计中，安排了 20 多支笔加上 12 支笔大约有几十支笔，这里的 20 多支可能是 22 支，也可能是 29 支，使学生对加减法的估算提高到一个新的层次。在整合运用层次中，安排的任务是请学生帮助老师选购家乡的特产货物，分两个层次：一是帮助老师自由推荐选购估算总价多少，在培养学生家乡自豪感的同时让学生自主选择，量力发展；二是根据 90 元快速选购特产，既有开放性又充分体现估算的特点，创设学生学以致用、充分发展的学习平台。在教学知识的深度上，由两位数加法的估算到三位数加法，由加法到减法这样的流程，也体现数学知识和学生认知基础上的层层递进。

(三)针对性原则

课堂练习是数学课堂教学的重要环节，是一种有目的、有步骤、有指导的教学活动。教师在设计和编排课堂练习题时，要以实现课堂教学目标为基本依据，明确每道题的练习意义，即通过该题的练习，将促进学生深化理解哪些知识、掌握哪些技能、侧重发展学生哪些方面的能力，提升学生哪些方面的数学素养等。与此同时，课堂练习设计时也必须紧密结合数学教学内容的实质和学生的学习基础，根据掌握知识、形成技能的关键、重难点设计练习。具有鲜明的、针对性的练习是教学中突破重点、强化技能、提升素养的常用技术手段。

【案例】

教学“除数是小数的小数除法”时，其主要任务是将除数转化为整数，被除数则相应地移动小数点的位置，然后按照除数是整数的小数除法计算法则去进行演算。因此，教学重点是“一看”(看除数是几位数)，“二移”(移动除数的小数点，使除数成为整数，再相应地移动被除数的小数点的位置)。练习题可以只列竖式，先不要求计算。对于部分知识尚未掌握好，练习设计就要针对这个实际情况进行设计，在练习新知时要注意复习和巩固旧知识。

(四)时效性原则

练习设计要处理好质和量的辩证关系，尽量做到在有限的时间里取得最佳的练习效果，这是优化课堂教学始终要追求的一个目标。为此，课堂练习必须及时解决好五个及时：及时完成练习、及时反馈信息、及时处理作业、及时纠正错误、及时解决问题。只有这样，教师才能有时间精心设计练习，才能减轻学生的负担，提高学生的数学素养。

三、课堂练习设计的策略

斯科特认为教师在设计练习时，要重视如下四个方面：第一，提供不同类型的练习题，使学生在完成过程中体会到完整的步骤和解题方法；第二，练习的选材要贴近现实生活，呈现方式活泼，使学生更容易接受；第三，学生可独立完成所有练习；第四，关注情感交流，保持师生良好沟通、身心愉悦。

(一)围绕教学目标，设计具有启发性、铺垫性的练习

课堂练习要突出重点，突破难点，把握关键点，联系新旧知识，并且基于所教的知识点，让学生在练习过程中将所学知识应用起来。首先，教师在备课时要透析课程的知识点范围，有针对性地设计课堂练习。其次，设计课堂练习时，在保证新知识应用的同时还要尽量覆盖较多的知识点，注重知识点的练习，这样做可以启发学生的思维，将学生思考后的经验储存在大脑中，加深知识的稳定性，不仅帮助学生打好基础，而且在探究更精深的知识的时候，有工具可以利用。最后，课堂练习设计旨在为学生学习新知识时做知识迁移的铺垫。这类铺垫性的练习可以促进基本概念的生成，进而使新知识有效迁移，让学生在练习中自我发现并获取知识，在练习中学会运用归纳、猜想的思想方法。

【案例】一位教师在教学“三位数连减”时，设计了以下练习题。

1. 算一算。

1 000－217－142　　　　564－146－52

2. 请你来帮忙。

已知商店货架上物品的价格如下：足球 78 元，乒乓球拍 32 元，拉杆书包 127 元，铅笔盒 22 元。

(1)一位同学买了一个拉杆书包和一副乒乓球拍，用 200 元还剩多少元？

(2)算一算，想一想：200－78－22 和 200－(78＋22)这两个算式可能解决了什么数学问题？

3. 想一想。

356－217－42 这个算式可能解决了生活中的什么问题？是否还能够找到哪个算式是和它解决同一个数学问题的？算出最后的结果。

围绕课堂教学的知识技能目标，要求学生掌握三位数连减的算法，并能准确计算。该练习的第 1 题与课本例题基本相同，要求每个学生都能够计算；第 2 题则略有变化，让学生体验计算方法的巧妙性，培养学生对数的感悟和运算能力；第 3 题则是需要学

生根据算式编应用题，在参与的基础上理解算理并巩固算法，同时感受数学与生活的密切关系，提高学生数学学习的兴趣，提高解决实际问题的能力，这也是课堂教学目标中的过程、方法和情感态度目标的体现。

(二)关注学生内容，设计具有典型性、层次性的练习

教师在设计课堂练习时，不仅要考虑教育教学的需要，而且要考虑学生的成长规律和年龄特点，根据学生的需要设计多种练习形式和练习题目，有针对性、分层次地设计课堂练习，关注学生个体差异。

首先，在具体的设计过程中尽量做到“以课本习题为主，课外习题为辅”。利用本节课学习的知识解决简单问题，看看学生能不能用，会不会用，用得怎么样，哪里存在问题。有问题就以课堂练习为典型，教师讲解、示范，学生也可以通过这种方式检验自己学到了什么程度。因此，课堂练习首先要具有典型性，反映所学知识的本质，看看学生会不会“依葫芦画瓢”，再考虑拓展的问题。其次，设计练习时要关注学生知识的“生长点”，符合学生最近发展区，题目要有一定的梯度和难度，呈现“螺旋式上升”的趋势。例如，可以在一道题目的基础上不断变式，也可以让学生发挥思考，在原有练习的基础上提出新的问题，不拘泥于形式。练习的层次性决定了课堂内容的多样性。练习的内容可以是与数学相关的，也可以涉及物理、化学、天文等其他学科，还可以与生活实际紧密联系。

【案例】

在教学“加法的初步认识”时，教师在联系环节设计了两个环环相扣的层次，深刻体现了练习设计的层次性原则。

1. 小朋友真棒，一下子就算出小黑叫了5只蚂蚁把大米搬回家，可是这些蚂蚁除了左边2只、右边3只这种搬法(课件出示左边站2只、右边站3只的方法)，还可以怎样站呢？用5个三角形摆一摆，请同桌互相说一说想法，然后用算式表示出来。

2. 学生独立操作，然后汇报不同的搬法。(课件随学生的汇报逐一出示不同的搬法：1＋4　4＋1　2＋3　3＋2)

教师板书不同的算式：

1＋4＝5　4＋1＝5　2＋3＝5　3＋2＝5

3. 观察这些算式有什么联系？(让学生初步感知“交换两个加数的位置，和不变”)

4. 刚才我们不但帮小黑解决了问题，还学会了加法，小朋友有信心来接受挑战吗？

(1)红花配绿叶(红花中写有得数3，4，5，绿叶上写有算式：1＋2　2＋2　3＋1　2＋3　1＋3　4＋1　3＋2　1＋4)先请学生在练习纸上做，然后在计算机上反馈。

(2)情境开放练习。(出示课件，画面是这样的：小明一家去公园玩，有爸爸、妈妈

和小明，有红花、黄花，有蝴蝶，有小鸟，有小白兔……），先说说图上画了什么？你能看图说出一些加法算式吗？并说明理由。

本次练习的两个层次共计 4 个题，其中前 3 个题都是帮助学生巩固和掌握基础知识和基本技能。第 2、第 3 题进行了适当的组合并改变了练习的形式，学生在参与和探究的过程中进行学习，增强了趣味性。第 4 题属于综合性的题目，更接近生活，也提高了难度。像这样把所学的知识置于更广阔的背景关系中，设计一些符合学生心理特点、联系学生生活实际的拓展性题目，让学生体会到学习数学的价值，培养学生良好的思维品质。

(三)结合教学内容，设计具有多样性、生活性的练习

数学练习的教学设计要紧密结合教学内容，尤其是教材中出现的例题和习题。教师需要在有限的时间内准确找好课堂练习的定位，选择具有典型性、系统性、多样性和辨析性的题目，帮助学生巩固并掌握基础知识和基本技能，提高能力，感悟数学思想。数学来源于生活，应用于生活。教师在设计课堂练习时不能照本宣科，应该根据学生的实际生活设计课堂练习，要让学生体会到数学在生活中的作用。教学离不开生活，所以数学课堂练习的设计也应与生活紧密联系。教师设计练习需要的素材，也应该从学生的实际生活中获得。课堂练习设计的内容与学生的生活相联系，这样有助于学生对练习题目的理解，对练习产生兴趣，同时也与课程标准的理念相一致。

【案例】

在教学“人民币的认识”时，可以在课堂练习部分，为学生创设情境。同桌之间分别扮演买卖双方，让学生在买卖过程中来认识人民币，巩固人民币单位之间的换算等相关知识，提高学生的生活技能。在教学“数与代数”相关知识时，也尽可能地将练习内容设计的与生活相关，这样更利于数学生活化，使学生将所学的知识应用于生活。把练习题设计得都与生活相关，这样有助于学生更好地理解所学知识，让学生把知识自觉地用于生活中去，培养学生解决实际问题的能力。

(四)注重练习指导，设计具有易错性、辨析性的练习

课堂练习是教学中必不可少的一部分。在整个练习的过程中，教师的指导也十分重要。无论是做练习的准备，还是整个练习的中间过程以及最后练习的结果，都需要教师积极参与指导，帮助学生更顺利、更有效地完成练习。在教师的指导下，学生才能更顺利地完成练习任务，学到知识，提高课堂练习的效率。

教师在平时的练习指导过程中，会发现学生在学习某一些知识时其错误常常带有一定的规律性。针对这种现象，教师可以设计一些预防性的练习，防患于未然。同时，为了加深学生对知识的辨别、理解和掌握，进一步提高学生的辨析能力，教师在设计习题

时，要把易混淆的习题编选进去，帮助学生纠正错误，查缺补漏，从而建立良好的数学认知结构。

第四节
数学课堂小结的教学设计

【案例】

教学“加法的初步认识”时，小结设计如下。

师：这节课我们学习了什么？认识了什么运算符号？在什么时候我们要用加法计算？怎样计算加法更简单？最后老师给小朋友带来了一首儿歌（课件出示：儿歌《蚂蚁搬米》），一起来读一读吧。

总结：一只蚂蚁搬不动，和朋友一起就可以了。一个人的力量是有限的，合起来的力量就大了很多，我们全班小朋友的力量合起来就更大了。小朋友之间要互相帮助，合起来力量才能更大。这是小加号告诉我们的。别忘记了啊！

本节课教学初始环节，教师创设了“蚂蚁搬米”这样一个问题情境，激发了学生的学习兴趣；教学中，当学生理解了“加法”与“合起来力量大”对应，学生就能利用自己的经验加深对知识的理解；教学结束环节，再一次以“蚂蚁搬米”为主题，教学环节前后呼应，有头有尾。学生通过亲身体验、实践操作、合作与交流，各种感官积极参与，培养了初步观察、操作与表达能力，也培养了与人合作的意识。

在课堂教学中，一个好的开头是成功的一半，一个好的结尾往往是一节课的点睛之笔。一堂生动、活泼的具有教学艺术魅力的好课，犹如一支婉转悠扬的乐曲。“起调”动人心弦，“主旋律”引人入胜，“终曲”余音绕梁。

许多优秀教师都很讲究恰到好处的课堂小结，如通过课堂小结或归纳总结，强调重点；或留下悬念，引人遐想；或含蓄深远，回味无穷；或新旧联系，铺路搭桥等，显示了精湛高超的教学艺术。课堂小结是一种教学艺术，也是课堂教学的重要环节之一。本节我们就来讨论课堂教学小结的教学设计。

一、课堂小结概述

完美的教学必须做到善始善终，因此小结设计与导入设计一样，是衡量教师教学艺术水平的重要标志。

(一)课堂小结的内涵

课堂小结也叫课堂结课，指在完成一项教学任务或活动时，教师对知识进行归纳总结，使学生对所学知识形成系统，从而巩固和掌握教学内容的教学行为方式。

在课堂小结的过程中，学生在教师的引领下，通过对教学内容、教学活动进行归纳、总结、实践、转化和升华，达成对所学知识和技能的系统化巩固和运用，使新知识有效地纳入原有的认知结构之中。

(二)课堂小结的作用

有经验的数学教师不仅会重视导入和新知讲解的设计，也会十分重视课堂小结的设计。好的小结，可以给学生已经活跃的思维提供更广阔的发展空间。课堂小结的作用大致体现在以下几个方面。

1. 系统整理，形成结构

在知识的起始和展开过程中，学生往往注意知识内容本身，而忽视知识的结构体系。课堂小结是教师的点拨，让学生将所学的数学概念、定理、公式和法则等进行系统的整理、归纳，让学生认清所学知识的结构。

2. 深化知识，突出重点

在一堂课的结束阶段，将本节课的中心内容加以总结、归纳，提纲挈领地强调、梳理或浓缩，使学生对所学到的新知识、新技能了然于胸，理解得更加清新、准确，抓住重难点，变瞬间记忆为长时记忆。另外，除了要总结本节课所学的基础知识和基本技能外，还要使学生对数学思想、数学情感态度和价值观有一定的升华，养成用数学的眼光看问题、数学的语言交流问题和数学思维解决问题的习惯。

3. 及时反馈，承前启后

学生对所学的新知识的理解往往是表面的。例如，在课堂小结时，从不同的角度精心设计几个针对新知识的小问题让学生回答，可充分了解学生对新知识的掌握情况，从而有利于教师及时地进行教学调控，为下一节课的教学目标确立和教学方法改进提供研究素材。教师对学生的回答进行讲评的过程，有利于学生进一步理解和掌握新知识，从而真正圆满地完成一节课的教学任务。数学知识本身的内在逻辑顺序和学生的认知规律，决定了教学必须是一个循序渐进、环环相扣的有序过程。在课堂小结时，提出与本节和后续内容相关的问题，让学生带着问题离开课堂，对活跃学生思维、开阔学生视野、发展学生智能，都是很有价值的，也为后续学习制造了悬念，埋下了伏笔。

（三）课堂小结的原则

在课堂教学中，导入是“起调”，结束是“终曲”，完美的教学必须做到善始善终。从认知心理学的角度看，课堂小结能帮助学生对从新知识学习中获得的信息进行提炼、筛选、简化，有重点地进行记忆、储存，并通过与原有知识信息的联系，促进知识的结构化和迁移运用。课堂小结要贯彻以下原则。

1. 启发性原则

一节课艺术的收场可鼓励学生思维之翼，使他们对教学内容遐想连篇，深思求解，或有所启迪，渐悟其理，促进他们思维的进一步发展。

2. 面向全体性原则

课堂小结是针对全体学生的，尤其是开放性的结束，不仅涉及模式的定位，而且还有模式的深化和推广。这就应考虑全体学生的接受程度和理解力，要以大多数学生可以实现的思维模式的转换和深化为考虑的条件。

3. 简洁性原则

课堂小结是教师结束教学任务的行为方式，主要用于课堂教学的结尾阶段。教师用精练和准确的语言概括所讲的主要内容，应明确学习要求，总结解题思路方法和规律以及要注意的问题。

4. 灵活性原则

从广义角度看，小结不仅适用于一节课的结尾，也适用于课上任何相对独立的教学阶段。教师可根据不同的教学内容、教学对象和教学条件，采用灵活多样的结束方法。

二、课堂小结设计方法

针对不同的课堂教学类型，根据不同的教学内容和要求，考虑到教学对象的知识结构、智力水平、年龄特点和心理特征，精心设计出与之相适应的结尾，可收到事半功倍的效果。数学课堂小结主要有两种形式：认知型小结和开放型小结。前者又称为封闭型小结，其目的是巩固学生所学的知识，把学生的注意力集中到课程的要点上；后者则是把所学的知识向其他方向延伸，以拓宽学生的知识面，建立新旧知识之间的联系，使知识结构化、系统化、逻辑化，从而形成良好的认知结构。

（一）总结归纳法

这是最常见的一种结尾方式，由教师和学生根据本节课的内容，对数学基础知识、基本技能及数学思想等进行梳理、概括，讲重难点、关键点，讲思路以及带有创见性的问题，从而结束课程的一种形式。这种课堂小结的基本要求：语言简洁准确、概括简明扼要、图表层次清晰、强化重点内容、揭示知识规律、富有启发性和趣味性。

【案例】教学“带分数乘法”的课堂小结采用表格的方法。

表 8-1

算式	计算过程			计算结果
加减法	通分	不化成假分数	不约分	能约分的要约分 是假分数的要化成带分数
乘法	不通分	化成假分数	化后约分	

考虑到学生已有的知识——带分数加减法的计算，为弄清楚加法和乘法在带分数计算上的区别，避免造成思维定式或者负迁移，教师在总结的时候可以采用表格的方式，使知识呈现清晰、简洁。

(二)延伸铺垫法

教师要根据教学内容、教学目标以及学生的实际情况，给学生留有适当的拓展、延伸的空间和时间，对有关课题做进一步的探索、研究。因此，课堂小结时，教师可以将讲过的知识拓展，作为课程的相关内容中的延伸与补充，为后续的内容引入做些知识层面的铺垫，以拓展学生的知识面，有利于提高学生的数学素养。

【案例】教学“圆的面积计算”时， 课堂小结设计如下。

铺垫 1：教师拿出一张正方形纸片，用剪刀剪成一个圆，问：“怎样求圆的面积?”继而追问：“减去部分的面积是多少?”

铺垫 2：再用剪刀在圆纸片中任意减去一个三角形，问：“现在谁能求出剩余部分的面积?”(减去三角形后的图形面积，即 $S_{圆}-S_{三角形}$)，接着又在其他不同的圆纸片上减去长方形、正方形、圆等，分别让学生说出剩余部分的面积求法。

铺垫 3：把一张圆纸片对折，再对折，问是否能够求出其面积。

这种课堂小结的方式，能够调动学生积极参与，使学生思维处于活跃状态，同时为后面学习扇形、组合图形的面积做好了充分的准备。

(三)悬念探究法

当上、下两节课的内容和形式有密切的联系时，适用于悬念探究法。由于数学知识有系统性和连贯性较强的特点，一节课的结束往往并不是知识的重点，而应成为学生新的学习探究的开始。教师可以在学生课堂学习的基础上，在学生的最近发展区内，向学生抛出相关的、有吸引力和挑战性的问题，使学生产生悬念，以激发学生的求知欲望，促使学生继续深入思考。悬念探究法能产生“欲知后事如何，且听下回分解”的效果，让学生对学习充满期待。

(四)练习检测法

练习检测法是指在课堂结束时，教师根据教学实际，抓住重难点，精心设计一些习题，对教与学的情况进行测验，并给予相应的评价。这样既能使学生所学的知识得到强化和应用，又能使课堂教学效果得以及时反馈。测验之后，教师适当的评价会给学生一种成就感，进一步激发学生的学习热情，帮助学生发现解题思路或思维习惯上的不足，以便及时改进学习策略。另外，教师本身也能及时得到教学方面的反馈信息，有利于调整今后的教学方案。

总之，教学是一门科学，也是一门艺术，而这种艺术的表现手法没有固定的公式可循。数学教学的结尾没有固定模式，绝不能生搬硬套，只要勤于探索、勇于实践、善于总结，就能够创造出更多更新的结束形式。

本章小结

实施数学课堂教学是实现小学数学教育目标的主要渠道。在课堂教学中，教师是学生的组织者、引导者和合作者。教师的引导、合作和组织的能力在教学的预设和生成的各个环节中显得尤为重要。因此，教师要提高教学设计的能力，就需要把握好课堂导入、课堂提问、课堂练习和课堂小结的设计。

章后练习

1. 数学课堂导入常用的方法有哪些?
2. 课堂提问要遵循什么原则?
3. 如何提高小学数学练习设计与实施的有效性？举例说明。

拓展阅读

王光明，冯虹，康玥瑗．新理念数学教学技能训练．北京：北京大学出版社，2014.

第九章

数学学习方式设计

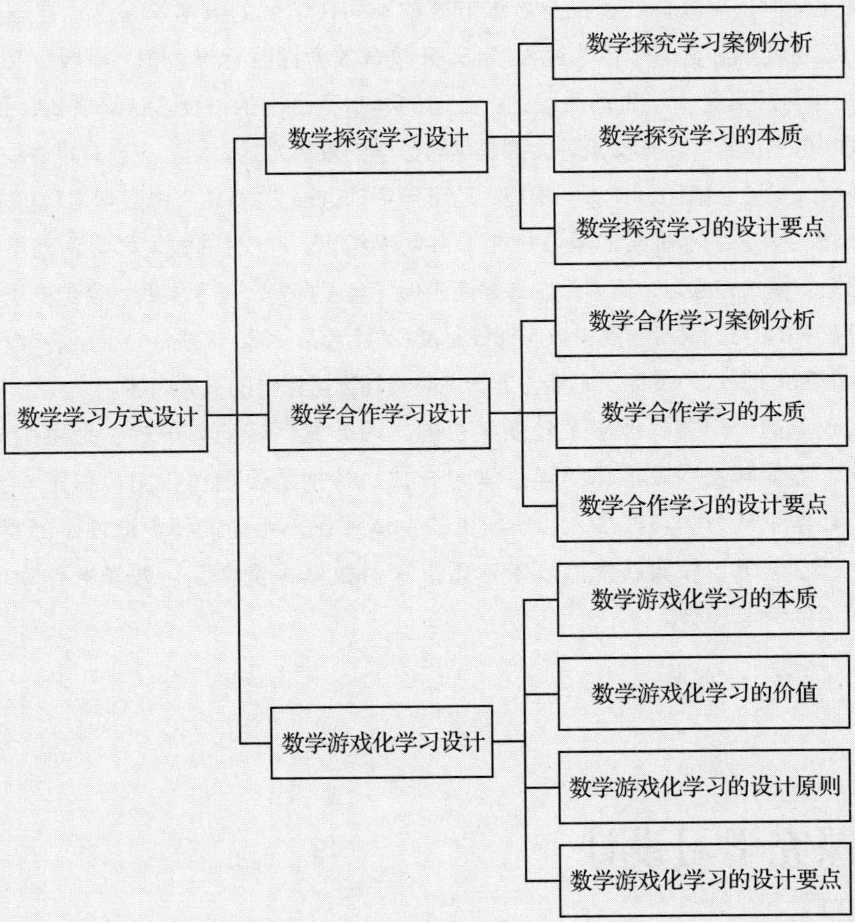

本章概述

新课程改革提倡和发展多样化的学生学习方式，特别是要提倡自主、探索与合作的学习方式。本章主要从具体案例出发，探讨数学探究学习、数学合作学习、数学游戏化学习的本质以及教学设计要点。

章前导语

传统的学习方式把学习建立在人的客体性、受动性和依赖性的基础上，忽略了人的主动性、能动性和独立性。为此《基础教育课程改革纲要(试行)》指出："改变课程实施过于强调接受学习、死记硬背、机械训练的现状，倡导学生主动参与、乐于探究、勤于动手，培养学生搜集和处理信息的能力、获取新知识的能力、分析和解决问题的能力，以及交流与合作的能力。"

《全日制义务教育数学课程标准(实验稿)》指出："有效的数学学习活动不能单纯地依赖模仿与记忆，动手实践、自主探索与合作交流是学生学习数学的重要方式。由于学生所处的文化环境、家庭背景和自身思维方式的不同，学生的数学学习活动应当是一个生动活泼的、主动的和富有个性的过程。"《义务教育数学课程标准(2011 年版)》又进一步指出："学生学习应当是一个生动活泼的、主动的和富有个性的过程。认真听讲、积极思考、动手实践、自主探索、合作交流等，都是学习数学的重要方式。学生应当有足够的时间和空间经历观察、实验、猜测、计算、推理、验证等活动过程。"《普通高中数学课程标准(实验)》也"倡导积极主动、勇于探索的学习方式"，并明确指出："学生的数学学习活动不应只限于接受、记忆、模仿和练习，高中数学课程还应倡导自主探索、动手实践、合作交流、阅读自学等学习数学的方式。"《普通高中数学课程标准(2017 年版 2020 年修订)》甚至将"数学建模活动与数学探究活动"作为贯穿于必修、选择性必修和选修课程的重要内容。

课程改革的一个重要理念是转变学生的学习方式，转变单一的、他主的与被动的学习方式，提倡和发展多样化的学生学习方式，特别是要提倡自主、探索与合作的学习方式，让学生成为学习的主人，使学生的主体意识、能动性和创造性不断得到发展，发展学生的创新意识和实践能力。本章重点探讨数学探究学习、数学合作学习、数学游戏化学习的教学设计。

第一节
数学探究学习设计

一、数学探究学习案例分析

探究学习在 20 世纪 60 年代的美国曾得到积极提倡，并由于教育改革的失败而受到了批评。20 世纪八九十年代，传统教育的种种弊端和无效再次受到人们的批判，探究学习又得到了越来越多的关注，特别是，在新课程改革中探究学习成为改革所积极倡导的学习方式。以下首先通过两个教学案例做具体说明。

(一)两个教学案例

【案例1】圆柱体积计算①

师：大家回忆一下，上周我们学习了如何计算圆的面积和长方体的体积，今天将探讨如何计算圆柱的体积。这次由你们自己去做。在你们每个人的实验台上都有5个体积不同的圆筒、一把尺子和一个计算器，你们还可以用水槽里的水。但是，你们最重要的资源应该是头脑和同学。记住，活动结束时，各个组的每个同学都要做到不仅能够说出圆柱的体积公式，而且要准确地解释该公式是如何推导出来的？有什么问题吗？好，开始吧。

学生4人一组围坐在实验台旁，其中A组一开始就把所有的圆筒装满了水。

生1：我们已经把所有的圆筒都装满了水，下面该做什么？

生2：我们来测量它们吧。

生2：拿起尺子，并让生3记录下测量结果。

生2：这个小的圆筒高36 mm，等一下……底的直径是42 mm。

生4：那又怎么样？我们用这种方法不能测量出体积来。在开始测量每个圆筒体积前，我们最好先考虑一下。

生3：生4说得对，我们最好先做个计划。

生1：我明白了，我们先要有个构想。

生4：对，让我们考虑一下怎么解决这个问题。

生1：想一想，老师让我们回忆圆的面积和长方体的体积，我想，这可能是一个重要的线索。

老师正巧走到这里：你是对的，那么，你们怎样利用这个信息呢？

大家沉默了一会。

生3大着胆子说：让我们试着测量出每个圆筒底部的面积，刚才说小的圆筒底部是42 mm，给我计算器……现在我们怎么算出面积？

生4：应该是π乘半径的平方。

生3：是的，那么，42的平方……

生2：不是42的平方，是21的平方，如果直径是42，那么半径就是21。

生3：对，我忘了。那么21的平方是441，π是3.14，计算器上的得数是13 847。

① 谢明初：《数学教育中的建构主义：一个哲学的视角》，101页，上海，华东师范大学出版社，2007。

生 1：不可能，400 乘 3 是 1 200，所以 441 乘 3.14 不可能是 13 000。你肯定算错了。

生 3：我再算一遍，441 乘 3.14……你对了，是 1 385。

生 4：该做什么了？还不知道怎么算出体积。

生 2：我想，我们应该用底部的面积乘水的高度。

生 1：为什么？

生 2：是这样，在计算长方体的体积时，我们用长乘宽乘高，长乘宽是底部的面积，我猜想我们可以用这样的方式计算圆筒的体积。

生 4：我有个想法(他把所有圆筒里的水倒出，然后在最小的圆筒里装满水)，也就是说，我们不知道最小的圆筒的体积是多少，但我们知道水的体积总是相等的。如果我们将等量的水倒入其他 4 个圆筒中，然后用我们的公式来计算，那么就应该得到一个总是相同的值。

生 2：让我们来试一下。

学生操作……

小组测量了圆筒的底部和水的高度，记下数据，将其代入公式。他们非常高兴：用这个公式计算出来的等量体积的水的值都是相同的。

学生无比兴奋，让老师过来看他们的成果。老师让每个学生解释他们是怎么做的。

师：太棒了！你们不仅找到了解决问题的方法，而且小组中的每个人都参与并理解了这项活动。现在我希望你们能帮我一下。其他几个小组的同学仍然很困惑，你们能否帮助他们一下。不要告诉他们答案，只是给他们提供思路。

【案例 2】“圆柱的体积”教学设计片段①

一、创设情境，提出问题

1. 怎样计算圆的面积？这个公式是怎样推导的？[课件显示等分圆及拼成近似长方形的过程：通过圆的圆心，将圆平均分成若干个(如 16 个)扇形，再把这若干个扇形拼成一个近似的长方形。]

师：我们找出近似长方形和圆面积之间的关系，再找出近似长方形的长和宽与圆的周长和半径之间的关系，利用长方形的面积计算公式就可以推导出圆的面积计算公式。

2. 怎样计算长方体的体积？怎样计算圆柱的侧面积？

板书：长方体的体积＝底面积×高。

圆柱的侧面积＝底面周长×高。

---

① 石顺宽：《“圆柱的体积”教学设计》，载《黑龙江教育》，2005(3)。

3.(课件显示一根圆柱形钢材)问：这根钢材是什么形状的？

师：如果平均每立方分米的钢材重7.8千克，那么这根圆柱形钢材重多少千克呢？

(板书：一根圆柱形钢材，________________，平均每立方分米钢材重7.8千克，这根圆柱形钢材重多少千克？)

二、探索新知

师：圆柱的底面是两个完全相同的圆，能不能像学习圆的面积那样，把圆柱转化为我们曾经学过的某一种立体图形呢？说一说怎样切分圆柱。(学生思考)

1. 等分圆柱。

[课件演示：通过圆柱的底面直径(半径)把圆柱底面平均分成若干份(16等份)，把圆柱的底面分成了16个相等的扇形，再沿着圆柱的高把圆柱切开，把圆柱等分成底面是扇形的16块。]

2. 实验操作。

现在以4人一个小组为单位，用手中的圆柱(已等分为16份)动手拼一拼，看能拼成什么图形。(学生动手操作。)

……

3. 推导公式。

师：现在，同学们把拼成的长方体作为研究对象，4人一个小组合作，思考讨论以下问题。

(1)拼成的长方体的体积和圆柱的体积有什么关系？为什么？

(2)拼成的长方体的底面积和原来圆柱的底面积有什么关系？

(3)拼成的长方体的高和原来圆柱的高有什么关系？

(4)怎样计算圆柱的体积？

……

(二)分析与思考

可以看出，以上两个案例有明显不同，或者说采取了不同的哲学立场。案例1视数学知识是生成的、动态的，是由学习主体建构的；视数学是组织个体经验的一个不断适应的过程，而非发现存在于个体外部的客观数学规律。① 在教学过程中，学生通过和同伴主动探索，经历科学探究的过程，相对独立地发现了“我们的公式”，不仅找到了解决问题的方法，而且小组中的每个人都参与并理解了这项活动。因此，这一探究活动是三维目标达成的探究学习：学生经历了知识的形成过程，建构了圆柱的体积公式，掌握了解决问题的方法，获得了探究学习的情感体验，感受了数学知识的生成过

① 谢明初：《数学教育中的建构主义：一个哲学的视角》，103页，上海，华东师范大学出版社，2007。

程，收获了探究数学活动的经验，学会了交流，有助于形成正确的数学观。

对于案例 2，教学设计中也包括学生的探究活动，如学生实验操作、小组合作、推导公式等，进一步考查教学设计过程。有些问题值得我们进一步思考。

首先，在创设问题情境环节，关于问题 1“怎样计算圆的面积？这一公式是如何推导的？”教师通过“课件显示等分圆及拼成近似长方形的过程”给出了答案，表面上是复习旧知，其实质在于为其后进行的切分圆柱埋下了伏笔或者暗示，旨在引导学生在下面的学习中切分圆柱。问题 2 和问题 3 的主要作用在于复习旧知，引出课题。因此，这里创设的问题情境，其主要目的还在于引出课题，暗示切割圆柱的方法。

在探索新知环节，教师指出：“……能不能像学习圆的面积那样，把圆柱转化为我们曾经学过的某一种立体图形呢？说一说怎样切分圆柱？”这里，按照教师的引导，学生会顺利探索出结果，整个教学过程也会比较流畅。但是为何要像学习圆的面积那样进行转化？是怎样想到要切分圆柱的？这些问题学生并不知道。这就在他们的认知中存在了一片空白，学生的探究也就成了一个空壳，有形无实。看起来是探究，实质上没有学生的自发思考。因此，教师的启发实际上是规定了探索新知的方向，限制了学生的思考路径。当然，这样的教学也难以产生其他的探索方法。

在具体活动中，学生动手操作教师已经切分好了的圆柱，仅仅是一个操作步骤的合作，在开始创设的情境的引导下，操作基本没有思维含量。最关键的问题是，该实验不是学生自己想出来的，而是教师告诉的，学生的操作是执行而不是探究，一定程度上体现出“教师牵着学生的鼻子走”的问题。

二、数学探究学习的本质

以上案例启发我们，有效设计并实施探究学习的关键在于明确什么是数学探究学习，这是设计探究学习首先必须回答的问题。

探究学习(发现学习)是相对于接受学习而言的。所谓探究学习，笼统地说，即学生通过主动探索相对独立地做出科学发现或创造，包括由此而获得科学活动的实际体验和经验。[①]

在较低层次上，探究学习表现为使学生亲历科学发现过程，通过对具体问题、特殊对象的探究而发现较为明显的数学规律，因此探究学习所关注的是具体的事物或现象，并表现为对于活动的突出强调，即通过实际活动归纳出数学规律。在较高层次上，探究学习很大程度上表现为“通过不同形式的自主学习、探究活动，让学生体验数学发现和创造的历程”，从而获得问题的解决。因此，在较高层次上，探究学习所关注的是

---

① 郑毓信、吴晓红：《数学探究学习之省思》，载《中学数学月刊》，2005(2)。

学生的主动探究，特别是问题解决，即通过具体的解题活动获得数学知识和探究能力。

仅仅停留在探究学习的表现层面难以真正理解数学探究学习的本质，揭示探究学习的优越性和局限性，才能更深刻地认识探究学习，合理地设计数学探究学习。以下对此做深入分析。

(一)探究学习与日常实践经验

探究学习突出强调了学生的主动参与，使学生切实处于主体地位。通过亲身体验和反复实践，学生也可获得关于科学本质更为深入的认识，并逐步培养起一定的探究和创新能力，因此获得了世界各国教育界人士的普遍认同。特别是，在新课程改革中探究学习更得到了大力提倡。

从根本上看，探究学习隐含着这样的信念：可以通过观察和实验发现基本的科学事实，并经由归纳发现普遍的规律。按照这样的信念，在数学教育中似乎可以完全放手让学生独立地去做出科学发现，因为学生通过日常生活已经积累起了一定的经验，并可以作为做出数学发现的直接基础，数学教学所需要的就是引导学生切实按照上述顺序去进行工作。因此，探究学习突出了日常实践经验对科学发现的重要意义。

科学哲学研究表明，认识并非建立在直接经验之上的日常意识。诸如，如果局限于日常经验，人们往往会形成如下的各种认识：地球是不动的，其他各个星体，包括太阳都处于围绕地球的圆周运动状态；如果不保持一定的推动力量，物体就不可能永远保持运动状态；轻重不等的物体从同一高度同时下落时，重物一定比轻物降落得快等。经由学校学习，我们逐步认识到这些“经验知识”事实上都是错误的。“如果一些认识是与日常认识相一致的，则几乎不可能是科学的，因为世界并不是像日常意识所认识的那样运作。”①显然，这从一个侧面表明了探究学习的局限性。

实际上，维果茨基的研究能使我们对探究学习有更为清晰的认识。维果茨基认为，我们应清楚地看到学校学习对于儿童智力发展的重要影响，而科学概念(和知识)的学习则更可以说对学生思维的发展发挥了不可取代的重要作用。“日常概念为科学概念及其向下发展清出一条道路。它为概念的更原始、更基本的方面(它给了概念以本体和活力)的演化创造了一系列必要的结构。”与此相对照，“科学概念依次为儿童有意识地和审慎地使用自发概念的向上发展提供了结构。”也就是说，“学校教学促使儿童把知觉到的东西普遍化起来，并在帮助他们意识自己的心理过程方面扮演着决定性的角色……反省的意识经由科学概念的大门而成为儿童的财富。”因此，“这些科学概念从一开始便具有普遍性

---

① M R Matthews, *Science Teaching: The Role of History and Philosophy of Science*, New York, Routledge, 1994, p. 159.

的关系，也就是说，具有一个系统的某种雏形。科学概念的形式训练逐渐转变儿童自发概念的结构，并且帮助他们组织一个系统，这促使儿童向更高发展水平迈进。”①

可见，在实施探究学习的同时，应当注意防止对于探究学习的片面强调，也即认为学生可以完全独立地去做出各项科学发现。恰恰相反，我们应当明确肯定文化继承的重要性。特别是，教师在此更应发挥重要的引导工作，包括从各个方面为学生的主动探究做好必要的铺垫或准备。

(二)探究学习与数学活动

探究学习无论表现为问题解决还是实物操作等实践活动，对发展学生数学思维都有重要意义。皮亚杰曾明确指出，儿童的逻辑和数学的运演是来源于他对物体所做的简单活动。例如，把物体进行组合或对应放置之类的活动。也就是说，“活动既是感知的源泉，又是思维发展的基础。”②由此，皮亚杰明确肯定了实物操作对儿童发展数学思维的特殊重要性。在此意义下，探究活动对于学生形成数学思维有积极意义。

但是，皮亚杰又强调指出，如果我们始终停留于实物操作，就不可能形成任何真正的数学思维，因为在此最为重要的即活动的内化。例如，这就正如卡拉尔和施利曼所指出的，这是皮亚杰的一个基本观点：“高级数学最终归结为对于行动的思考，这些行动最初寓于人的身体世界，但是最终寓于心理活动本身，人能够在没有具体物体的情况下进行这种心理活动。”③也就是说，只有“在那些保证主客体之间存在着直接的相互依存关系的简单活动之上，增添了一种内化了的并且更为精确的概念化了的新型活动”，才能促使运动格局的不断扩展，使得认知结构越来越复杂，最后达成逻辑—数学结构。④

事实上，皮亚杰做出了关于活动与运演的明确区分：后者是指内化了的活动，并认为只有在运演的水平上，我们才可能真正谈及所谓逻辑—数学结构。因此，这从又一角度更为清楚地表明了探究学习的局限性，特别是，如果我们始终停留于具体的操作活动，而未能将活动内化，相应的探究活动就仅仅是一种游戏而并非真正的数学活动。

(三)探究学习与数学思维的重构性

学习活动的一个主要特点是一个顺应的过程，就是认知框架不断变革或重组的过程，因此，学习不是单一的累积过程，必然包含有质的成分，从而就可以区分出不同的层次。正如皮亚杰所说，数学抽象不同于一般的物理抽象，而是一种自反抽象，也即如何“把从

---

① ［俄］维果茨基：《思维与语言》，第六章，杭州，浙江教育出版社，1997。

② ［瑞士］皮亚杰：《发生认识论原理》，中译者序 4～6，北京，商务印书馆，1981。

③ 卡拉尔、施利曼：《数学教育中日常推理的应用：实在论对意义论》，见［美］乔纳森、兰德：《学习环境的理论基础》，163 页，上海，华东师范大学出版社，2002。

④ ［瑞士］皮亚杰：《发生认识论原理》，28 页，北京，商务印书馆，1981。

已发现的结构中抽象出来的东西射或反射到一个新的层面上，并对此进行重新建构。”[①]显然，按照这样的分析，不断的重构或重组也就应当被看成数学思维的一个基本形式。这就是说，数学思维的进一步发展即自反抽象的反复应用，也即在更高的层次上对已有的东西(活动或运演)重新进行建构，从而使前者成为更大结构的一个部分。

现代研究表明，重构或重组具有多种可能的形式，如熟悉的对象之间关系的重构、整合概念的新侧面(横向扩展的重组)、概念化的水平的变化(纵向发展上的重构)等。另外，从总体上说，重构与重组又应被看成集中地表明了数学思维发展的不连续性。正如国际数学教育委员会副主席安提卡所指出的，数学学习不是一个连续的过程，它必须重新组织、重新认识，有时甚至要与以前的知识和思考模式真正决裂。[②]

显然，数学思维发展的不连续性从一个更为广泛的角度指明了探究学习的局限性。就数学思维的发展而言，反思应当说比具体的解题活动有着更大的重要性。应当指明的是，在很多教育家看来，这一结论对于一般的学习活动也是成立的。例如，美国当代教育家多尔就曾明确指出，世界的知识不是固定在那里等待被发现的；只有通过我们的反思性行为，它才能得以不断的扩展和生成。正是通过反思性的行为，这一理解及其深度才得以发展。教学行为能够为这一过程“播种”……即通过交互作用培植某些观点，但这些观点的发展要通过反思过程而达成内化。[③]

总的来说，这就为探究学习方式的合理设计指明了努力的方向：一方面，应该设计一系列数学探究活动，这是促进问题解决、发展学生数学思维的有效方式。另一方面，在相应的教学活动中，我们不应仅仅关注所涉及的探究活动是否真正做出了相应的发现，更不能满足于具体问题的解决，而应积极引导学生做出进一步的思考与探究，包括对于所建立的知识和认识的认真反思，从而努力实现向着更高层次的过渡。

三、数学探究学习的设计要点

以上案例启发我们，在倡导学习方式转变的今天，实施探究学习必须有更加深入的思考。在设计探究学习时并不是简单地呈现探究的内容，而应该考虑以下问题。

(一)是否要探究

探究学习是新课程改革倡导的重要的学习方式，但并不是说“所有的学习领域和学

---

① Evert W Beth & J Piaget，*Mathematical Epistemology and Psychology*，Burlin，Springer Science & Business Media，1966，p. 282.

② M. Artigue，What can we learn from educational research at the university level? In D. Holton (ed) The Teaching and Learning of Mathematics at University Level：An ICMI Study，Kluwer，2004.

③ 多尔：《后现代课程观》，147、194 页，北京，教育科学出版社，2000。

习主题都需要用探究学习的方式来进行”①，所有能促进学生发展的学习方式都是有效的学习方式，接受式学习、独立思考、网络学习、体验式学习、合作学习等都是重要的数学学习方式。因此，是否需要设计探究学习是首要思考的重要问题。在此，明确探究学习的优越性和局限性，是合理设计数学探究学习的前提。

(二)探究什么

与“是否要探究”相关的问题就是要关注“探究什么”。从教学实践来看，适合数学探究的问题有很多，如可以将教材中的数学公式、法则、性质、定理等作为探究问题，进行数学形成性探究；可以将一题多解的数学问题作为探究问题，开拓数学解题的应用性探究；可以将有规律可循的数学问题作为探究问题，进行数学规律的建构性探究；也可以将数学开放性试题作为探究问题，进行不同层次、不同角度的多元探究。② 因此，勾股定理的形成过程、一题多解、寻找规律等都是常见的探索内容。

同时，也有一些内容不适宜学生展开长时间的探究。例如，

一些最基本的数学概念(如直线、射线、线段、有关计量单位等)。这些在学生感知的基础上，可以由教师直接告知。

一些约定俗成的记号(如平行、垂直、全等、相似等)。当然很多记号确有其合理性，合适的记号便于交流，也给学生提供了探索的可能，但这样的内容不适宜展开进行长时间的探究，教学中可以让学生了解记号的合理性，并提供给学生课后阅读材料。

还有，一些以定义方式给出的概念是不需要学生进行探究的。例如，

一些描述性定义，如“这些立体图形中，像火柴盒、砖的形状是长方体”。

一些关系定义，如“若数 a 能被数 b 整除，a 就叫作 b 的倍数，b 就叫作 a 的约数”“相交于同一个顶点的三条棱的长度分别叫作长方体的长、宽、高”“分子比分母小的分数叫作真分数，分子比分母大或者分子和分母相等的分数，叫作假分数”。

一些外延定义，如“加减乘除四种运算，通常叫作四则运算”“基本初等函数包括幂函数、指数函数、对数函数、三角函数、反三角函数以及常函数”。

一些发生定义，如“当一条线段绕着它的一个端点在平面内旋转一周时，它的另一个端点的轨迹叫作圆”。

……

对于这些定义，在学生感知的基础上，教师可以直接告诉学生，也可以直接提供原型或背景，揭示或归纳其共性得出概念，然后进行概念性的解释、识别与辨析。

---

① 钟启泉、崔允漷、张华：《为了中华民族的复兴，为了每位学生的发展——〈基础教育课程改革纲要(试行)〉解读》，262 页，上海，华东师范大学出版社，2001。

② 章飞：《数学教学设计的理论与实践》，50 页，南京，南京大学出版社，2009。

要说明的是，并非所有适合探究的内容，都需要让学生经历探究过程。有些内容既可以由学生自主探究，也可以在教师指导下探究，还可以采用接受式学习方式由教师讲解，采用哪种方式应该结合具体教学情境和学生实际情况做出恰当的选择。

(三)如何探究

有效的数学探究学习设计，除了思考探究的必要性以及探究的内容，还要考虑以下要点。

1. 探究的起点：问题性

在探究学习中，探究活动首先是基于问题的活动。探究问题是学习的动力、起点和贯穿学习过程的主线，它是激发学生探究活动的根源。探究活动的最终指向是该探究问题的解决。提问的主体既可以是教师也可以是学生，但无论谁提出问题，问题的指向必须明确，必须有明确的探究目标和探究方向，避免探究活动的盲目性、随意性。

案例 1 中，教师提出问题："各个组的每个同学都要做到不仅能够说出圆柱的体积公式，而且要准确地解释该公式是如何推导出来的"。针对这样的提问，学生在探究活动中就能明确探究目标，沿着指向明确的方向进行探究。对于"能不能像学习圆的面积那样，把圆柱转化为我们曾经学过的某一种立体图形呢？说一说怎样切分圆柱？"这样的提问，表面上看是给出了问题，但是为何要像学习圆的面积那样进行转化？是怎样想到要切分圆柱的？切分圆柱的目标是什么？学生并不清楚，只会遵循教师的指令进行操作，难以激发探究的欲望。

因此，设计探究学习时要在探究起点上凸显问题性，探究问题明确是有效实施探究学习的基础。

2. 探究的过程：参与性

探究起点注重问题性不足以保证探究学习的有效开展，学生亲历探究过程才是关键。探究过程中的"过程"不仅是学习的手段，也是教学目标，即必须让学生在数学探究活动中去"经历过程"、积极主动"参与过程"。如果仅仅注重在知识的形成过程中学习知识，那么对探究过程的定位则主要是服务于知识的学习，难免会出现教师直接讲授探究过程的现象，这样，数学学习就会由听"结果"变成了听"过程"，这样的探究过程就失去了探索的意义。[①] 因此在设计探究学习时，需要呈现探究过程，而探究的主体是学生。

3. 探究结果的获得：自主性

探究问题的明确性以及学生亲历探究的过程，为学生自主建构探究的结果奠定了

① 严士健、张奠宙、王尚志：《普通高中数学课程标准(实验)解读》，176 页，南京，江苏教育出版社，2004。

良好的基础。探究学习是学生的一种自主性活动，它注重学生对数学知识的自主建构。如果教师处处指导、牵引学生探究、规定探究方向，将探究过程、探究过程的具体操作、探究过程所要达到的结论都设计出来，组织学生按部就班地实践或经历探究过程的每一步，把学生直接引向所要获得的学习结果，那么这种探索就会演变成机械训练，也就无法使学生体验探究学习的乐趣，难以真正理解知识，或者说理解得不深，即使当时理解了，也很容易忘却。

案例 1 中，学生通过自主探究，建构了知识“我们的公式”，同时不仅找到了解决问题的方法，而且小组中的每个人都参与并理解了这项活动。

因此，有效的探究学习中，学生不是接受知识的“容器”，而是自主知识的“习得者”。就探究的结果而言，探究学习的成果是学生自主建构的产物，通过自己的探究发现问题，建构知识，获得体验。

4. 探究的环境：开放性

开放性是探究学习的一个重要特征。“探究”一词的本质特征在于对现有知识或理论的开放态度和创新的意识。① 探究学习强调开放性，体现在：探究必须建立开放的课堂教学体系，给学生创造一个宽松、和谐、民主的心理氛围，让学习目标、学习内容、学习时空、学习过程、学习成果开放，不能规定探究方向，限制学生的数学思维，以发展学生的逻辑思维和批判性思维，培养学生对科学知识或理论的开放态度、创新精神，以及严谨的科学实证精神。

可以看出案例 1 中的教学环境是较为开放的，学生在一个宽松、和谐、民主的氛围中，自主建构知识。而案例 2 中的学习环境则较为封闭，学生缺乏独立自主性，没有独立思考，只有执行。

5. 探究的结果：反思性

弗赖登塔尔指出：“数学学习不是一个连续的过程，它必须重新组织、重新认识，有时甚至要与以前的知识和思考模式真正决裂。”②相对于具体的解题活动而言，反思对于数学思维的发展有着更加重要的作用。也就是说，探究过程的结果并不意味着学习过程的结束。对探究结果进行反思，是理解探究过程、掌握探究结果的重要工作。

实际上，弗赖登塔尔关于数学学习的层次性论述，更加明确地指出了反思探究学习结果的重要性。

弗赖登塔尔认为，学习过程是由各种层次构成的，用低层次的方法组织的活动就成为高层次的分析对象；低层次的运算内容又成为高层次的题材。例如，对完全归纳

---

① 李华：《探究式科学教学的本质特征及问题探讨》，载《课程·教材·教法》，2003(4)。

② M Artigue, *What can we learn from educational research at the university level ?* In D. Holton (ed) The Teaching and Learning of Mathematics at University Level: An ICMI Studym, Kluwer, 2004.

法原理和皮亚诺公理系的学习，“首先必须有一个例子以迫使学生发现完全归纳法，通过特殊例子让他认识到普遍的原理；随后又将其用于更复杂的情况；再在掌握原理的基础上，他才能在教师的帮助下进行系统的阐述；最后如果他在公理化方面有一些亲身体验的话，他才能进入皮亚诺公理的轨道。”①可见，数学认识的发展即学习过程层次的不断提高，通过反思低层次上获得的数学知识而上升到较高层次的过程。而层次的提高并不能由简单的自主探究活动就可获得，这从另一角度又表明了反思的重要性、知识的组织与系统化的重要性，以及停留于简单的游戏操作的局限性。

因此，无论是对具体问题、特殊对象探究发现数学规律，还是通过自主探究进行问题解决，探究学习往往局限在一个固定层次上进行。如果探究活动在很大程度上是借助操作游戏来演示明显的数学特征，那么这种探究不仅是在单一层次上发展，而且是在最低的层次上进行，而向着更高抽象水平的发展就有明显的局限性。例如，儿童虽然可以通过不同颜色积木块的一一对应活动来比较积木块数量的多少，但他们并不理解所使用的对应法则，正所谓“不识庐山真面目，只缘身在此山中。”而且，自主的探究过程很容易受到以前的知识和思考模式的影响，从而也就未必能必然地做出正确的发现。

数学学习的层次性表明，探究活动是数学教学必不可少的层次。正因为传统教学跳过这一层次，所以探究学习成为课程改革所积极倡导的学习方式。但探究学习所具有的局限性又表明，数学学习不能停留于一个固定的层次上，特别是最低的层次上。只有将探索的东西作为进一步反思的对象，或者说促进学生对低层次活动的反思，才能提高学习的层次，理解探究活动的数学内涵，也才能够居高临下，一目了然。否则，学生进行了探究，却未必能理解数学。

第二节 数学合作学习设计

一、数学合作学习案例分析

合作学习主要是针对学习的组织形式而言的，相对的是个体学习。合作学习是以合作学习小组为基本形式，系统地利用教学中动态因素的互动，促进学生的学习，并

① ［荷兰］弗赖登塔尔：《作为教育任务的数学》，113页，上海，上海教育出版社，1995。

以团体成绩为评判标准，共同达到教学目的的学习方式。合作学习理念已深入人心，被广泛地应用于课堂教学之中。关于合作学习，国内外许多学者从不同角度进行了研究，提出了合作学习的若干要素或者特点，如目标明确、合理分工、科学建组、积极互助、角色交换、教师适时介入等。这些研究有助于理解合作学习的本质，但是难以对一线教学实践有更加具体的指导意义。一个高效有序的合作学习的教学案例能够为实施合作学习教学指明方向。以下通过张冬梅老师执教的"米的认识"这堂课来认识什么是有效的合作学习。①

"米的认识"是苏教版数学二年级上册的内容。在这节课中，教师设置了 5 次小组合作活动，让学生以合作学习的方式来认识"米"。

【第 1 次合作】

师：孩子们，你们想不想知道自己身上哪儿离地面 1 米高？

4 个学生为一个小组，量其中的 1 个人。当然了，有合作就得有分工。比如，4 个学生中，一个学生像张老师这样站直，第 2 个学生拿着米尺去量，第 3 个学生仔细观察、检查方法，第 4 个学生拿着标签去贴。你们会合作吗？

先请一个小组合作示范一下。同学们仔细瞧瞧他们是怎么合作的？

小组示范活动结束后，教师和学生一起检查完成情况。

师：有一个细节让我感动，贴完标签后，4 个学生同时用眼睛打量这个标签，我在猜想，他们心里一定在说，是这儿离地面有 1 米高。

你们也能像他们这样合作吗？贴完标签以后也会像他们一样仔细地打量吗？

可以看出，第 1 次合作学习具有以下特点。

目标明确：用米尺测量小组中的 1 个人身上哪儿离地面 1 米高。

人人参与，分工合作：一个学生被测量，第 2 个学生实施测量，第 3 个学生检查测量方法，第 4 个学生给出结果。

指导示范：选取一个示范组，在教师指导下开展合作。

及时反馈：示范活动后，师生共同检查合作方法及贴标签情况。

强调学习结果：一是合作学习的方法(像他们这样合作)；二是合作学习的结果(贴完标签以后用眼睛仔细地打量 1 米的高度)。

【第 2 次合作】

师：张开双臂，想不想知道从指尖开始到哪儿是 1 米长呢？

---

① 吴晓红、宋磊、张冬梅、束艳：《什么是有效的合作学习——基于"米的认识"的解读》，载《课程 · 教材 · 教法》，2012(8)。

每个小组的第2次合作就来量一量。我们已经有第一次合作的经验了，第二次合作要注意些什么呢？

生：胳膊要伸直。

生：还要把米尺放平。

……

师：老师想给大家一个建议，同学们之间的分工可以交换一下。比如，刚才我是站直的，这次可以拿着米尺去量。还有贴完标签，我们要用眼睛好好地打量打量。

教师在明确提出第2次合作目标后，指出合作分工可以交换，让学生进一步体会合作规则方法，同时进一步强化合作结果：用眼睛感受1米的长度。

【第3次合作】

师：第3次合作，请大家在教室中找一个东西量一量，量一量从哪儿到哪儿是1米。这次老师要求大家贴完标签以后，每个人都伸出双手去比画一下，一边比画一边说：这么长是1米，或者说，这么高是1米等。当然，分工还可以继续交换。

可以看出，第3次合作的内容进一步扩展，教师再次强调了人人都要感受合作的成果。

【第4次合作】

师：孩子们，想不想知道1米自己走几步？组长领着组员到空地方，每人亲自走一走。

【第5次合作】

师：最后一次合作，老师想请每组同学剪一个1米长的带子。这次不允许用米尺，请每个小组的4个学生好好地估计，谨慎地动剪刀，我们要比一比，看哪个小组估计得最准确。

第4、第5次合作学习中，教师指出合作目标后，并没有对如何合作进行指导，但学生有序、规范地完成了合作任务。

以上5次合作学习在教师精心组织下高效、有序完成。从表面上看，教师的指导提示语越来越简单，尤其是第4、5次合作时教师基本没有进行指导，但合作学习的内涵却越来越深化，学生的合作能力在逐渐加强，特别是第5次合作学习活动结束时，学生不用米尺裁剪的带子竟然十分接近1米。

二、数学合作学习的本质

“米的认识”何以成功？关键在于教师组织了有效的合作学习。有效的合作学习具有以下特点。

(一)合作学习的目标：合作目标、设计目标、课堂教学目标的有机统一

合作学习是目标导向的活动，是学生在共同学习目标下进行的学习活动。因此，目标明确是开展小组合作学习的前提，但仅仅明确合作目标是不够的。

就合作学习而言，事实上涉及三种目标：合作目标、设计目标、课堂教学目标。合作目标即我们通常说的合作学习的目标或者任务。诸如，“用米尺测量小组中的1个人身上哪儿离地面1米高”等。显然，合作学习目标必须明确、具体、便于实施，包括：合作什么(1米走几步?)，谁合作(小组每人)，在哪儿合作(组长领着组员到空地方)等。

设计目标主要指设计合作学习这一教学方式或学习方式的意图，即为什么要这样设计？其主体指向教师。也就是说，教师在设计合作学习时，应明确为何要设计合作学习，包括：是否一定要采取合作学习的方式？有何好处？是否有弊端？开展合作学习的目的是什么？为什么进行合作指导示范？等等。例如，针对低年级学生的年龄特征，第1次合作时，教师可以设计合作示范的教学内容。

课堂教学目标是指我们平时所说的学习活动、教学活动预期达成的要求和标准，该目标指向于一节课。它既包括学科学习目标，也包括合作技能学习目标。课堂教学目标是否达成是衡量课堂教学是否有效的重要指标，因此也成为评价合作学习是否有效的一条重要指标。所以合作目标、设计目标都应该围绕课堂教学目标而设计，要利于课堂教学目标的达成：目标明确的合作学习任务恰是学科学习的重要内容，设计意图明确的合作方法恰是需要学生掌握的合作技能。由此就可以避免设置合作学习的随意性，避免合作学习目标与教学目标的割裂。

就“米的认识”而言，课堂教学目标是：“根据初步形成的1米实际长短的表象，进行一些直观的判断与思考。”“在小组活动中，学会与他人共同合作，解决问题，并养成认真、细致的科学态度。”可见，认识“米”是课堂教学的重点，合作学习是理解“米”的重要的学习方式。围绕课堂教学目标，教师设计了5次小组合作活动，每次活动合作目标都很明确，学生能清楚了解合作的小组任务，逐步认识理解“米”；同时，教师设计合作学习的意图是明确的、理性的，“合作活动不仅仅是形式，鉴于学生的年龄较小、合作经验不足，便适时地进行合作的指导与示范，故这里的合作是有序、有效的。同时，它又兼顾并重视过程中必不可少的个体体验与个体思考。”①通过5次合作学习，学科学习目标和合作技能学习目标都得以完成，进而达成了课堂教学目标。

可见，有效的合作学习是合作目标、设计目标、课堂教学目标的有机统一。

---

① 张冬梅：《“米”课堂教学预案》，载《小学教学参考》，2006(7-8)。

(二)合作学习的内容：学科知识与合作知识的融合，过程与结果的统一

教学中，有些教师给学生指明了合作学习的任务，但是课堂教学中仍然出现了秩序混乱、合作学习无效的现象。这说明，有效的合作学习仅仅明确合作目标是不够的，还需要把握合作学习的内容，包括使学生掌握完成合作任务的方法、途径。

在“米的认识”教学中，需要学生认识、理解并掌握“1 米有多长”。为了获得这一学科知识，教师在第 1 次合作时指出了合作方法“一个学生站直，第 2 个学生……”；第 2 次合作时，教师又指出分工可以交换等。这样，学生逐步体会并强化了合作规则，学会了如何合作。在第 4、第 5 次合作时，教师已无指导语，合作的规则方法已为学生所掌握，并内化为学生的自觉行为。

同时，为了使学生更好地掌握“1 米有多长”，教师在合作完成后有意识地强化合作学习的结果：贴完标签以后用眼睛仔细地打量 1 米的高度；用眼睛好好打量 1 米的长度……通过不断强化，学生已摆脱对米尺的依赖，对“米”已有清楚的感性认识，并在头脑中建构出了 1 米的长度，学生的眼睛成为无形的、精准的米尺。

可以说，通过 5 次合作学习，学生逐渐掌握了合作学习规则，并将之运用于完成各种合作任务，最终掌握了 1 米有多长：不用米尺，精确地剪出了 1 米长的绸带。

这样的合作学习教学，使学生经历了合作的过程，掌握了合作的方法，而且在合作中理解并掌握了 1 米有多长。如此教学，不仅避免了学生不知如何合作的混乱场面，也避免了仅仅形式上合作而没有合作结果的盲目情形。

这表明，合作学习的方法技能不仅仅是学习学科知识的手段，也是课堂教学的内容和目标，即必须让学生经历合作的过程，在合作中学会合作的方法，获得合作技能，进而在合作中掌握学科知识。可见，有效的合作学习的内容，不仅有学科内容知识，还有实施合作学习的方法规则；不仅包括体验合作学习的过程，也包括经历合作学习获得的结果。在教师的指导下，学生在经历并掌握合作学习规则方法的同时，掌握学科内容知识。因此，有效的合作学习的内容是学科知识与合作知识的融合，是过程与结果的统一。

(三)合作学习的基础：充分了解学情，促成积极合作意愿

随着对合作学习认识的不断深入，许多教师已经考虑了合作目标、个人职责、角色扮演等合作要素的设计与实施，但是现实中仍然出现学生合作学习不积极、参与度不高、参与不均衡等问题。其原因何在？从根本上看，合作目标、合作内容、小组和个人职责、合作技能等要素，其着眼点主要在于“怎么合作”，即教师忽视了合作学习的重要主体——学生：学生是否具有积极合作的意愿？是否具备合作的能力？是否积累了合作的经验？不同学习风格的学生能否一起合作？也就是说，仅仅知道如何合作

还不够，教师还应充分了解学情，使学生形成积极的合作意愿，这是促成有效合作教学的基础。

在“米的认识”教学中，第1次合作时，由于学生缺乏合作经验和方法，教师有意设置了小组合作示范活动，并在活动中适时进行指导。第2次合作时，教师在第1次合作的基础上，要求学生再给出合作的具体要求，进一步规范并强化合作学习的基本规则。在其后的合作活动中，根据学生实际情况，教师的指导逐渐减少乃至不再指导。

因此，在进行合作学习时，教师的合作指导与示范要建立在充分了解学情的基础上，包括学生对合作任务是否有充分了解，是否掌握了合作规则，是否有合作的经验，是否熟悉合作的流程等。同时，还要了解学生的心理特征、学习风格，包括学生的年龄、学习动机、意志和气质等。

例如，对于低年级学生的合作学习，合作任务未必很复杂，主要使学生掌握合作技能、学会合作，在教师指导、示范下展开；对于高年级学生，合作学习任务可以是开放式的，任务的完成需要较为复杂的解题技巧。就学习风格而言，发散型学习风格的学生喜欢小组活动，而同化型学习风格的学生不太关注人际交往，教师就要根据学生的实际情况，考虑是否需要实施合作学习、如何合理分组等问题。只有充分考虑学情，才可能通过合作学习促进每一位学生的发展。

了解学情可以使教师因材施教，合理设计合作活动，这是教师为即将展开的合作学习所做的精心设计，但合作学习的成功还需要学生有积极的学习态度，有迫切的合作学习的意愿，这样才可能有较高的合作热情、积极的参与动力，避免出现被动参与、参与度不均衡、游离于合作共同体之外等现象。

因此，教师要创设有利于合作学习开展的情境，使学生认识到合作学习的重要性，对合作学习产生认同感，进而使学生产生合作的心理倾向，使合作学习成为学生学习的自发行为，形成积极的合作意愿。

例如，“测量自己身上哪儿离地面1米高”的活动，如果是学生独立完成，由于既要身体站直又要弯腰观察米尺等因素，会使测得的数据不够精确，而且学生难以“眺望”并感性认识1米的高度。因此，在组织学生第1次合作“身上哪儿离地面1米高”时，我们可以提出问题“怎样才能更精确地测量出身上哪儿离地面1米高?”“是独立完成还是合作完成更好呢?”这时大多数学生会提出合作的愿望。这样的设计能够使学生更好地体会合作学习的必要性，合作学习就会成为学生的自愿行为，而不是执行教师布置的合作任务。

为此，教师应创设有利于合作学习的情境，随时把握合作学习的时机。比如，“当学生的思路不开阔，需要相互启发的时候”“当学生的意见出现较大分歧，需要共同探讨的时候”[1]“学生个人独立操作时间和条件不充足时”[2]，教师应在充分了解学情的基础上，满足学生合作学习的需要，促成积极的合作意愿，及时实施合作学习。

(四)合作学习的成果：认知与身份的共同发展

在“米的认识”教学中，从量身高、量手臂、量物体、量步法，到剪带子，不仅每次合作目标十分明确，而且合作的对象不断扩大，使学生从多角度、多方位获得对1米的感性认识，感受生活中的数学；不仅让学生掌握了合作学习的方法和技巧，使学生逐渐明确合作规则并内化为自觉合作行为，而且还不断强化合作的结果，使学生在头脑中最终建构出对米的认识；不仅在合作过程中注重合作方法的获得，还强调每位学生的参与，在经历和体验合作学习的过程中，收获合作的经验，获得积极的情感体验。可以说，知识、方法与情感三维目标的达成正是“米的认识”得以成功的关键。

可见，合作学习的成果应是知识、方法与情感三维目标的有效达成：通过与同伴合作交流，不仅掌握了学科知识，掌握了合作学习的方法和技巧，还感受到了合作的必要性，体验了合作学习带来的乐趣，获得了合作学习的情感体验，增强了学习的自信心。

我们还应看到，合作学习实际上是一种社会活动。学生在这一合作共同体中，获得了认知发展，同时也获得了一定的身份。

当代情境理论指出，“学习意味着成为另一个人。忽视了学习的这个方面就会忽略学习包括身份建构这个事实。”[3]这表明，合作学习的成果不仅包括学生认知水平的发展与提高，还包括学生在合作共同体中身份的形成与发展。

身份的变化与认知水平的发展密切相关。郑毓信、张晓贵指出了学生通过课堂学习所实现的身份变化。[4] 沉默与接受知识阶段：学习主要表现为对他人所授予的知识的被动接受；主观的知识阶段：学习仍然表现为对他人所授予的知识的被动接受，但学生已经表现出对他人知识和权威的一定抵制，并更愿意相信自己的直觉；程序的知识阶段：学生已不再为他人所压制，不再把他人看成无可怀疑的权威，并能按照一定的标准对相关知识的可靠性做出检验；建构的知识阶段：学生已成为真正自治的认识者。

身份的变化在“米的认识”教学中已有体现。例如，教师要求学生随意测量物体，一小组成员在测量黑板宽度约为1米后，根据自己的喜好和认识，自主测量了2个人

---

① 左昌伦：《促进学生有效地合作学习》，载《中国教育学刊》，2003(6)。

② 张春莉：《数学课中小组合作学习的若干问题研究》，载《教育理论与实践》，2002(1)。

③ J·莱夫，E·温格：《情景学习：合法的边缘性参与》，17页，上海，华东师范大学出版社，2004。

④ 郑毓信、张晓贵：《学习共同体与课堂中的权力关系》，载《全球教育展望》，2006(3)。

的身高及黑板的长，并提出了自己的观点：我的身高是1米多，黑板长大概2米，拓展了对“1米”的认识。这表明，学生在合作学习中已从沉默与接受知识阶段过渡到了主观的知识阶段，正朝着真正自治的认识者前进。

可见，有效的合作学习是通过合作目标的设定、合作内容的明晰、合作基础的实现、促成三维目标达成的学习，同时还是学习者由“不自觉的学习者”逐步转化成“自觉的学习者”的过程。

因此，有效合作学习的成果是学生认知与身份的共同发展，一方面，通过合作学习，学会合作，学会学习，达成三维目标；另一方面，通过与合作共同体不同成员之间的积极互动，逐渐由“不自觉的学习者”转化成“自觉的学习者”。有效的合作学习，就是学生认知水平提高、身份得以发展的学习。

三、数学合作学习的设计要点

以上合作学习的特点在一定程度上表明了如何实施合作学习，以下进一步探讨数学合作学习的设计要点，为理性实施合作学习指明方向。

（一）是否合作

同探究学习一样，是否需要设计合作学习是进行学习方式设计时首先要考虑的问题。事实上，《全日制义务教育数学课程标准（实验稿）》在教学建议中明确指出，针对不同的教学内容，可采用不同的学习方式，鼓励学生积极参与，帮助学生在参与的过程中产生内心的体验和创造。例如，可以采用在教师指导下，让学生去收集资料、调查研究、探究学习的方式；可以在上课之前由教师提供一些配合教材的阅读材料和思考题，在课堂上采用教师讲解和小组讨论、全班交流相结合，课后采用写读书报告、撰写论文等的学习方式；还可以采用在教师引导下自主探究与合作交流相结合的学习方式等。只有这样，才能使学生体验数学发现和创造的历程，对知识有更加深刻的认识和理解，使每个学生都能从中得到各自发展所需要的东西，学会数学的思考方式和学习方式，同时提高学生的探索能力、创造能力和创新意识。

因此，学习方式本身没有优劣之分，任何学习方式都有自己的特点和优劣。虽然数学课程改革倡导合作学习方式，但合作学习只是重要的学习方式之一。数学教学设计不能一味盲从，而应理性考虑是否设计合作学习。

（二）合作什么

合作学习是重要的数学学习方式，但并非每节课都要实施合作学习，合作内容的选择是设计合作学习的重要因素。以下是小学数学“平移”内容的教学设计片段。

【案例】合作学习设计片段：合作探究，体会平移特点

1. 用手势感受平移运动。

(1)老师做手势，让学生判断是否做平移运动，并说明理由。

(2)学生伸出右手，分别做向上、向下、向左、向右等平移运动。

2. 用学具做平移运动。小组合作，用桌面上的学具做平移实践。

3. 找出生活中的平移现象。(生：铝窗、推拉门、抽屉、窗帘、升降梯……)

考查该教学设计中的活动 1 和活动 2，其中一些内容根本不需要合作学习来完成：学生自己做手势感受、学生自己移动学具(小棒)。因而，有些数学活动主要是独立操作来实现，并非所有学习内容都需要采用合作学习的方式。

在确定是否设计合作学习时，应该关注两个方面：一是从合作学习本身的特点出发；二是要依据教学目标。在此意义下，是否采用合作学习进行数学学习，可以从知识、能力以及学习情感方面考虑。

第一，合作学习的内容选择是否有利于达到预定的教学目标。

合作学习的内容选择是否有利于学习知识在实践中的综合运用。

合作学习的内容选择是否能促进学生分析、归纳、整理，发现有价值的信息。

合作学习的内容选择是否能提高学生收集信息和处理信息的能力。

第二，合作学习的内容选择是否有利于学生发现问题、提出问题。

合作学习的内容选择是否有利于学生分析问题、提出解决方案。

合作学习的内容选择是否有利于发展学生的创新能力。

合作学习的内容选择是否有利于学生对合作的评价、反思。

第三，合作学习的内容选择是否符合学生的身心发展特点。

合作学习的内容选择是否有利于学生自尊心、自信心的培养。

合作学习的内容选择是否有利于学生养成对集体的责任心。

合作学习的内容选择是否有利于积极参与合作学习、体验学习的快乐。

合作学习的内容选择是否有利于学生学会尊重和欣赏别人。

对以上问题有充分的思考和明确的认识，是理性设计合作学习的前提。

(三)何时合作

合作学习有助于实现个体间的优势互补，但合作学习不是随时随地随便开展。教师必须根据学习内容和学生的实际情况，选择恰当的合作时机，才能够真正发挥合作学习的价值，有效达成学习目标。一般来说，常常在以下时机开展合作学习。

1. 独立思考受困时

在数学学习过程中，学生经常会遇到一些挑战性的问题。然而并非所有学生都能够经过独立思考解决问题，此时开展合作学习不失为一个恰当的时机。在生生之间、师生之间的相互交流、沟通中，学生可以获得启发，学会思考，深化认识，破解难题。在学生独立思考仍困惑不解时，合作学习适时而出，才能够真正使学生意识到合作学习的价值，真正体验到苦思冥想后的愉悦以及同学间互帮互助、协同发展的好处。

2. 解题策略多样时

数学课程标准指出，学生学习数学需要形成解决问题的一些基本策略，体验解决问题策略的多样性，发展实践能力和创新精神。因此，数学课程改革鼓励学生开阔思维，从不同角度思考问题，尝试运用不同方法解决问题，倡导解题策略的多元化，以培养学生的发散思维、创新能力。

小学生由于认知水平和生活经验的局限性，考虑问题难以全面，解题策略难以多样，甚至思维僵化。特别是，在解决开放性问题时，答案往往不唯一，思考的角度不同，答案也会不同，更增加了学习的难度。此时，组织学生进行小组合作学习，发挥学生的主体作用与小组合作力量，群策群力，才能展示各种解题思路和方法，才能使每位学生都从中汲取营养，发散思维，提高创新意识。同时，在明确解题策略多元化的同时，还能感受到解题策略的优化，掌握解决问题的实质。

【案例】

农具厂要生产540件农具，前3天生产了总数的$\frac{1}{9}$，照这样计算，剩下的还要几天才能完成？①

教师组织了小组合作学习，得出以下解法。

(1)归一法：①$540\times\left(1-\frac{1}{9}\right)\div\left(540\times\frac{1}{9}\div3\right)$；②$\left(540-540\times\frac{1}{9}\right)\div\left(540\times\frac{1}{9}\div3\right)$；③$540\div\left(540\times\frac{1}{9}\div3\right)-3$。

(2)倍比法：$3\times\left[\left(1-\frac{1}{9}\right)\div\frac{1}{9}\right]$。

(3)工程法：①$1\div\left(\frac{1}{9}\div3\right)-3$；②$\left(1-\frac{1}{9}\right)\div\left(\frac{1}{9}\div3\right)$。

(4)用比例解：设剩下的还要x天才能完成，即$\left(1-\frac{1}{9}\right)x=\frac{1}{9}\times3$。

① 滕瑛：《“合作时机”的合理选择》，载《小学教学研究》，2006(11)。

(5)用分数解：①$3\div\frac{1}{9}\times\left(1-\frac{1}{9}\right)$；②$3\div\frac{1}{9}-3$。

学生拓展了思维，掌握了多种解法，并通过比较，感受到最后一种解法的简便。

3. 观点意见不一时

学生由于知识和经验不同，对同一个问题往往思考的角度和路径不同，得到的认识和结果也不同，当然也会产生相互矛盾的观点。此时，教师不妨组织学生开展合作学习，鼓励学生各抒己见，甚至是激烈辩论。这样通过有意义的协商和资源共享，不仅问题越辩越明，而且学生的知识得以拓展，对问题的认识更加深刻和全面。

【案例】谁解决的问题多

某教师在教学“分数的意义”时，提出了如下问题。

老师布置了课外思考题，小军解决了 2 道思考题，小红解决了所有思考题的 $\frac{1}{2}$，请问谁解决的问题多？

在学生得出不同答案时，教师引导学生开展小组合作，组内辩论。在辩论过程中，学生可以深化对分数意义的理解。

4. 单独操作困难时

单独操作困难时是指在特定的条件下，个人难以单独操作完成，或者独立操作较为低效，此时组织开展合作学习能够充分发挥集体的力量。例如，“统计”知识的学习，有时需要完成大量试验，获取大量数据，而在有限的课堂教学时间内，依赖学生个体实验，不仅低效而且难以完成任务，因此采用合作学习不仅必要，而且十分有效。

【案例】统计的初步认识①

教学“统计的初步认识”，在学生掌握初步的数据收集和整理方法之后，教师让学生观看录像，然后统计马路上来往机动车辆的流量情况。录像播放完毕后，大多数学生表示未能完成这个学习任务。教师引导：“那你们想想，该怎么办？怎么记才能又快又准，既不遗漏也不重复呀？”学生很快自发组成学习小组，并在讨论的基础上分配任务，有的负责数大客车，有的负责数货车，有的负责数摩托车，有的负责画“正”字记录……就这样，学生很快完成了学习任务。

---

① 黎相艳：《善用合作时机优化合作效果》，载《广西教育》，2020(13)。

第三节
数学游戏化学习设计

一、数学游戏化学习的本质

游戏是一种极为古老、极为普遍的活动。在希腊语中，游戏和教育的词根一样，都是指儿童的活动。游戏与教育的关系十分悠久与密切，这并不是偶然的。因为游戏与教育都是与人生活、学习、成长、发展关系非常密切的活动，都是人与外界的一种交流与交互。数学游戏可以是独立或合作进行的任务解决活动，也可以是挑战其他同学的竞技活动；有特定规则规定着参与者的游戏角色以及决策行为；解决活动中的问题或获得竞技胜利的对策能够转化为解决某个数学问题的方法；参与者的决策行为是影响结果的主要因素，特定的策略能够降低随机成分对结果的影响；参与者自主参与活动，能在活动过程中感到快乐。[①] 数学游戏既是具有数学因素的游戏，又是具有游戏成分的数学问题。数学游戏是儿童游戏的一个重要分支，数学游戏化学习是促进学生核心素养发展的一种重要的学习方式。

数学游戏化学习是将数学教学目标转化为游戏本身的内容和规则，让学生在游戏过程中主动获得数学知识与技能，积累数学活动经验，感悟数学思想方法。借助数学游戏培养学生的创造性思维，激发学生学习数学的兴趣，建立学好数学的信心。数学游戏是一种运用数学知识、技能、方法和思想的智力活动，它兼具知识性、娱乐性、趣味性和益智性。在数学教学中，教师有针对性地设计与组织游戏活动，以游戏体验为载体，将数学问题蕴含在游戏中，营造真实、生动、有意义的活动情境，调动学生的手、眼、口、脑等多种器官协同参与学习，在具体形象思维和抽象数学知识之间架起一条绿色通道。

二、数学游戏化学习的价值

数学游戏蕴含丰富的数学知识，把游戏作为数学知识、数学能力和数学思想的载体应用于数学教学，以此实现数学从学术形态向课程形态的转化。但并非所有的游戏

① 崔伟敢、谢明初：《数学游戏的教育功能探讨》，载《广东第二师范学院学报》，2015(3)。

都能作为教学工具，只有具备数学背景，且其根本数学内涵是致胜关键的游戏才能成为有效的教学工具。有学者认为应用于教学的游戏应能呈现其数学本质，并使学生产生浓厚的兴趣和高度的热情，且只能通过玩游戏才能获得对数学对象的深刻理解。所以，数学游戏化学习对游戏的数学特性有很高的要求，除了数学知识的教学外，数学教育还应关心学生的能力、情感等方面的培养，以及数学课程学习的评价。具体来说，数学游戏化学习具有以下五个方面的价值。

(一)帮助学生主动获得数学基础知识，形成数学基本技能

数学游戏是实现数学从学术形态向教育形态转化的最佳平台。数学游戏蕴含丰富的数学知识，可以作为知识的载体应用于数学教学，其中数学游戏情境可以帮助学生获得并理解数学概念。数学游戏化学习可以发展学生的数学思维能力和问题解决能力。例如，游戏中的丢骰子、转盘活动可以帮助学生理解概率概念。数学游戏可作为数学运算、技巧的巩固练习。数学游戏可以创设出有意义的情境，使枯燥的练习变得生动有趣，让学生愉快地进行巩固练习。例如，游戏“覆盖游戏(Cover Up)”可以用于小学分数加法的巩固练习。问题解决策略的运用是数学思考的一个重要概念。估计、近似、对复杂问题符号化处理、寻找模式、推理、论证、假设都属于数学问题解决策略。数学游戏可以作为学习问题解决策略的丰富的资源。例如，经典游戏“抓三堆”和“双石棋”，其游戏规则都很简单，但却是需要从数学角度分析、寻找好策略才能获胜的游戏。

比如，苏教版数学四年级上册“简单周期”是一节探索物体排列规律的综合实践活动课，其教育价值在于：培养学生发现规律、遵循规律，通过已知预判未知，通过部分把握整体，通过有限想象释放无限可能。教师可设计如下游戏化学习活动。首先，通过“皇冠上的秘密”这一数学游戏，将教材呈现的静态场景变换为学生喜闻乐见的动态的数学活动，让学生直观感知图形排列的周期规律，获得对周期现象的初步了解。其次，通过游戏“寻找消失的皇冠”，提供足够的时间和空间让学生充分经历自主探索、动手操作、合作交流的过程，体会解决问题的不同策略。最后，通过游戏“我的皇冠我做主”，帮助学生再次体验周期排列规律的特征，领悟运用规律解决问题的策略和方法。数学游戏有助于提高学生的创造力。在日常教学中，学生没有机会创造出适合自己的练习，给自己创设任务，但是在游戏环境中，学生可以创造出属于自己的游戏，或者是修改一个现成的游戏，培养创造性思维。

(二)促进学生积累数学活动经验，感悟数学思想方法

《义务教育数学课程标准(2011 年版)》在强调培养学生“双基”——基础知识、基本技能优势的同时，尤其关注学生基本思想和活动经验，重视培养学生创新意识和实践

能力。在小学数学课堂教学中，开展一系列游戏化学习活动，可以帮助学生获得直观切身的体验，让学生真正在玩中学、在玩中悟，基于游戏体验和经历生成数学活动经验，领悟数学思想方法。

通过数学游戏，学生可以加强对数学概念、数学定理、数学方法等数学知识的理解，也可以把已学的数学知识应用到游戏决策中。数学游戏可以促进数学讨论活动的开展。许多数学游戏都有益于促进和鼓励数学讨论，尤其是合作类游戏。数学讨论并不局限于师生间的讨论，还包括生生间的证明、怀疑、举反例以及对不同建议、意见的讨论分析。在有关游戏的讨论过程中，尤其是分组竞赛类游戏的规则下，学生需要在没有教师的帮助下学习，这可以培养学生学习的独立性。特别地，对一个数学游戏进行“玩后反思”的讨论活动，有助于发掘数学游戏中有别于数学游戏本身的数学结论。这个游戏就像……(同构，跑圈游戏中理解“公倍数和最小公倍数”)；你能在……的情况下获胜(特殊分析，“田忌赛马”等博弈游戏中进行特殊分析)；这个结论对于所有情况都适用(一般化，骰子游戏中理解“和奇偶性”的一般性)；我能证明这个策略为什么可行(证明，摸球游戏中感悟概率的大小)；我能以这样的形式记录游戏(符号化，打地鼠游戏中用数对确定位置)。数学游戏化学习中数学成分被发现、被利用、被理解的程度决定于数学游戏本身的数学内涵和教师课堂教学策略。教师需要引导学生分析、挖掘数学游戏所蕴含的数学思想方法。比如，以上数学游戏的讨论分别蕴含了同构、特殊分析、一般化、证明、符号化五方面的内容，能够揭示数学游戏所反映的数学思想方法。

(三)强化学生数学学习的内在动机，形成数学学习的积极态度

数学游戏化学习关注学生的精神世界，遵循学生认知发展规律，基于学生、服务学生，让学生在游戏中自主建构数学知识。苏霍姆林斯基曾说：“在人的心灵深处，都有一种根深蒂固的需要，就是希望自己是一个发现者、研究者和探索者。在儿童的精神世界里，这种需要特别强烈。”①数学学习是每一个学生内部建构的个性化的、个别化的“意义的经验”。从心理学角度来看，马龙(Malone)早期研究内在动机理论时，提出人为什么喜欢玩游戏的内在动机理论。内在动机理论中将人的动机分为了外在动机(Extrinsic Motivation)和内在动机(Intrinsic Motivation)。② 外在动机主要来自某种外在的奖励，通常与参与的活动本身无关，因此外在动机对于促进学习作用不大，有些研究者甚至认为外在动机会阻碍学习。相反，内在动机则有利于有效学习的产生，这是因为内在动机往往源自对学习活动的喜爱。马龙通过一系列实证研究发现好的教育

---

① [苏联]B. A. 苏霍姆林斯基：《给教师的建议》，修订版，58页，北京，教育科学出版社，2000。

② 裴蕾丝、尚俊杰：《回归教育本质：教育游戏思想的萌芽与发展脉络》，载《全球教育展望》，2019(8)。

游戏能够激发人的内在动机，这种游戏一般具有以下三个特征：挑战、幻想和好奇。从生物学角度讲，人的身上有一种神经元分泌多巴胺，多巴胺使人兴奋、高兴。游戏之所以能吸引学生，是因为游戏里面的级别、目标非常清楚。当学生实现一个个小目标后，会获得相应的奖赏，神经元就会分泌更多的多巴胺。

在游戏动机之上，是游戏化思维。游戏化思维指不一定非要将纯粹的游戏应用到学习中，只要将游戏的元素、设计或理念应用到教育教学中即可。比如，一些一线教师会利用积分、徽章、排行榜等元素激发学生的挑战心。其实，在传统教学中，教师也经常使用游戏化思维。例如，给表现好的孩子发小奖状或小红花，这就是游戏思维的运用。游戏化思维的核心不一定要拘泥于游戏的外在形式，更重要的是发挥其深层的内在动机，在教学、管理各个环节的活动中有机地融入游戏的元素设计或理念。游戏动机强调利用游戏激发学习的学习动机；游戏思维可超出游戏形式，强调将非游戏的学习活动设计成游戏；游戏精神则强调学生以对待游戏的精神和态度来对待学习过程和结果。三者的核心联系就是深层的内在动机，即让学生因为挑战、幻想和好奇而去做一件事情，而不是天天被外界的奖赏、压力逼着去做一件事情。数学游戏化学习能有效地强化学生数学学习的内在动机，提高学生数学学习的积极性，也有助于降低学生数学学习的焦虑度，帮助学生形成数学学习的积极态度。

(四)培养学生的合作意识，提高学生的社交能力

数学游戏化学习常常是多数人参与的集体活动，能遵守一定的游戏规则并取得游戏的胜利，体现的是团队成员的集体智慧。数学游戏化学习中既有竞争与博弈，也需要团结与合作。竞争与博弈往往会促使学生产生强烈的团结合作的心理需求。这些因素不仅能激发学生参与学习活动的热情，而且能有效地培养学生的合作意识。学生的社会化是一个自然成长的过程，社会交往是指学生与其接触的社会成员进行人际交往，这种交往是十分广泛的。但现如今，学生的活动范围较小，学校是学生社会化成长的主要阵地，班级是学生活动的小社会模型。数学游戏有其独特的社会性。在关于数学游戏的谈论过程中，学生需要学会聆听同伴或对手的想法，需要学会表达自己或所在团队的想法。因此，数学游戏化学习也可以看作一项社交活动，有助于提高社交能力。在数学游戏化学习活动中，学生验证了自己的价值，也体会到了他人存在的重要性，在充满友好和竞争的情感氛围中相互交往，学生会感到轻松、愉快。通过数学游戏，扩大了学生的社会交往范围，提升了学生的社会交往能力。因此，席勒才得出了“只有当人是完全意义上的人，他才游戏；只有当人游戏时，他才完全是人”这一论断。也就是说，在游戏状态中的人，才会得到自由，这是

成为一个完整的人的必要前提。①

(五)创新数学学习水平诊断工具，丰富数学学习评价方式

游戏的难度等级可作为学生评价的一个标准。数学游戏，尤其是任务挑战型的数学游戏一般有不同难度级别。一般来说，学生所能解决的任务难度越大，则说明学生的数学思维能力越强。把学生在不同难度级别游戏的表现作为评价标准，实质上是把游戏当作一个学生数学学习水平的诊断和评价的量表工具。学生在数学游戏中的表现可作为学生评价的一个参考。有别于常规的笔试考查，数学游戏中的个体行为和小组讨论能够反映出学生的实时思维过程，学生的自由表现让教师获得相对于成绩评价、常规笔试测验更客观的诊断与评价。另外，学生在对游戏进行思考的时候会自发地在纸上留下做记号、运算等能够反映数学思维状态的记录，这些都是可以用于学生诊断和评价的珍贵的材料。此外，教师还可以引导学生把思维的过程记录下来，通过口头引导、发放特定记录表格或调查问卷等方式，对材料进行收集、回收并用于分析。

为落实立德树人根本任务，培育学生适应社会发展和个人终身发展所必备的数学品格和关键能力，涵养学生的数学素养，很多一线教师积极探索学生素养评价机制，构建了小学数学游考评价机制。游戏化考试，突出反馈学生的数学眼光、数学语言、数学思维在数学学习上的发展水平，它是学生数学学习阶段水平检测的新形式，是使学生置身于精心布置的童话般、乐园化考场，经历情境化、体验式的游戏化考试。寓考于乐的评价方式，不仅考查了学生的基础知识和基本技能，还能培养他们的数学表达能力和实际运用能力。

三、数学游戏化学习的设计原则

具身认知的身体建构论清楚阐明了身体在知识形成中的作用，对于教育者重新认识身体在教学和学习过程中所发挥的作用产生积极影响，也为当前的教育教学改革提供了新思路与新路径。② 具身认知开创性地揭示了身体、心智和所处环境三者之间的相互关系，提供了全新的具身学习的新视角，为数学游戏化学习设计指明了方向。

具身认知的研究表明：身体是认知的基础，是学习活动得以产生的前提，贯穿于学习的始终。认知始于身体与世界的相互作用，人的心智需要身体的各种经验，经验来自具有独特知觉和运动能力的身体。身体与经验交互作用，不可分离地连接在一起，

---

① 裴蕾丝、尚俊杰：《回归教育本质：教育游戏思想的萌芽与发展脉络》，载《全球教育展望》，2019(8)。

② 叶浩生：《身体与学习：具身认知及其对传统教育观的挑战》，载《教育研究》，2015(3)。

共同构成一个由记忆、情绪、语言、认知、身体所构成的有机体。从具身认知的视角看待学习，具身学习是一种整体性学习，学习主体通过处在一定环境中的身体与环境互动，不断完善和丰富自身的心智体验。具身学习遵循三个原则：身心一体原则、心智统一原则和根植原则。基于具身学习的三个原则，为不同年级的学生设计出不同的数学游戏。

(一)身心一体原则

维果茨基的理论揭示：儿童心智的获得有赖于身体在特定文化环境中的活动，抽象思维是外部动作内化的结果。在很大程度上，我们的意识体验被刻写在肌肉里。运动员们通过一次次的高强度练习来提升体育技能，芭蕾舞演员通过大量的不间断的训练来保持和提高舞蹈技能，学生对数学知识的深度理解同样需要身体知觉和感觉运动系统的支撑，学习离不开身体所处的环境。皮亚杰也认为，儿童的认知图式是儿童自身的感觉和运动系统作用于世界的结果。

苏教版数学三年级下册“小数的初步认识”一课，可采用游戏化学习方式组织教学，依据身心一体原则设计蕴含小数意义理解的游戏“青蛙跳”。在游戏的不同环节中适时组织全班学生进行跳跃运动、观察对比、讨论交流、想象感悟，借助游戏中学生身体运动体验和空间位置的变化，让学生深度理解一位小数的丰富内涵。

游戏准备：

在学校操场跑道上，全班 30 名学生每 10 人一组分为三组进行“青蛙跳”。每名学生拿 1 根长度相等、颜色不同的游戏棒(长约 60 厘米)，通过接力跳在操场跑道分隔线上顺次摆好。在 10 根游戏棒合拼成的整体起点与终点处分别摆上数卡“0”和“1”，明确这 10 根游戏棒合起来表示整体“1”。

游戏过程：

(1)每组第 1 名学生跳出去，跳到第一根游戏棒那里(图 9-1)。启发讨论：每组第一名学生此时的落点可以用什么数表示？为什么？学生仔细观察第 1 名学生所处的位置，分别摆上相应的数卡(分数$\frac{1}{10}$与小数 0.1)，做出解释，并读一读相应的分数和小数。

图 9-1

(2)每组第 2 名学生、第 3 名学生……依次跳出去，学生边跳边喊出自己落点所对应的分数与小数(图 9-2)。第 1 名学生跳到 0.9 处时，引导全班学生观察交流：再继续跳一格，用什么数表示？为什么？学生借助身体运动的直观体验，将“满十进一”的十进制计数法自然迁移拓展到小数领域。

图 9-2

(3)队伍从整数 1 出发继续往前跳一格，如何用小数表示？为什么？学生主动提出继续接上 10 根游戏棒，并对从整数 1 出发继续往前跳一格为什么“用 1.1 表示，而不是 0.1”做出解释。基于游戏体验认识小数各部分的名称与含义：小数点、整数部分与小数部分。

(4)队伍继续向前跳跃，队首第 1 名学生跳到 1.3 处时，队尾第 10 名学生跳到 0.4 处。让学生们大声从后往前报数，再从前往后报数，比较不同位置上所代表小数的大小。学生继续玩游戏，比较 0.7 与 1.2 两点上相应的位置，哪个更接近 1，0.9，1.2 呢？

(5)队伍继续往前跳，适时停下来观察交流：在 2.3 位置的学生与在 1.8 位置的学生，相差几格？在 1.4 位置的学生再跳几格就到 2.1 位置？学生汇报时，自然运用算式 2.3－1.8＝0.5 或 1.8＋0.5＝2.3，1.4＋0.7＝2.1 或 2.1－1.4＝0.7 做出解释，在游戏中自然融入小数加减法的运算。

(6)游戏延伸，启发想象：如果队伍一直不停跳下去，有没有尽头？你能想到什么？队伍继续跳 25 格，队伍里不同的学生会跳到哪个小数的位置？根据现有的位置继续想象一下，如果跳到小数 32.5 的位置，学校操场直跑道的长度还够吗？

在整个“青蛙跳”的数学游戏中，学生基于身体跳跃运动的体验，首先直观理解小数单位，并将“满十进一”的十进制计数法主动迁移拓展到小数领域。学生根据自己身体跳跃次数，观察比较自己所处的位置和同伴所处的位置，感悟小数大小和有序排列。这里“青蛙跳”的游戏形式中隐含了数轴模型，学生在跑道数轴上跳跃运动，将身体外部动作内化为对小数基数与序数意义的理解，用数轴(空间)上的“前后”巧妙对应了小数(数值)的“大小”，学生从空间距离的远近感悟数值大小的接近，直观理解近似数。学生因为有了身体运动经验的支持，有了跑道上数轴的直观表征，能独立思考完成挑战性任务。基于直观可感的数轴模型，将学生空间想象力的发展与一位小数意义的深度理解有机结合，实际空间的无限对应着小数个数的无限，学生对“无限”的领悟融入了他们各自身体在特定环境中的运动经验。随着“青蛙跳”游戏各个环节的步步展开，学生对一位小数丰富内涵的理解也步步深入，并刻写于他们全身肌肉运动之中，也深植于学生感觉运动系统之中。

(二)心智统一原则

具身学习理论视身体和心智为一个整体的、不可分割的构成，并且心智本身也是整体性而非元素性的活动，是知、情、意、行不可割裂的统一。知识的获得、情绪的体验和行为的执行是一个包含身体、心智与环境(物理环境、人际环境)的统一整体。具身学习是身体在环境中的互动，在学习过程中认知和情绪、意志和行为、身体活动方式等直接影响着学习的效果。

人教版数学二年级下册练习课“百数表”一课，适宜采用游戏化学习的方式展开教学，依据心智统一原则，运用一张 10 格×10 格的方格毯设计“快乐合影”“寻找队友”“数友集合”“百数飞行”等一组数学游戏。学生在方格毯上走动观察、发现规律、交流合作，在游戏活动中猜数、摆数、找数、填数、运算，借助手中的数卡兴趣盎然、积极投入百数表的主动建构、探索规律和剖析应用中去。

游戏准备：

在教室内铺设好 10 格×10 格的方格毯(也可在操场上用粉笔画出)，随机分发 1～100 的数卡给学生。学生依据座位顺序分为红、蓝两队。

游戏过程：

游戏一：“快乐合影”。在方格毯上相应的位置摆上形状不同的红色相框(图 9-3)，数宝宝们站成多变的队形快乐合影，让学生猜一猜：相框的空白处还有哪些数宝宝？

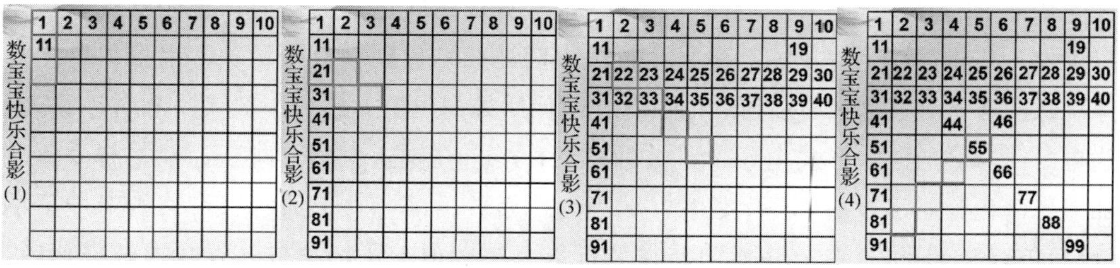

（1）　（2）　（3）　（4）

图 9-3

学生互相交流，主动发现并运用数的排列规律，分别由相框中已有的数宝宝推想方格毯上同一纵列、横排和斜排分别有哪些数，跑到方格毯上将手中的数卡放到相应的位置。例如，由 1 推想出同一纵列有 11，21，31，…，由 21 推想到 22，23，24，25，…，由 22 推想到 33，44，55，66，…，由 91 推想到 82，73，64，55，…。

游戏二：“寻找队友”。学生将第一次游戏中获得的经验主动迁移，多角度联想，找到数宝宝“65”有哪些队友。学生小组讨论交流，从相邻数、十位数相同(横排)、个位数相同(纵排)、递增递减(斜排)等任意角度，从不同角度发散思考，找到“65”的队友有哪些，并从不同角度做出解释，游戏中学生主动运用有关百以内数的多方面知识(图 9-4)。

图 9-4

图 9-5

游戏三：“数友集合”。每个学生看看自己手中还有哪些数？学生根据手中的数卡，找准它们在格毯上的位置，设计一句话的提示，让手中的数宝宝“跑”上方格毯。例如，数宝宝“89”要“跑”上方格毯，可以说“比 90 少 1 的数”，也可以说“个位上是最大的一位数，十位上的数比个位上少 1”等，实现百数会合，游戏中逐步完整建构出百数图(图 9-5)。

游戏四：“百数飞行”游戏。全班学生按照座位顺序分为两队，分别“驾驶”红、蓝飞机，按照给定的任务在方格毯上飞行(类似学生平时玩的飞行棋)。每组学生互相合作，共同讨论，既关注本组的任务并正确飞行到相应的位置，又关注对方任务并判断对方飞行是否正确。游戏终极“PK”，融入算 24 点的游戏(图 9-6)。

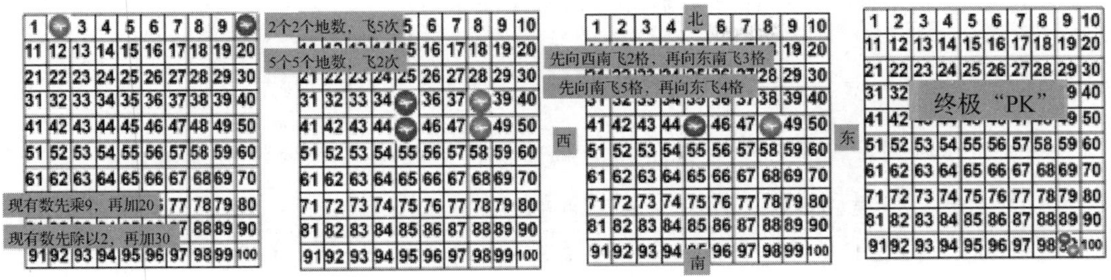

(1)　(2)　(3)　(4)

图 9-6

一系列游戏任务中巧妙蕴含了数的规律、两步计算、倍数、平面图上的方向等数学知识。趣味性、活动化的数学游戏，极大地激发了学生的参与热情，游戏的外在刺激转化为学生的内在动机，学生乐于接受挑战，积极主动参与到游戏(学习)过程中，思维的活跃度增强。规则的设计促使每个学生积极有序地参与游戏，学生在游戏中互相评价，获得活动体验的同时，深度理解数学知识的内涵。组际间竞争与小组内合作的游戏组织方式，凸显团队协作的重要性，促进学生之间的数学交流，发展了学生的人际交往能力。学生在方格毯上行走观察的身体活动方式，让学生全身参与学习，更容易促使学生打开思路。整个游戏(学习)过程既有认知和情绪的成分，也有意志和行为的成分。学生身体活动的内容与方式、身体力行的实践经验支持学习过程，并对学习结果产生了积极影响。

(三)根植原则

具身学习主张心智根植于身体，身体根植于环境，心智是身体与环境交互作用的结果，或者说学习是一种学习主体“嵌入”身体和环境的活动。学习不是只需大脑和中枢的参与就能完成的信息加工过程，更不是将外部环境条件强加于个体的机械作用，而是个体在内部资源和外部环境条件共同作用下的努力，是一种心智、身体和环境之间动态平衡的过程。

苏教版数学四年级下册综合与实践课“用数对确定位置”，可采用游戏化学习方式组织教学，依据根植原则，运用一个 16 格×10 格的方格毯，创设了在茫茫大海上“寻找加勒比宝藏”的游戏情境展开教学。寻宝游戏任务中巧妙融入用数对确定位置、平面图上的方向、对称、集合与交集等数学知识，学生在方格毯“身体力行”地行走、推理和验证，完成“寻宝”任务。

游戏准备：

在教室内铺设好 16 格×10 格的方格毯(也可在操场上用粉笔画出)，每个学生分发

4 张红色圆形卡片和 5 张绿色三角形卡片，用于寻宝过程中标记宝藏可能藏匿的地点。

游戏过程：

课件出示标题，配画外音：狡猾的海盗巴博萨将抢夺到的金银财宝藏于加勒比群岛的某个地点，根据藏宝图中的提示找到宝藏的位置(图 9-7)。

第一步，在数对(4，5)处有一座小开曼岛，宝藏距离小开曼岛三步(图 9-8)。

游戏规则：从小开曼岛出发，往任意方向跨出第一步后，只能继续往前走，不可以往回走(图 9-9)。

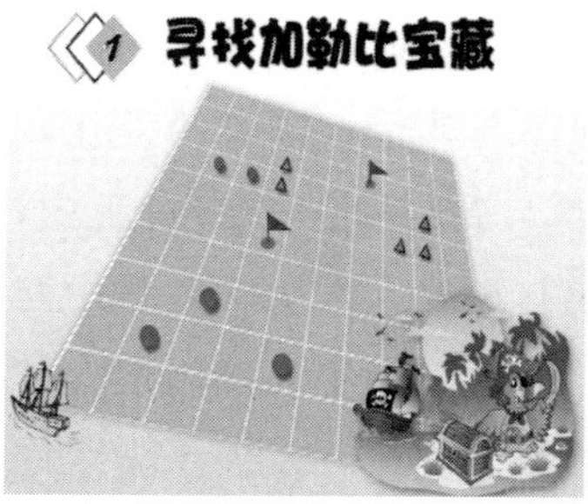

图 9-7

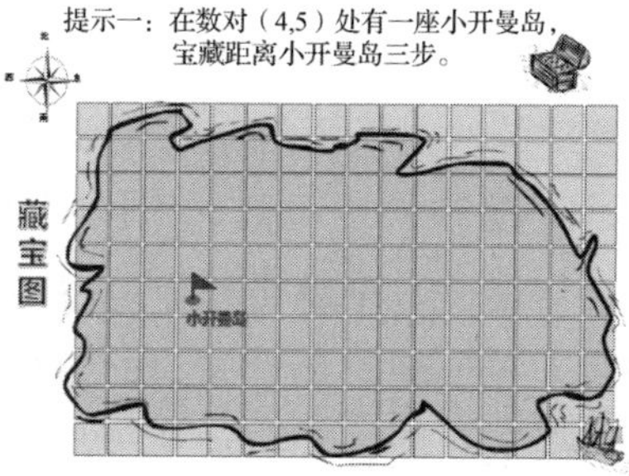

图 9-8

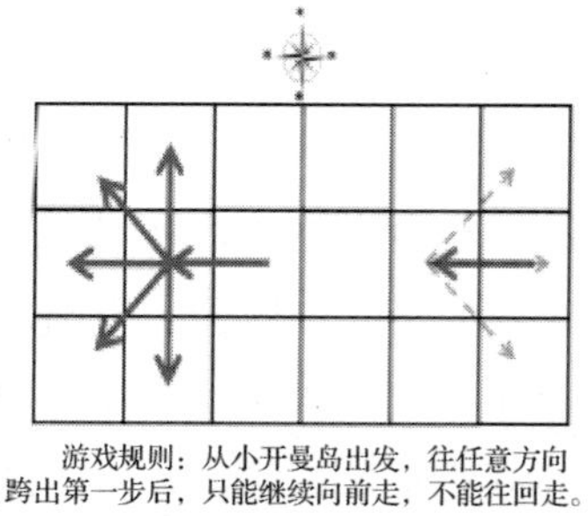

图 9-9

学生首先运用数对的知识确定小开曼岛的位置，接着按照游戏规则找出宝藏可能藏匿的地点，并用圆形红色卡片在方格毯上进行标记。学生用不同的方式描述自己找到宝藏可能藏匿的地点。例如，我找到的宝藏藏匿地点是在小开曼岛的正北方向、东北方向(北偏东 45°方向)；我找到的宝藏藏匿地点用数对表示是(4，8)或(6，3)等。教师适时启发学生反思寻宝过程：你是怎么找到这个位置的？说一说自己寻宝的思路。请学生一边走一边用方向描述自己寻宝的路线，其他学生根据游戏规则对寻宝的过程与结果做出判断评价。学生既要关注自己确定的地点是否符合游戏规则，又要思考自己同伴寻找的地点是否正确(图 9-10)。

第二步，在数对(10，5)处有一座大开曼岛，宝藏距离大开曼岛四步(图 9-11)。按照同样的游戏规则，寻找宝藏可能藏匿的地点，并用绿色三角形在方格毯上标记宝藏可能藏匿的地点(图 9-12)。

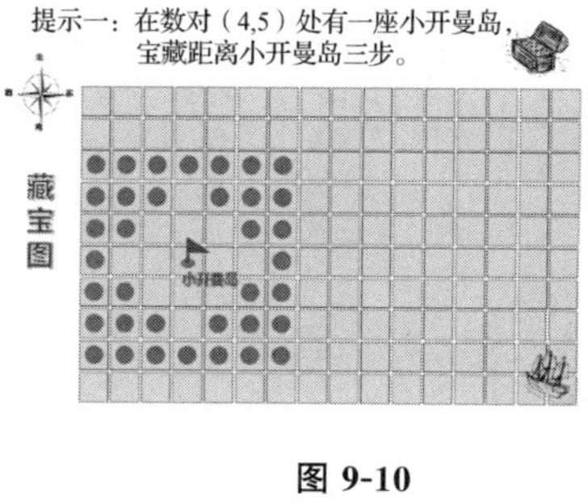

图 9-10

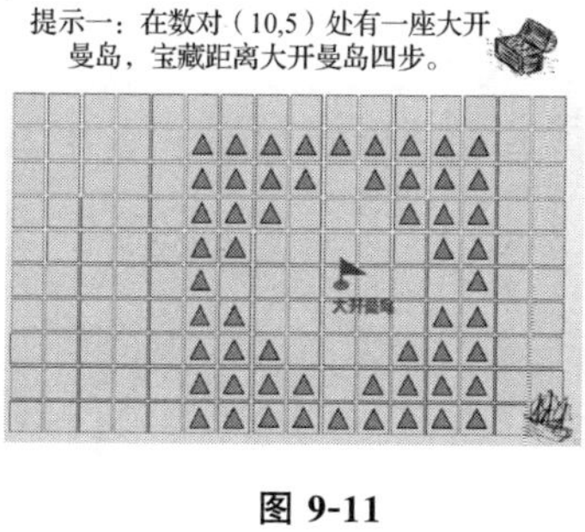

图 9-11

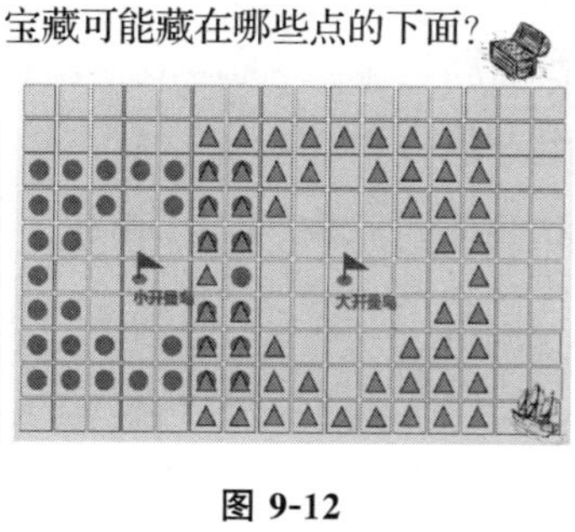

图 9-12

寻宝游戏升级：学生既可以自己寻找、标注宝藏可能藏匿的地点，也可以判断自己的同伴找得对不对，如果认为不对，可以跟同伴商量，得到同伴的认可，才能拿掉。教师及时与学生在游戏过程中互动，启发学生观察思考：当确定大开曼岛的正北方向、东南方向有可能藏着宝藏时，你们能推想出与此对应的哪些点上也可能藏有宝藏？推理的依据是什么？从宝藏藏匿地点的分布来看，发现了什么规律？经过两次寻宝，现在你们认为宝藏可能藏于哪些网格之下？哪些可以排除？为什么？如果将这个游戏继续玩下去，逐步缩小宝藏的范围直到确定宝藏的地点，你们认为可以怎样继续设计藏宝图的提示？

具身学习的根植原则揭示出学习过程的情境化因素，学习是一种"嵌入"身体和环境的活动。"寻找加勒比宝藏"的数学游戏，将数学学习巧妙"嵌入"学生身体，凸显学习的主体实践性，发挥学生直接经验在学习中的重要作用。学生身体又被"嵌入"在方格毯的空间环境和学生人际交往的社会环境之中。学生的数学学习不是一个孤立于个体内部的私有过程。学生在游戏中互动，与他人分享自己的观点，对自己的观点进行修正。身体经验在情境展开中获得实现，学生在这种情境中体验到与知识接触的快乐，体验到身体的意志和归属，情感的心智和理智的心智在这种情境中双双获得成长。

四、数学游戏化学习的设计要点

(一)适宜游戏化学习的内容选择

游戏化学习作为学生数学学习的一种方式，有其区别于其他学习方式的特点，也有其最为适宜的学习对象和内容。显然，并不是所有的教学内容都适合用游戏化学习的方式，但游戏化学习的实践和创造性探索所带来的启发是：一旦"适合"，就意味着游戏化的运用能产生其他学习方式所无法达到的学习效果。

站在小学生的立场来看，数学学习中难免有一些在他们看来感到枯燥无趣或困难重重的部分，这些为游戏化学习方式的运用提供了可能。例如，在计算上要通过一定量的练习达到熟练的程度，可运用游戏化学习方式让学习变得有趣；小学生理解起来较为抽象或复杂的数学概念、规律等，如运用"摸球"游戏理解"可能性"和"可能性大小"；学习内容本身非常适合儿童运用身体来感知和体验的内容，比如让小学生在身体参与的游戏中建立长度、面积、体积、时间、质量等"量感"。

从学习内容分类的角度来看，针对不同类型的学习内容，在教学设计时可重点考虑不同游戏化学习元素的运用。例如，运用故事等游戏化元素进行及时反馈，学习陈述性知识，游戏中的故事元素可以协助大脑对记忆内容进行更丰富的编码，并帮助学生及时回忆事实。程序性知识是一系列的步骤，是关于"怎么办"的知识，对于这类知识可以让学生借助虚拟游戏模式进行分步演练，让学生无拘无束地反复探索。软技能包括一系列的沟通与合作能力、同理心、领导力、倾听、反思等，更多地用来指导学生的社会交往。在涉及需要多人合作的游戏化学习中几乎都有益于发展学生这方面的能力。基于此，教师的游戏化学习设计中应关注学生之间的互动合作，以及师生的共同游戏。

(二)数学游戏化学习的设计要点

数学游戏化学习的设计应基于儿童立场，秉承数学游戏化学习的特点，营造真实、生动、有意义的数学情境，调动学生的手、眼、口、脑和身体等多种器官协同参与学习，促进学生合作交往。数学游戏化学习的设计有如下五个要点。

1. 知识技能与游戏体验的有效融合

数学游戏与数学知识之间存在两种联系：一种是游戏中任务与具体数学问题之间存在一种转化关系，使得两者本质上是一致的；另一种是运用游戏外的数学工具对游戏进行分析研究，可获得更多的数学结论。数学游戏课程打破传统的授课模式，采用活动化学习方式，将教学目标融于生动有趣的游戏情境之中，引导学生在特定规则下经历游戏化的探究过程，获得丰富体验，掌握数学知识、技能与方法。

游戏名称：“跑圈中的秘密”(苏教版数学五年级下册“公倍数和最小公倍数”)

游戏准备：标上不同点数的呼啦圈。

游戏规则：两名同学一组，同时按呼啦圈上的点数走路，红色点为起点，顺时针方向行走，两人同时走到红色点时，伸手和另一位同学击掌。

游戏活动 1：跑圈中的倍数(图 9-13 至图 9-15)。

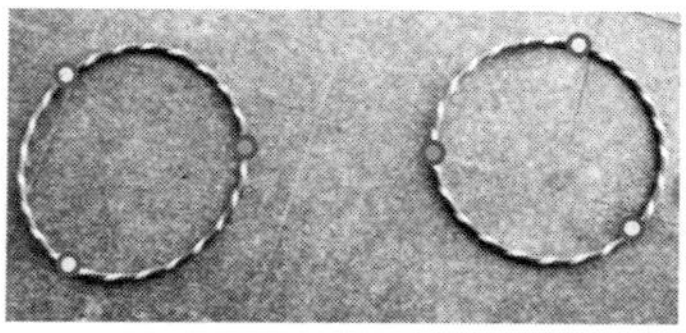

图 9-13　第一轮：3 的倍数

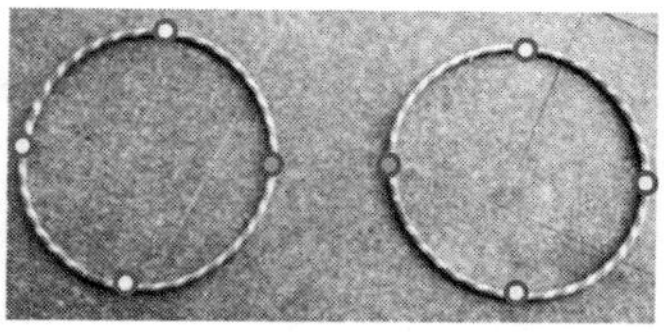

图 9-14　第二轮：4 的倍数

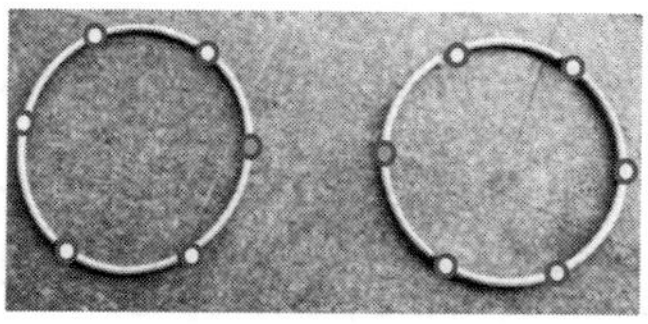

图 9-15　第三轮：6 的倍数

带领学生一起数数提问：第一次击掌会数到几？下一次呢？

游戏活动 2：跑圈中的公倍数(图 9-16 至图 9-18)。

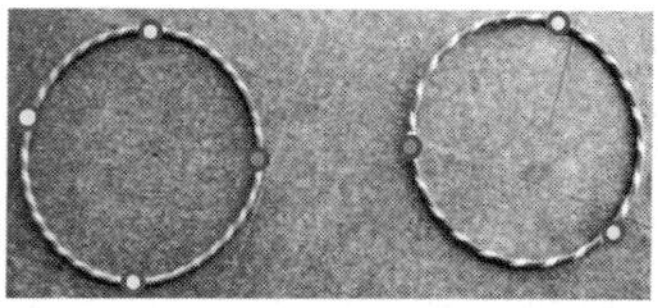

图 9-16　第一轮：3 和 4 的公倍数

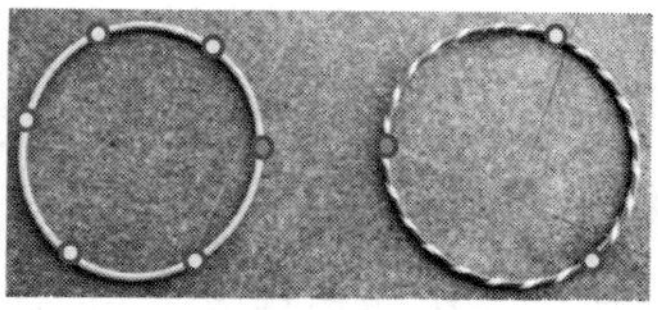

图 9-17　第二轮：3 和 6 的公倍数

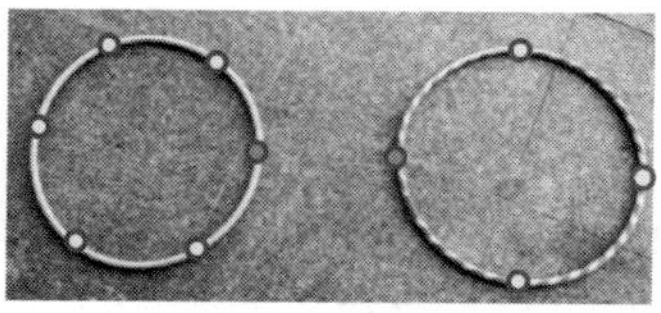

图 9-18　第三轮：4 和 6 的公倍数

带领学生一起数数，提问：第一次击掌会数到几？

猜想：下一次击掌会数到几？再下一次呢？(跑圈验证)

追问：如果一直跑下去，能击掌多少次？能找到最后一个数吗？

游戏活动1，每轮游戏中两只呼啦圈的点数相同，学生分别会在3的倍数、4的倍数和6的倍数时相遇并击掌(图9-19)，有规律的腿部运动让学生对数的周期(倍数概念)感知更加直接，击掌的动作则引发思考：我们会在怎样的数上相遇？倍数的概念在身体的运动过程中自然生成。

图 9-19

游戏活动2，每轮游戏中的两只呼啦圈点数不同，这时引发学生新的思考：我们什么时候会同时来到红色点处？这时产生的数与各自呼啦圈的点数有着怎样的关系？在游戏中，学生逐步体会到，第一次击掌产生的数对应的是两个数的最小公倍数，连续不断的击掌，会产生更多的公倍数，如此循环往复的肢体运动暗含了极限思想。此活动，数学概念的建立依托于丰富的游戏体验，学生的体验越丰富，对数学概念的理解就会越深刻持久。

2. 肢体运动与思维活动的和谐并行

儿童的智慧在指尖，从指尖扩展到整个肢体的运动，可以充分激发儿童的游戏天性。数学游戏化学习融合了观察、操作、跑动等这些外显的肢体运动与猜想、质疑、计算、推理等内在的思维活动，使学生通过肢体运动触发活动体验，感悟数学思想方法。

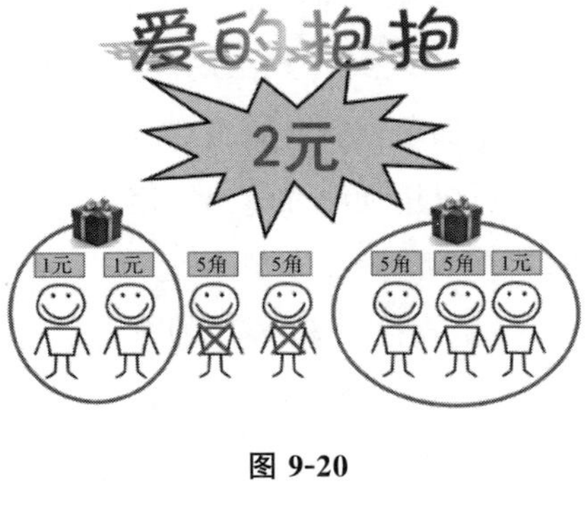

图 9-20

游戏名称：“爱的抱抱”(苏教版数学一年级下册“认识人民币”)(图 9-20)

游戏准备：标有不同面值标签的帽子若干。

游戏规则：小朋友们佩戴标有不同面值标签的帽子，根据指定的商品价格寻找队友并迅速抱成一团。比如，给出的价格是 2 元，在规定的时间内，抱成团的所有成员帽子上的面值的总和如果正好是 2 元即成功，不成功的小朋友则被淘汰(图 9-21、图 9-22)。

第一轮：6 元(油画棒)(参与游戏人数：9 人，其中 1 个 5 元，7 个 1 元，1 个 10 元)

研究多种组合方式。

讨论：用 10 元如何购买此商品？设计 10 减 4 的组合方式。(小组活动)

第二轮：1 元 5 角(自动铅笔)(参与游戏人数：11 人，其中 1 个 1 元，4 个 5 角，5 个 1 角，1 个 5 元)

研究多种组合方式，给游戏失败的成员重新寻找队友的机会。

讨论：一张 5 元可以换成几张 1 元？从 5 元中去掉多少就会得到 1 元 5 角？(小组活动)

图 9-21

图 9-22

这个游戏需要肢体运动与大脑思考同步运行。学生在急切寻找队友的过程中大脑进行快速运算，呈现出自发、积极、主动的思维状态，多样化组合方式的讨论巩固了与人民币相关的知识要点，激活了生活经验。在此过程中给予学生重新寻找队友获得成功的机会，是对学生学习情感的细腻呵护，在丰富的体验与感受中，进一步巩固学生数的大小、数的比较、数的运算、十进制计数法以及与人民币有关的经验。学生时而兴奋，时而失落，时而疑惑不解，时而茅塞顿开，突破固有的思维定式：“原来，组合方法是可以多种多样的，原来，不但可以用加法计算出指定商品的价格，有时还能做减法”。

3. 冷静思考与热情参与的有机结合

动静相宜是数学游戏化学习呈现的一种最佳的学习状态。学生既要能够生动活泼地参与游戏，也要能够适时停下专注于数学思考，这就需要教师及时地引导与巧妙地设计。规则是游戏活动的核心，当学生兴致勃勃以至于忘乎所以时，需组织学生停下思考：你遵守规则了吗？这里出现问题的原因是什么？这里我们需要注意些什么呢？下一步我们该怎么做？你是怎么想的呢？

游戏名称：“小组对对碰”(苏教版数学五年级下册“和的奇偶性”)

游戏准备：全班 45 名学生分成 6 组，人数分别为 5，6，7，8，9，10(图 9-23)。

游戏规则：根据给出的提示交换位置，交换成功得一分。

游戏活动 1：在本组内两两交换座位，每人只能与任意一个人交换一次座位。

游戏活动 2：任意两组自由组合，每人只能与任意一个人交换一次座位。

图 9-23

这个游戏中，学生对游戏规则的理解至关重要。两次活动的规则有相同之处，也有不同点。学生需理解“每人只能与任意一个人交换一次座位”这一规则的含义，也需关注到两次活动不同的范围要求。

游戏活动 1 中，学生发现人数分别是 6，8，10 的这三组都能按要求换好座位，而人数分别是 5，7，9 的这三组中都分别有一人无法跟别人换座位。这时需组织学生停下思考：为什么会出现这样的情况？你发现了什么？在观察、分析、对比中初步建立“奇数与偶数”的概念。

游戏活动 2 中，小组间的互相选择是游戏的关键，当学生的选择出现偏差必然会导致游戏的失败。失败也是一种重要的体验，这时可以组织学生从失败的结果进行反思：游戏中哪个环节出了问题？导致失败的根本原因在哪里？选择怎样的小组进行合作才能顺利完成游戏任务？通过一系列的提问引发学生思考，逐步积累活动经验，在不断反思、纠错与调整的过程中加深对“和的奇偶性”的进一步认知。

4. 团结协作与竞争博弈的交织共进

游戏中需要团结协作，也少不了竞争和博弈。数学游戏化学习常常是多数人参与的集体活动，能遵守一定的游戏规则并取得游戏的胜利，体现的是团队成员的集体智慧。在游戏中加入竞争和博弈的元素，会让游戏过程更具挑战性，激发学生团队参与学习活动的热情，获得更加深刻的活动体验。

游戏名称：“抢数游戏”(苏教版数学三年级下册“算‘24 点’”)

游戏准备：数卡 1～100(图 9-24)。

游戏规则：A，B，C 三组各派 3 名成员，每名成员选取一张数卡，每组共选取三个数卡运用加减乘除计算出“24”可得 1 分，已选取的数卡下一轮不可再用，得分最高的小组获胜(图 9-25)。

1	2	3	4	5	6	7	8	9	10
11	12	13	14	15	16	17	18	19	20
21	22	23	24	25	26	27	28	29	30
31	32	33	34	35	36	37	38	39	40
41	42	43	44	45	46	47	48	49	50
51	52	53	54	55	56	57	58	59	60
61	62	63	64	65	66	67	68	69	70
71	72	73	74	75	76	77	78	79	80
81	82	83	84	85	86	87	88	89	90
91	92	93	94	95	96	97	98	99	100

图 9-24

图 9-25

在“抢数”这个游戏中，学生需具备一定的团队意识，既要关注自己选取的数卡，也要关注本小组其他成员的选择。在实际活动中，很多孩子发现，先经过集体讨论再选取数卡是比较快速有效的方法。在此过程中，常常会发生这样的情况，自己的动作慢了一步，心里想好的数卡突然被另一组成员“抢”走，这时整个小组就需要重新进行讨论，制定新的方案选取其他数卡进行组合。所以，要在紧张激烈的游戏中获胜，关键不仅在于个人大脑的运算速度，而且需要团队成员的互相协作。

由于已选取的数卡不可再用，随着比赛中数卡的逐步减少，游戏的难度逐渐升级，在数量越来越有限的数卡中选取三个数并能通过运算得到“24”，对于游戏中的学生来说是比较大的挑战。教师会发现，学生的肢体动作开始变慢，一个个专注于思考的神情说明了大脑内部思维的飞快运转，在此过程中总会有那么几个学生突然间茅塞顿开，发出快乐的叫喊，于是本组的三个学生快速聚集，激动地挑出了他们需要的数卡。此刻的学生处于积极主动的思维状态，具有挑战性的游戏任务激发了他们的参与热情。小组内团结协作，小组间竞争博弈，丰富了学生的活动体验，让他们感受到了思考的乐趣，获得学习的成就感与满足感。

5. 游戏规则的交互制定与生动呈现

数学游戏化学习能否顺利，首先游戏规则要制定严密、简单易懂。根据学生认知发展水平和融入的数学知识特点，游戏前要首先明确游戏规则，确保所有学生参与游戏。游戏规则的设计可以是开放的，学生也可以参与到游戏规则的设计中，由学生参与规则制定有助于学生自主选择游戏玩法和难度系数。关于游戏规则的介绍可以使用以下策略：①动画演示法(也可以采用视频方式演示)。运用动画演示更直观和形象，可以在较短时间内让学生了解游戏的规则，也能瞬间点燃学生参与数学游戏的热情。②图文介绍法(图 9-26、图 9-27)。变枯燥的文本叙述为形象的图片介绍，可采用图文并茂三联画或四联画的形式呈现，分层出示游戏的步骤，更便于学生理解规则和注意事项。例如，苏教版数学一年级上册“7 的分与合”数学游戏课中用四联画的方式呈现游戏规则。③音频介绍法。在数学游戏活动中，某些游戏规则复杂或注意事项较多时，可事先录制好音频插入课件中，清晰的音频介绍也是学生了解规则的有效途径之一。音频介绍法和图文介绍配合使用效果会更好。

图 9-26

图 9-27

本章小结

数学探究学习是指学生通过主动探索相对独立地做出科学发现或创造，包括由此而获得科学活动的实际体验和经验。探究学习突出强调了学生的主动参与，使学生切实处于主体地位。但在实施探究学习时，避免片面强调探究学习，而应明确肯定文化继承的重要性，重视数学活动的内化，重视对已建立的知识和认识认真反思。

在设计探究学习时，除了要考虑探究的必要性、探究的内容，还要认真思考探究路径的设计，包括探究的起点要具有问题性、探究的过程要具有参与性、探究结果的获得要具有自主性、探究的环境要具有开放性、探究的结果要具有反思性等。

有效合作学习的教学目标是合作目标、设计目标、课堂教学目标的有机统一；合作学习的内容是学科知识与合作知识的融合，是过程与结果的统一；合作学习的基础，需要充分了解学情，促成积极合作意愿；合作学习的成果是学生认知与身份的共同发展。

在设计合作学习时，除了要考虑合作的必要性、合作的内容，还要考虑合作学习的时机，常常在独立思考受困时、解题策略多样时、观点意见不一时、单独操作困难时，选择合作学习。

数学游戏化学习是促进学生核心素养发展的一种重要的学习方式，它将数学教学目标转化为游戏本身的内容和规则，让学生在游戏过程中主动获得数学知识与技能，积累数学活动经验，感悟数学思想方法。数学游戏化学习遵循身心一体原则、心智统一原则和根植原则。

在设计数学游戏化学习时，首先要明确并不是所有的教学内容都适合用游戏化学习的方式，其次数学游戏化学习的设计应基于学生立场，关注以下要点：知识技能与游戏体验的有效融合；肢体运动与思维活动的和谐并行；冷静思考与热情参与的有机结合；团结协作与竞争博弈的交织共进；游戏规则的交互制定与生动呈现。

章后练习

1. 什么是数学探究学习？
2. 设计数学探究学习时要注意什么？
3. 什么是数学合作学习？
4. 设计合作学习时要注意什么？
5. 什么是数学游戏化学习？
6. 设计数学游戏化学习时要注意什么？

拓展阅读

1. 郑毓信，吴晓红．数学探究学习之省思．中学数学月刊，2005(2).

2. 吴晓红，宋磊，张冬梅，束艳．什么是有效的合作学习——基于“米的认识”的解读．课程·教材·教法，2012(8).

3. 王鉴．合作学习的形式、实质与问题反思——关于合作学习的课堂志研究．课程·教材·教法，2004(8).

4. 马红亮．合作学习的内涵、要素和意义．外国教育研究，2003(5).

5. 马兰．合作学习的价值内涵．课程·教材·教法，2004(4).

6. 叶浩生．身体与学习：具身认知及其对传统教育观的挑战．教育研究，2015(4).

7. 邱关军．从离身到具身：当代教学思维方式的转型．教育理论与实践，2013(1).

8.[丹麦]亨宁·安德森．爱上数学：在游戏中与数学相遇．周悬，译．天津：天津教育出版社，2012.

9. 崔伟啟，谢明初．数学游戏的教育功能探讨．广东第二师范学院学报，2015(3).

10. 王海燕．数学内涵游戏：基于 2011 版课标视域下的儿童观照．江苏教育，2015(5).

第十章

数学课堂学习评价设计

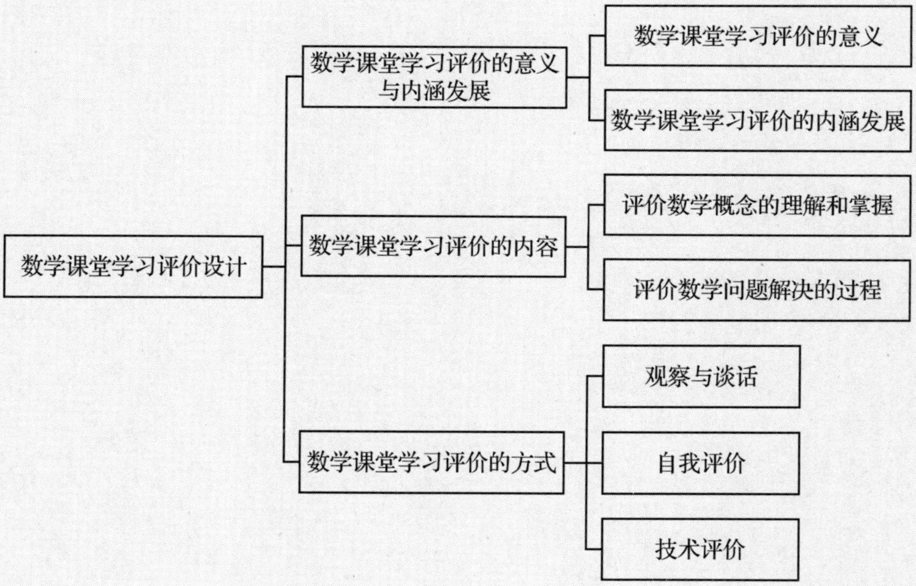

本章概述

本章共有三节，第一节阐明了数学课堂学习评价的意义与内涵发展。第二节指出了数学课堂学习评价的两个重要内容，即学生对数学概念的理解和问题解决的过程。第三节说明了进行数学教学课堂学习评价的几种方式，包括经典的观察与谈话、当下流行的自我评价及技术支持下的课堂评价技能。

章前导语

2020 年，中央全面深化改革委员会第十四次会议审议通过的《深化新时代教育评价改革总体方案》明确提出，针对不同主体和不同学段、不同类型教育特点，改进结果评价，强化过程评价，探索增值评价，健全综合评价。教育评价被提到空前重要的地位上来，课堂学习评价是评价改革的重要阵地，然而课堂学习评价并没有引起教师的足够关注，大部分教师对课堂评价的认识还不够全面正确，评什么？怎么评？如何将评价有意识地融合在教学全过程？这些问题的回答，对于学生数学学习方式的改革具有重要意义，也对教师提高教学技能具有特殊价值。

第一节 数学课堂学习评价的意义与内涵发展

学习评价思想的产生源远流长。早在我国西周时期，“太学”就已经建立了系统的评价制度，但现代教育评价理论起源于西方。教育家泰勒认为，评价是课堂管理中的一个重要环节。它的本质是确定课程或教学大纲中的教育目标在实践中实现程度的过程。无论是一门课程的教学，还是一个单元乃至一节课的教学，教师都要对照预期目标考查学生达成的程度。

评价贯穿课堂教学的全过程，评价与教学相互融合、相互依赖、相互促进的关系一直以来没有受到应有的关注。实际上，评价是教学的有机组成部分。通过评价，教师们才能持续不断地获得学情，及时诊断学生达成预期目标的程度，从而做出正确的决策，并采取适当的教学调整。因此，一个高效的、专业的教师，不仅仅会钻研教学，也要会评价教学。

一、数学课堂学习评价的意义

(一)提供学生学习过程的全面信息

因材施教是高效教学的前提，准确掌握动态学情是因材施教的基础，评价活动是掌握学情的重要手段。评价活动从教学前一直持续到教学后。评价内容包括确定学生已经掌握了什么，还有什么应该掌握而没有掌握，掌握到什么程度等。这些内容不仅包括知识与技能，还包括学生学习的兴趣、态度、习惯、情意等。评价除了提供学生个体学习状态的信息，还给出了整体学习状况，使得学生个体通过在整体中的比较获取自信或动力。

(二)根据信息管理教学并做出适当决策

任何决策都是基于已有信息做出的分析和判断，评价是对学生达成既定目标的程度判断，教师根据评价提供的信息决定接下来教什么、怎么教，学生也才知道学什么、怎么学。同时，这些信息也将提供给学校、家长、教育部门及社会，进而从各个方面做出更利于学生成长的决策和制度等。

(三)采取有效的调整行动，及时促进学生发展

评价活动的过程不是一个单向、孤立的过程，而是一个包括了获取信息－决策－行动－再次评价的循环、动态的过程。因此，获取动态信息后所采取的决策和调整行为都属于评价活动。行动是否有效改善和促进了学生发展，仍然需要评价给出结论。

二、数学课堂学习评价的内涵发展

课堂评价是指教师引发和解释学生学习的证据(信息)，并利用这些证据(信息)来指导后续行动所进行的活动。评价可以分为终结性评价和形成性评价。终结性评价是对学生某阶段学习结果的评价，可以看作静态的评价，常常表现为纸笔测验，课堂上的评价活动是动态的，主要是指形成性评价，形成性评价方式更加灵活多样。

一般认为，形成性评价是促进学习的评价，终结性评价是考查学习结果的评价。总体来说，形成性评价侧重于即时性、参与式、灵活度高的非正式反馈。终结性评价以记录学生成绩为导向，侧重于固定、非参与式、结构化的正式考试，能够对阶段性的教学效果进行记录。齐泽克进一步提出了两者的区分标准，认为满足两条标准即可以称为终结性评价：第一，在一定教学阶段之后进行。例如，在一单元、学期、学年结束之后进行。第二，其目的主要是收集学生和项目的绩效。因此，终结性评价的主要目标是掌握现有成绩，以便用于决策制定、打分、奖惩或者颁发证书等。与此相对，形成性评价则更加注重对个体的诊断，提供有价值的反馈意见，具体要满足两条标准：第一，在教学或者一定教学阶段当中；第二，主要目的是判断学生的强弱项，为教师接下来的教学提供前瞻性指导，帮助学生调节学习过程、提高学生自评与自主学习能力。

终结性评价与形成性评价并非对立关系。布莱克等人指出，如果终结性评价能够促进学生成绩，帮助学生发现不足、进行自我反思，也能够发挥一定的形成性评价作用，而如果划归到形成性评价的手段和方法并没有起到促进学习的作用，也不足以称

为形成性评价。因此我们在认识到两者之间差别的同时，也应理解两者的关联。换句话说，对形成性评价与终结性评价的划分目的是更好地认识与理解评价的类型与作用，如果孤立地看待两者的关系，或是刻板地认为两者之间存在不可磨灭的界限，也就丧失了概念提出的意义和价值。①

在核心素养背景下，教育评价更强调形成性评价，我国《基础教育课程改革纲要（试行）》中指出，“改变课程评价过分强调甄别与选拔的功能，发挥评价促进学生发展，教师提高和改进教学实践的功能。”中小学教师要全面领会课改精神，深入理解和贯彻发展性评价新理念，并将其落实到具体的教育实践之中。具体包括：第一，改变过去过分强调甄别与选拔的做法，将评价功能定位于促进学生的学以及教师的教，充分发挥评价的发展性功能。第二，评价内容多元化，既要重视知识与技能的掌握，又要重视其他能力与特质的评价，尤其要加强探究与创新能力、合作能力、实践能力等方面的评价。第三，重视学生在评价过程中的主体地位，改变单一由教师评价学生的状况，使学生评价成为教师、学生、家长共同积极参与的交互活动，实现评价主体的多元化。第四，改变将考试作为唯一评价手段、过分注重分数的做法，积极探索表现性评价、成长记录袋等新兴评价方式，提高评价的有效性与可靠性。第五，不仅要注重结果，更要注重发展和变化过程，把终结性评价与形成性评价有机地结合起来。②

第二节
数学课堂学习评价的内容

数学概念是组成数学知识的最小元素，也是学习新知识的关键教学点，而问题解决是联结这些概念并将其灵活运用以提高学生各种能力的过程，所以，对数学概念学习的评价和对数学问题解决的评价是数学课堂上最主要的两个方面。

一、评价数学概念的理解和掌握

设计数学概念评价的任务要点有如下 4 条。

第一，评价学生是否能对数学对象或数学结构进行分类和界定，并进行解释。

例如，“周长”是小学数学“图形与几何”领域的一项重要学习内容，对于培养学生的

① 王烁、宗序连：《形成性评价的理论内涵与实践反思》，载《教学与管理》，2020(15)。

② 赵德成：《促进教学的测验与评价》，25～26 页，上海，华东师范大学出版社，2018。

空间观念和度量意识有重要的意义。但学生学习后经常会出现面与周、面积与周长、面积单位与长度单位混淆的现象。下面是数学名师吴正宪在上这节课时的一些片段。上课伊始，教师设计如下问题，对学生状况进行评估。

片段 1：

师：刚才你们自己都摸到了图形的面与周，面和周是一回事儿吗？

生：(纷纷摇头)不是。

师：小组讨论交流，说说自己的想法。

生 1：面就是表面，周就是旁边。

生 2：周就是边界，面在里边。

生 3：周是图形一圈的边界。

生 4：我认为周包围着面。

师：周包围着面，你们懂他的意思吗？

生 4：就是面在周的里边，周在面的外边。

评：教室里响起了掌声，学生对面与周这两个数学概念有了进一步的区分。

第二，能在数学概念和表征之间建立联系，表现在能用图、表、公式等对概念进行解释和表达，能自如地对各种表征进行转换。

片段 2：

师：请大家仔细观察，我们把这个正方形一周的边线完完整整地取下来，想一想：从哪里开始，到哪里结束？学生带着疑惑的目光看着吴老师，似乎不太相信："一周的边线在哪里？怎么能取下来呢？"学生带着好奇期待着……只见吴老师从选定的起点开始，慢慢地把事先粘贴好的不易察觉的边线一点一点往下剥，一边剥还一边问："几条边了？"随着吴老师剥，学生数着："1 条边、2 条边、3 条边。"剥完 3 条边时，吴老师停下来问："现在是一周吗？"

生：不是。

吴老师继续剥，当剥下最后一条边线，回到起点时，学生兴奋地喊："停，正好是一周了！"

师：这一周是由几条边围成的？

生：4 条边。

吴老师将剥下来的边线贴在黑板上，边贴边说："这本来是我们不容易看到的，但是这条细细的边线就这样被我们一点一点地剥下来了。这条线段是这个正方形的什么呢？"

生：一周。

评：将"周"这个用文字表征的概念，和它的实质含义，即正方形的 4 条边之间，建立了准确的对应关系，这是文字表征和图形表征之间进行转换的基础。

第三，能验证或证明数学猜想、数学过程或联系。对不同水平的学生，表现在能提出或验证猜想和过程，或给出正例或反例来证真或证伪，以及给出自己的观点解释猜想或过程的合理性。

片段3：

（在明白了面与周的区别后，吴老师没有停止追问，继续引导学生摸一摸面、指一指周，并说说它们之间的联系）

生5：面是平平的一大片。

生6：周好像是细细的一条线。

生7：面是平的，周是弯弯的一圈。

师：看来面是面，周是周，它们之间没有关系。同意吗？

生8：不同意！周在面的身上，周把面包上了。

生9：没有面就没有周，没有周也就没有面。

生10：周和面不能分家，它们谁也离不开谁，是连在一起的一对好朋友。

师：（面露笑容）正像你们所说的，它们不一样。面是平平的面，周像一条细细的线，首尾相接围拢着面，面是面，周是周。可是，你们又发现面在周的里面，周在面的外面，它们像一对亲密的兄弟。看来面与周既可以分得明明白白，又可以连得紧紧密密。

生：它们有分又有合。

师：你们的感觉好极了！今天我们就一起来研究这些大小不一样的平面图形上的周。

评："面与周没有联系"的猜想由老师提出，学生对此进行说理反驳。

第四，能在数学情境中分析相关概念关系或结构。

片段4：

吴老师指着正方形接着问："这是根据一块正方形的手绢画出的图形，现在想在手绢的一周缝上一条彩色的花边儿。你们最想知道什么？"

生：这一周的花边儿有多长？

师：要想知道一周有多长，有什么办法？

生：得用尺子量一量。

（学生已有测量线段的经验被激活）在吴老师的引导下，学生量出剥下来的一周边线长78厘米。随即将测量的数据记录在黑板上。

师：这78厘米表示什么意思？

生：这条线段长78厘米。

师：这可不是随随便便的一条线段，这条线段是从哪里剥下来的？这78厘米表示什么意思？

生：这条线段是从正方形一周剥下来的，78 厘米是正方形一周的长度。

师：太好了，你能给这个长度起个名字吗？

生：正方形一周的长度。

师：好，正方形一周边线的长度，我们就说是正方形的周长。（板书：正方形的周长）①

评：学生能在这个具体数学情境中，分析出手绢的周长。

二、评价数学问题解决的过程

对数学问题解决的评价主要关注两点：一是学生提出问题的能力；二是学生解决问题的能力。数学问题提出能力对于学生来说是指：第一，学生能够根据已有情境提出包括数学表达式和数学图表的数学问题；第二，学生能添加合理信息重新构造原有问题。提出问题和解决问题的行为是课标中的“四能”(发现问题的能力、提出问题的能力、分析问题的能力、解决问题的能力)在课堂上的主要体现。

学生提问过程体现的是他们创造性思维的认知活动。教师提出问题是促进学生概念理解的重要手段。而数学问题解决，不仅仅是解决数学问题的结果，整个数学学习与解题过程，都是在解决问题。作为评估的重要内容，能够通过提出问题的类型来有效评估学生的概念理解情况。通过数学问题解决的策略，有效评估学生各种能力，从而间接促进学生认知能力，甚至合作探究等能力。

例如，“平均数”是小学阶段一个看起来简单，却饱含深意的重要数学概念。其含义可从算术理解和统计理解两个角度来理解。怎样通过问题解决的过程评估学生掌握概念的程度呢？可以通过设计这样的任务：“小明的 10 项测试的平均分是 87 分，教师去掉最高分 95 分和最低分 55 分，剩下分数的平均分是多少？说明你是如何得到答案的?”来观察学生提出问题和解决问题的能力。就提问能力来说，可以从学生能否提出数学问题、能否提出更加具有新意的问题以及具体能够提出怎样情境的问题三个层次进行评价。就学生问题解决的表现来说，可从问题解答的准确性、解题策略、表征模式三个方面进行评价。还可以从提出问题的性质进行评价，例如，判断学生提出的问题是属于“求和”“比较”“分配”“平均”“表征”“最值”“判断”中的哪一类问题，判断学生解决如上“平均数”的策略是属于“平均数公式”“均分”“试误”中的哪一种策略，这些都对更好地掌握学生概念理解程度提供了信息。②

---

① 吴正宪、王秀杰、张丽：《“一剥、一量”识周长——“面与周长”课堂教学实录与评析》，载《小学教学(数学版)》，2020(7-8)。

② 宋乃庆、胡睿、蔡金法：《用问题提出和问题解决测试小学生对平均数的理解》，载《数学教育学报》，2020(3)。

第三节
数学课堂学习评价的方式

一、观察与谈话

评价一词源自西方，“assessment”来源于拉丁词 assidere，意思是“坐在旁边或在一起”。它的起源表明，评估是一个与学生“在一起”的过程，而不仅仅是“针对”学生。有人认为“评估和学习之间的交融关系是提升或降低教育质量最为关键的要素”。数学教学的评价策略丰富多样，有经典的课堂评价方法，如观察、现场谈话、作业收集与展示等，还有些近年流行的评价方法，如项目示范、自我评估、数学日记等。观察和谈话是大部分教师经常使用的方法，它们的特征是瞬息即逝的、短暂的，但这些短暂的信息很重要，因为它们就是教师洞察到的内容，并在教学活动中支配着教师的决定。从教学技能的角度来看，教师要考虑三个重要问题：如何设计适合观察和对话的情境？如何解释从观察和对话中收集到的信息？如何处理从观察和对话中解释出来的内容？

如上三个问题涉及三项技能，包括如何引发儿童思维、如何解读儿童思维、如何对儿童思维做出回应。

(一)如何引发儿童思维

引发儿童思维要思考两个问题：如何引发？引出什么？课堂上的瞬时学况信息可能是有意产生的，也可能是偶然产生的。有意产生的信息需要教师提前计划，课堂上引发儿童思维的主要方式是观察和谈话，教师可以通过活动、提问以及提示来做到这一点。

首先，教师可以设计师生互动活动、生生互动活动、全班集体活动等来获取信息。活动过程中可能产生预料的信息，也可能产生预料之外的信息，对偶发信息教师需要有一定的敏感性，能及时觉察和处理出乎自己预料的活动结果。

其次，问题是数学的心脏，问题是驱动数学课堂学习的有力方式，但提问的方式是很复杂、很专业的过程。有很多教师使用的问题只涉及对已有知识的回忆，这类问题的本质是封闭式问题，不利于课堂对话的展开。因此，问题的设置要多考虑探索性的和开放性的问题，为学生对话创造丰富的机会。例如，在学习三位加法时，教师出示了一幅有两层座位的音乐厅情境，分别给出了楼上、楼下座位的数量，请学生提出问题。这就是一个比较开放的问题，学生可以提出加法问题，也可以提出减法问题。在座位数量的设计上，加法涉及学生还没有学习的连续进位。如果教师直接给出一个问题：楼上、楼下共多少座位？则变成一个封闭问题。需要注意的是，这里强调问题的开放性，但数学课堂上的提问往往是多种类型的混合，并非所有的问题都是探索性和开放性的。

最后，提示是引发思维的另一种重要方式，它往往发生在提问后的探索过程中。学生在完成一项任务时会相互讨论，教师可以鼓励学生进行比较或进一步思考或要求学生详细阐述其发言背后的数学原理或依据来引出更多的信息。

我们在教室里所引发的信息是很丰富的，关于学生的思维，不仅仅包含数学思考，还包括听学生说了什么，看学生做了什么。在这个过程中，教师也在接收其他的隐性线索，如肢体语言、眼神交流、言语不流利……教师不仅要全面了解学生的思维过程，还要捕捉他们的心理状态，这对于正确理解和帮助学生是很重要的。特别要注意的是，在这些信息中，有些是诱发的，有些是偶发的，诱发的信息基本都在教师的预料之中，但课堂上转瞬即逝的片刻，很多偶然的但是重要的信息可能会被教师忽略，如果教师打心眼里不欢迎这些信息，学生就无法获得暴露思维的机会。

(二)如何解读儿童思维

首先，在瞬息万变的课堂上，教师不可能在同一时刻关注每一个细节。教师获取的信息量是有限的，要去全面掌握每个学生正在做什么、写什么、为什么做、为什么写……是困难的。但是每个优秀的教师一定会比普通老师能听到更多的声音、看到更多的表情和神态，在瞬息万变的每个时刻获取到更多的信息。有经验的教师往往能更多地获取到信息，因为他们把更多注意力放在学生身上，而新手老师则更关注自己教得怎么样及向学生寻找自己想要的答案而错过很多重要的信息。

其次，解读儿童思维需要整合所有的信息。这些信息不仅仅是当下所得到的，还结合了前期及课下对学生个体或整体状态的了解，这就是为什么有经验的教师在课堂上更能激发出学生精彩的想法，因为他们更好地理解了学生。

最后，对于低年级的学生，解读的时候可能需要教师“口译”。由于低年级学生表达能力不强，往往不能准确完整地表达自己的观点和想法，这就需要教师基于所获取的信息，用自己丰富、完善的语言系统帮助儿童表达自己的想法，有时候可能需要教师提供多种意思表达供儿童选择，以确认他们的真正想法。但这并不意味着替代学生，不给学生表达的机会。当然，“口译”不是唯一的翻译方式，肢体语言和操作活动同样也是帮助解读儿童思维的方式。

(三)如何对儿童思维做出回应

回应阶段调控着课程的走向和速率，回应的形式有肯定和点拨两种。对正确的思维，教师要给予肯定的表扬，关键地方的表扬甚至需要向全班重复；对于欠缺的回答，则需要不断的点拨和引导，追问学生激发更深的思考。无论哪种回应都不是一个阶段的结束，而是课程推进过程中的环节，回应既是对前面问题的回答，也是对后面问题的铺垫。教师总是根据回应的结果决定下一步的走向以及调整内容的难度和停留的时间，整个评价活动就是这样贯穿教学全过程的。

在课堂上通过观察和谈话进行评价活动是一个非常复杂的过程，这种复杂性一方面来自信息类型的复杂性。我们不仅要关注学生考虑了什么数学内容，还要关注他们是如何思考的，在这个学习的过程中还糅合着大量的人际关系。例如，师生关系的融洽、同学之间合作与竞争的关系，每个学生的已有经历和当下的状态等，都需要教师进行关注、分辨和整合。作为教师，要认识到这种复杂性。这种复杂性提供了许多可能性，教师可以跟踪、反思和学习，在实践中快速成长，提高做出瞬时决定的能力。

二、自我评价

课堂评价虽然生动，但教师并不能准确评价到每一个个体。作为对课堂评价的补充，自我评价是一个有益的方式。自我评价可以在课前(预测性)、课中(即时性)、课后(终结性)任何一个时期进行，核心素养背景下，更加强调学生主动性及“先学后教”的理念，所以，当下比较流行在课前制作预习单。预习活动并不陌生，课前预习单是对预习活动的进一步发展，它使预习活动有了更加明确的目标、明确的重点和清晰的指导。

例如，在“圆柱的侧面积”一课的教学中，教师设计了如下预习单。

忆一忆：圆的周长公式、圆的面积公式。

练一练：1. 半径是3厘米，圆的周长、面积各多少？

2. 直径是10分米，圆的周长、面积各多少？

3. 圆的周长是12.56厘米，面积是多少？

读一读：把数学课本的内容认真地读一读。

剪一剪：圆柱的侧面展开是什么图形？动手剪一剪，如何计算圆柱的侧面积？

问一问：通过自学，你还有什么疑问？请把它写下来。

找一找：生活中，计算圆柱的侧面积的实际意义。

试一试：圆柱的底面周长是 6.28 厘米，高是 4.5 厘米，求它的侧面积。

圆柱的底面直径是 12 厘米，高是 10 厘米，求它的侧面积。①

在预习单的制作过程中，需要注意以下几点。

(一)预习单内容既要评估应该掌握的内容，又要评估自学的内容

这份预习单的任务包括复习和预习两部分，其中“忆一忆”“练一练”是复习环节，需要学生提取原有的知识储备，这是计算圆柱侧面积的基础知识，评估学生应该掌握的内容。预习包括“读一读”“剪一剪”“问一问”“找一找”“试一试”五个环节。“读一读”给学生下达了预习的具体活动，“剪一剪”让学生在操作中进行独立探索，独立探索过程必然会产生很多疑问和挑战，因此，接下来的“问一问”给学生明确疑惑并清晰表达的机会。

(二)预习单制作要点要与教学目标紧密契合

预习单的内容不可过多，完成要求不可过高，点到即止，达到评价学生当前水平的目的即可。“找一找”环节开阔学生思维。“试一试”环节要求比较高，供学生进行初步的思考，但明确了新课的主要认知目标就可以了，同时有助于检测预习的结果，又有利于培养学生的自我评估能力。

(三)预习单制作要利于课堂对话的展开

评价是一个系统的过程，如前所述，过去评价的结果决定了当下的决策，当下评价的结果决定了后面活动的方向。预习单评价要为课堂评价做准备。学生在自我评估和学习的基础上，在课堂上充分交流学习的收获，输出自己所获，专注他人贡献，解决自己疑惑，人人参与讨论，共同推进深入。

三、技术评价

近几十年来，人们对学习评价的价值赋予了越来越高的期望，借助技术提高课堂评价的需要越来越被教师看好。通过在课堂上观察和倾听学生，反思所获得的见解，教师才能更好地理解学生如何学习数学，才能更好地把握整个教室的学习进度。对于学生来说，技术为他们创造了沉浸式学习环境，为学生的行为、思考和理解提供了强有力的线索，提供适当的支持解决学生的需求，支持积极的学生思维习惯，为问题寻

① 余红连：《基于课例的数学预习单策略研究——农村小学中高段数学“前置性学习单”的开发和使用》，载《科学咨询(教育科研)》，2018(6)。

求新的表征方式，为他们提供即时反馈，在深入理解概念的道路上指明方向；鼓励他们反思和监控自己的进步，帮助他们比较不同的解决策略，解释和描述问题解决策略，突出解决问题的过程，用技术保留学生的整个学习路程，从而使学生的思考过程可见。同时，技术也提供了独立和合作学习的机会，使大多数学生参与活动，引发更积极的讨论，使课堂话语本身成为课堂学习的资源。

近些年，我国教育部门在信息技术方面的投入比例越来越大。很多大中小学校的教室内都安装了智能一体机，最具有代表性的就是具有交互功能的一体机。作为一个新型多媒体互动终端，以高清液晶屏为显示和操作平台，具备书写、批注、绘画、同步交互、多媒体娱乐、网络会议整合等功能，融合高清显示、人机交互、多媒体信息处理和网络传输等多项技术，涵盖投影仪、电子白板、电脑、电视、音响、功放等功能。可以用手指、教鞭、书写笔等任意不透明的物体进行书写触摸操作，无须专用书写笔，提高人机之间的体验感受。配有放大镜、聚光灯、幕布、关闭屏幕、局部快照、录制、摄像头捕捉等多种教学工具，亮度、对比度和图像的清晰度高，各个位置的学生均能看清，可以满足各种环境要求，具有很强的适应能力。

就课堂评价来说，技术的支持作用主要体现在如下三点：第一，发送与显示。技术主要用于发送问题和答案，或显示和分享学生的工作单到大屏幕。第二，处理与分析。使用技术可以对课堂上收集到的数据进行处理与分析，如统计学生对投票或问卷的回答，由技术直接反馈给学生。第三，提供一个互动的环境，使技术能够创造一个互动的环境，使学生可以单独或协作完成一个任务探索数学内容。

具体来说，借助常见的交互式一体机，可以实现如下评价过程。

(一)借助技术分享学习结果，展示学生思维

课堂的精彩是学生思维火花碰撞焕发出来的精彩。数学教学强调情境与协作，重视直观和操作，倡导学生学习的主动性。教师要将一体机所带有的交互功能有意识融入自己的教学设计理念中，把自主设计的白板资源和已有资源进行有机整合并融入课堂教学，促使学生或教师的“经验”通过交互式一体机展示，积聚强烈的、直观的、不可忽视的力量，让学生在广泛实践中展示思维过程、获取知识技能。例如，教学“认识图形”时，在利用小棒摆图形的环节中，教师可设计让学生在交互式一体机上利用拖拉旋转功能进行摆图活动，让学生清晰、便捷地展示自己的探究结果。教师及时引导学生思考：为什么没人摆成圆呢？谁来试试？接下来安排学生直接在交互式一体机上动手去探究其中的秘密。这样使学生更深刻地体会到正方形、长方形和圆之间的联系和区别。教学中，还设计让学生在方格图中画正方形、长方形，教师随时从图库中调出方格图，让学生根据自己的想法，利用一体机直接试着画图，完成后通过回放功能，让学生回顾是如何画图的，好在什么地方，不好在什么地方，进一步加深印象，在头

脑中形成表象。由于学生的认识不同，可能画出的图形大小也不同，而这一结果将会在交互式一体机上全部显示或保存下来，教师就可以组织学生对自己的认识进行分析、比较、评价，在相互交流中，又一次提升学生对图形本质特征的认识，并将学生的思维过程和认识过程鲜活地展现出来。

(二)借助技术及时调整教学，适应学生思维方向

实施教学方案，是把预设转化为实际的教学活动，在这个过程中，师生双方的互动往往会生成一些新的教学资源，这就需要教师能够及时把握，因势利导，适时调整预案，使教学活动收到更好的效果。要想把课堂的思考真正还给学生，就需要教师在课堂上尊重学生的思维顺序，按照学生的认知需要及时调整预设，使静态预设诱发让位于动态的偶发生成，促成学生思维泉涌而出、灵动彰显。在教学“用数对确定位置”时，当学生初步学习了用数对表示第几列、第几行来确定位置后，为进一步强化用数对确定位置的方法，教师可出示《千字文》(部分)，让学生自由地朗读，找到不认识的字用数对表示出来。师生交流字的读音，教师还通过数对和学生一起辨明个别多音字或易混淆字的读音，让学生在声情并茂的朗读中感悟中华优秀传统文化的魅力，及时巩固数对知识。接着师生做游戏(说数对找汉字、读汉字说数对)，用传统的教学设备和手段很难达到的课堂效果，用交互式一体机就可以按照学生的思维在屏幕上随时展示出来，无论是说数对找汉字还是读汉字说数对都可以说哪儿点哪儿，随机出现相关内容，这样既增强了学生学习的积极性，又彰显了数学方法的多样性，让学生在新奇有趣的互动中顺利掌握知识，充分体现了交互式一体机的随机性和交互性。

(三)借助技术提升自主性，成就学生的自我评估

在教学活动的展开过程中，教师要在领悟教材意图、把握主要环节的基础上对学生大胆放权，让学生掌控课堂，激发学生的探究欲望，用智慧激荡智慧，用精彩点燃精彩。苏教版数学六年级下册“确定位置”中的例题“一艘轮船向正北方向航行，你能说出灯塔 1 和灯塔 2 分别在轮船的什么方向吗?”教材选择轮船在行进中观测灯塔的位置是有用意的。当我们在第一次观测后，轮船还是要前进的，可以利用一体机的拖动功能结合教材的编写意图，让学生沿着由南至北的方向自由地将轮船拖到某个位置，并进行讨论交流，观测点发生变化，那么灯塔的位置又该如何描述呢？这样，让学生自主发挥、自主掌控，学生真正成了课堂的主人，学生的主体作用和教师的主导作用得以充分发挥，既调动了学生学习的积极性，又提高了课堂效率。

(四)借助技术调动感官，呈现学生多个方面的发展状态

夸美纽斯曾说，一切知识都是从感官开始的。多种感官同时感知的学习效果，要优于单感官感知的学习效果。交互式一体机是声、光、电、图等的有机统一，其特有的功能可以巧妙地将学生的认知活动和情感活动结合起来，刺激学生的多种感官，创设各种教学情境，延长学生的注意力，唤起学生的情感互动，激发学生的创造潜能，使学生在轻松、愉悦的状态下逐渐进入最佳的学习状态。交互式一体机的库存功能为教师提供常用的背景库、注释库、链接库等，使教师可以将生动的图片直接从背景库里拖出，为学生创设出生动形象的情境。例如，教学一年级“认识加法”时，教师利用交互式一体机设计情境，先呈现三个小朋友浇花的情境图，再从图库里拖进两个小朋友也去浇花，接着提问，这时一共有多少个小朋友在浇花？这样设计突破了以往一起呈现主题图教学，极大地提高了学生的注意力，调动了学生的参与热情。再如，学习了平行四边形的面积后，“把长方形拉成平行四边形和把平行四边形拉成长方形，面积和周长各发生了怎样的变化?”，有的学生在理解上存在一定的难度，可以让学生运用作图功能在屏幕上拖一拖、拉一拉，实际操作一下，同时运用交互式一体机中的“尺”测量一下以方便做出判断。这样，在多种感官的共同作用下，学生就能顺利地生成认知。①

本章小结

评价作为数学教育的重要组成部分，具有特殊的价值，它不仅为师生提供了学习进展的结果，也为下一步教学决策提供了参考的基础。在核心素养背景下，我们要努力改变终结性评价的单一局面，把形成性评价和终结性评价结合起来促进学生学习。在评价内容上，不仅关注学生学习的结果，更要关注学生学习数学知识的深度和过程，也就是数学概念的理解程度和问题解决过程中的各项能力。除了通过传统的课堂观察和谈话的方式对学生进行评价信息收集外，各种形式的“操作单”也是重要的信息收集工具。在信息技术及人工智能迅速发展的今天，技术支持下的课堂评价正以惊人的速度向我们走来。作为未来社会的教师，我们要始终对此保持关注。

章后练习

1. 说说终结性评价和形成性评价的联系。
2. 数学课堂学习评价的内容是什么？
3. 对学生课堂学习过程进行评价的方式有哪些？

---

① 王正义：《基于交互式一体机的小学数学互动教学研究》，载《中国电化教育》，2015(8)。

拓展阅读

1. 吴正宪，王秀杰，张丽．“一剥、一量”识周长——“面与周长”课堂教学实录与评析．小学教学(数学版)，2020(7-8).

2. 余红连．基于课例的数学预习单策略研究——农村小学中高段数学“前置性学习单”的开发和使用．科学咨询(教育科研)，2018(6).

模块 3
小学数学教学设计的课型体现

小学数学教学设计理论的深刻阐释为教学设计指引了明确的方向。为了实现理论的科学性与可行性分析，需要立足课堂教学实践，将理论与实践有机融合，发挥小学数学教学设计的最大效用。

本模块从小学数学课程标准体系和教学实践两个维度，结合教学实践梳理小学数学教学整体内容，确定小学数学教学设计的四大重点课型：概念教学、计算教学、解决问题策略教学、探索规律教学，并从内容的系统解读、课例分析和实施策略三个方面进行详细阐述，为如何实施小学数学教学设计提供操作性强、具有指导价值的实践资源。

第十一章

概念课教学设计

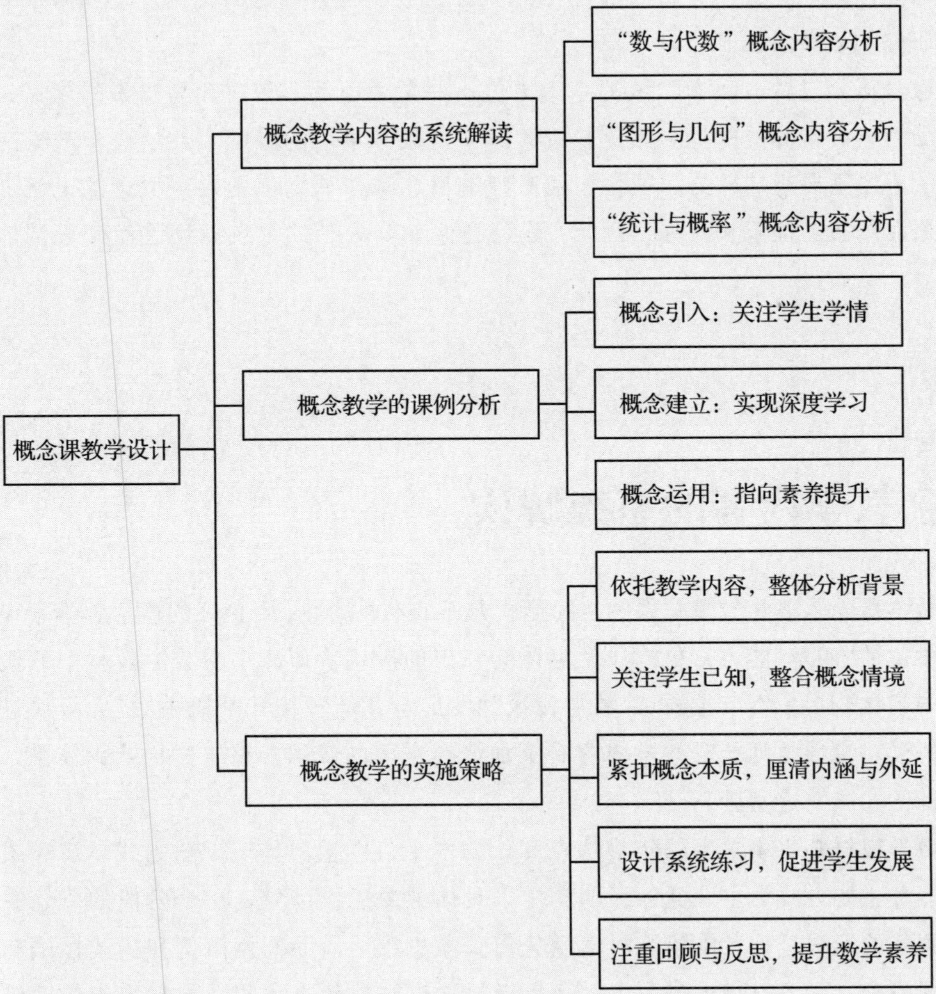

本章概述

本章主要从概念教学内容的系统解读、概念教学的课例分析和概念教学的实施策略三个方面具体阐述。系统解读借助课程板块，厘清内容认知；课例分析结合具体案例，揭示教学本质；实施策略基于实践，形成设计技能。

章前导语

概念教学具体包含哪些内容？这些内容的呈现有什么共同之处？如何进行概念教学的教学设计？带着对这些问题的研究和思考走进本章的学习。

小学数学教学包括四部分内容："数与代数""图形与几何""统计与概率""综合与实践"。这些内容从不同的角度进行了系统化的分类和解读。比如，"数与代数"领域以数的认识、数的运算和常见的量为主；"图形与几何"领域以图形的认识、测量和图形的运动与变化为主。数学概念的内容在每个领域中都占有一定的比例，是非常重要，且值得研究的教学内容。

数学概念是构成数学知识的基本单位，是学生理解、掌握数学知识的起点，更是培养学生核心素养的前提。因此，概念学习是数学学习的基础，数学概念教学是数学教学的一个重要组成部分。很多一线教师的概念教学课堂停留在对概念的记忆上，缺少对概念本质的理解和深究，因此，进行概念教学内容的系统解读是教学设计的首要环节。

第一节 概念教学内容的系统解读

数学概念是事物数量关系和空间形式方面的本质属性。[①] 良好的概念教学不仅能够培养学生的"四基"能力，更能让学生体会知识的应用价值。小学数学教材中的概念涉及的内容比较多，本节主要从"数与代数""图形与几何""统计与概率"三大板块进行梳理和解读，指导教师能对教学内容有更加清晰全面的认识，整体建构知识体系，为教学设计的实施奠定基础。

数学教材基于小学生的年龄特点和认知水平，概念的呈现以图画式、描述式和定义式三种主要方式为主。低年级的学生以具体形象思维为主，这个阶段的概念主要采用图画式的形式呈现；中年级的学生凭借表象思维，借助具体事例和描述性语句相结合呈现概念，主要以描述式为主；高年级的学生则是从丰富的数学材料中借助语言或者符号来说明概念的内涵和本质属性，主要以定义式为主。

① 奚定华：《数学教学设计》，68～70页，上海，华东师范大学出版社，2000。

一、“数与代数”概念内容分析

在整个小学阶段，以苏教版教材为例，“数”的概念经历了三个阶段：一是低年级引领学生借助直观模型，建构万以内整数的概念；二是中年级引领学生借助现实情境，对分数和小数的概念进行了描述式的呈现；三是高年级对分数和小数的概念进行了定义式的呈现，并将“数”的概念扩充到负数、因数、倍数、质数、合数、倒数和百分数，勾连了数与数的联系，丰富了数的认知体系。“代数”的概念主要涉及用字母表示数和方程两块内容，这部分概念的建立是学生由算术思维走向代数思维的基础和关键(表 11-1)。

表 11-1　苏教版“数与代数”中概念内容

年级	内容	要点描述
一年级	· 认识 100 以内的数 · 加减法的意义	· 借助小棒、计数器等直观工具建立数的概念 · 通过图画式的呈现感知加减法的意义
二年级	· 认识万以内的数 · 乘除法的意义	· 借助计数器、正方体模型建立数的概念 · 通过图画式的呈现感知乘除法的意义
三年级	· 分数的初步认识 · 小数的初步认识	· 借助几何直观理解一个物体或(一个整体)的几分之一或几分之几的意义 · 在分数概念的基础上建构一位小数的意义
四年级	· 认识多位数	· 结合对数位的理解建构多位数的概念
五年级	· 负数 · 因数、倍数、公倍数、公因数、最小公倍数、最大公因数、奇数、偶数、质数、合数、倒数 · 分数和小数的意义 · 用字母表示数、方程	· 利用生活素材揭示负数的概念和意义 · 以定义式的呈现方式建立质数、合数等概念 · 借助学生已有经验概括分数和小数的意义 · 利用数量关系建构字母表示数和方程的意义
六年级	· 百分数 · 比、正比例、反比例	· 借助具体的生活情境理解百分数的意义 · 借助数量关系理解比、正反比例的概念

二、“图形与几何”概念内容分析

“图形与几何”中的概念围绕点、线、面要素展开，主要呈现三个方面的内容：一是低年级主要通过观察和操作等教学方式，建立简单的几何体(长方体、正方体等)和平面图形(三角形、四边形、五边形等)的表象，初步认识和感知图形，凸显数学直观的感知；二是中高年级充分利用几何直观，从边、角、面、棱、点等方面深刻感知平面图形(长方形、正方形等)和立体图形(长方体、正方体)的特点，建构图形(三角形、平行四边形等)和其基本属性(周长、面积等)的概念，注重抽象和模型的建构；三是借助运动与变化的视角，感知平移、旋转、轴对称等现象，建构轴对称图形的概念，体现数学与生活的联系(表 11-2)。

表 11-2　苏教版“图形与几何”中概念内容

年级	内容	要点描述
一年级	·认识长方体、正方体、圆柱和球 ·认识长方形、正方形、三角形和圆	·借助实物和模型辨认图形 ·借助观察和操作感知图形
二年级	·认识线段 ·角的初步认识	·借助实物描述线段的特点 ·结合生活情境感知角的特点
三年级	·认识长方形和正方形 ·周长和面积的含义 ·平移、旋转和轴对称	·借助动手操作探索长方形和正方形的特点 ·通过观察、操作和测量等活动，理解周长和面积的含义 ·利用现实生活情境认识物体平移、旋转和轴对称运动的特点
四年级	·射线、直线、角、垂线和平行线 ·三角形、平行四边形和梯形	·借助几何直观初步感知概念 ·通过观察、操作等活动建构概念
五年级	·多边形的面积 ·圆的认识	·借助操作和推理探索多边形面积的计算 ·借助画圆的过程感知圆的特点
六年级	·认识长方体和正方体 ·认识圆柱和圆锥	·多角度(特点、计算)认识几何形体 ·借助直观操作和知识间的联系建构概念

三、“统计与概率”概念内容分析

“统计与概率”中的概念教学内容主要涉及统计表、可能性、统计图三部分内容。统计表教学内容主要从“单式统计表和复式统计表”进行探索，注重培养学生描述统计数据的能力。可能性教学内容注重学生的体验活动，通过实例和游戏等丰富的活动感受随机现象，能用一些词语对现象的结果做出定性描述，并感受可能性是有大小的。统计图教学内容重点引导学生感知条形统计图、折线统计图、扇形统计图的特点，注重培养学生的数据分析和推断能力(表 11-3)。

表 11-3　苏教版“统计与概率”中概念内容

年级	内容	要点描述
四年级	·单式统计表和条形统计图 ·平均数 ·可能性	·借助具体情境记录统计和分析数据 ·体会平均数的作用，用语言解释意义 ·体验随机事件和事件发生的等可能性

续表

年级	内容	要点描述
五年级	・复式统计表 ・折线统计图	・在对比讨论中感知统计表的特点 ・依“量”定“点”感知统计图的特点
六年级	・扇形统计图	・通过实际问题认识统计图的特点和作用

根据上述教学内容的系统解读，参照课程标准的具体学习目标要求，概念教学主要达到三个层次的要求：一是数学概念的准确理解。引导学生能够经历概念的产生和发展过程，准确把握反映概念属性的数学语言与符号公式，深刻理解概念的内涵。二是数学概念的牢固掌握。引导学生在理解概念的基础上通过熟记，能进行概念的准确判断，建构概念的逻辑体系。三是数学概念的运用。引导学生从理解、掌握走向运用是概念教学的一般路径，而运用概念主要体现在能对概念的外延有所理解，并能运用概念灵活解决实际问题或进行简单的推理。

第二节
概念教学的课例分析

在进行概念教学设计时，要基于儿童本位，基于数学本质，在多元化的活动中让学生经历和体验概念的建构过程，形成科学逻辑的概念系统，实现真正意义上的数学理解，促进学生的思维发展和素养的提升。下面就以苏教版数学五年级上册“认识负数”为例进行具体阐释。

一、概念引入：关注学生学情

概念引入环节要借助直观手段，突出事物共性的、清晰的典型表象，引领学生建立清晰的概念表象。因此，引入的方式要灵活选择，可以情境设疑，也可以从生活经验入手，但都要做到两个关注：一要关注学生的已有认知；二要关注知识的本质属性。

片段一：

师：今天我们要学习一个新的数——负数，关于负数，你已经知道了什么？

生 1：我坐电梯的时候见过－2 层。(教师顺势让学生写出－2)

生 2：我在妈妈的存折上见过－500 元。(教师顺势让学生写出－500)

师：看来同学们真有数学眼光，可以从生活中发现这么多负数，而且都会读、写了(板书：读、写)，那么关于负数，你还想知道什么？

生3：负数表示什么意义？负数与0有什么关系？负数有什么用？

师：认识一个数，往往会从它的读、写、意义、用途、联系几个方面研究。今天我们就带着这些问题走进数学课堂。

【设计意图】在上述教学设计中，教师很好地展现了以学为中心的课堂，充分关注学生已有的思维状态，以问题“关于负数，你已经知道了什么”为驱动，唤醒学生的已有认知，勾连数学与生活的紧密联系，并继续以问题“你还想知道什么”引发学生整体性的思考，将负数的认识上升到数的体系研究中，构建数认识的系统研究领域。

二、概念建立：实现深度学习

数学学科的本质是促进学生的思维发展，促进深度学习，发挥数学学科独特的价值，实现学科育人。在概念建立的过程中，要借助直观模型，设计有梯度的活动，让学生直观地感知概念，加深对概念的理解，实现深度学习。

(一)借助温度计，初步感知负数的意义

教材中的例1呈现了三个城市(南京、三亚和哈尔滨)的最低气温，在教学中要充分利用温度计的模型，进行有层次的活动安排，让学生感知负数的含义。

活动一：观察中体会“0”的作用

片段二：

师：仔细观察温度计，你发现了什么？(图11-1)

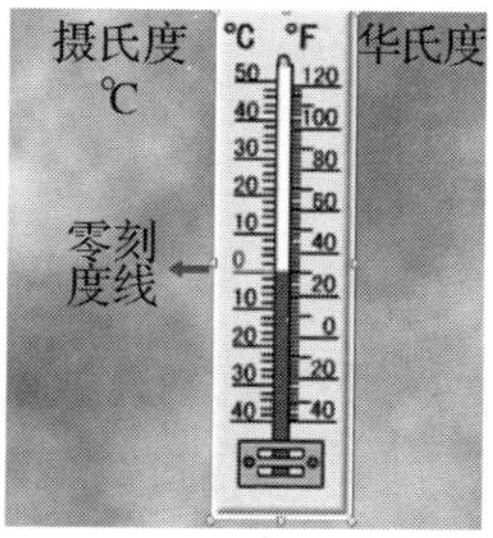

图 11-1

生1：温度计上有两排刻度。

师：是的，左边是摄氏度(℃)，右边是华氏度，我国一般使用的是摄氏度。

师：温度计上哪个温度比较特殊呢？(0 ℃)，0 ℃代表有温度还是没有温度呢？

生2：有温度，是水结冰的温度。

师：原来我们学习的 0 表示“无”，现在表示“有”，真的很神奇。

活动二：比较中体会“相反”的意义

片段三：

师：仔细观察，＋20 ℃和－20 ℃的含义有什么不同？（图 11-2）

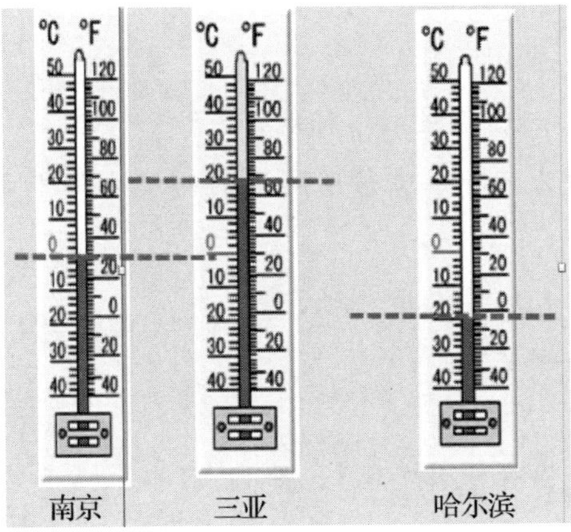

图 11-2

生 1：一个比 0 ℃高，一个比 0 ℃低。

生 2：一个在 0 ℃的上面，一个在 0 ℃的下面。

生 3：一个热，一个冷。

师：看来，高和低，上和下，热和冷让我们感受到，＋20 ℃和－20 ℃是表示一组相反意义的量。

师小结：回顾一下，刚才我们是以 0 ℃为标准，找到了相反意义的量。

(二)借助海平面，深化理解负数的意义

教材中的例 2 是在海平面上(图 11-3)，通过对珠穆朗玛峰的海拔和吐鲁番盆地的地势的探索，深化学生对负数意义的理解。

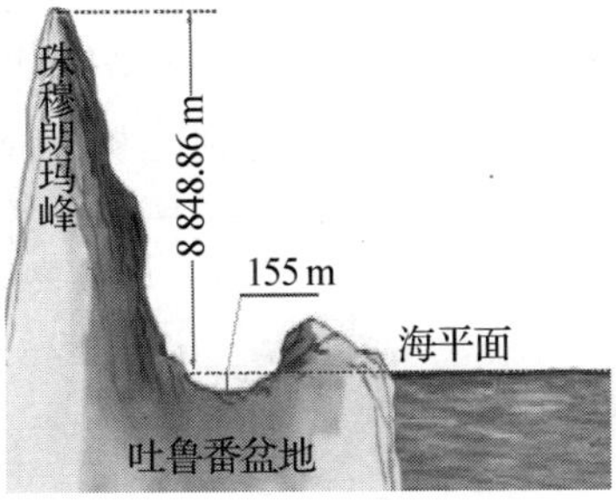

图 11-3

活动三：自学中加深感悟

片段四：

师：在温度计上能找到相反意义的量，在海平面上能找到吗？

小组合作学习，交流汇报。

生 1：我们可以把海平面规定为 0 m。

师：为什么规定海平面呢？

生 2：因为先要找到标准。（板书：标准）

师：看来，以海平面为标准，珠穆朗玛峰的高度比海平面高，记作＋8848.86 m，吐鲁番盆地的高度记作－155 m。

师小结：在海平面让我们再次感受到了意义相反。

活动四：整合中建构模型

片段五：

师：观察两个例题，你有什么发现？（图 11-4）

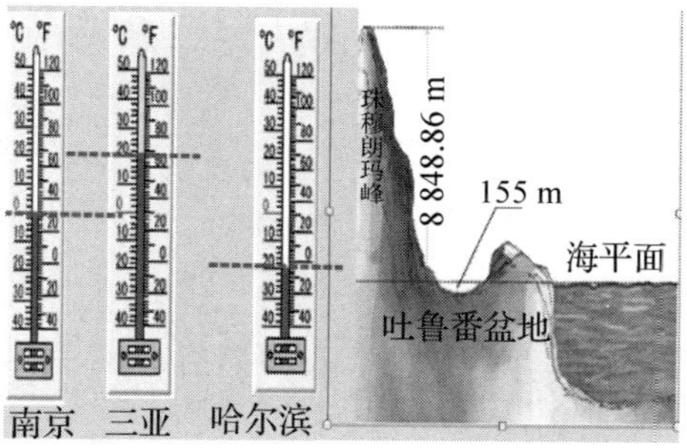

图 11-4

生 1：例 1 是以 0 ℃为标准，例 2 是以海平面的高度 0 m 为标准，认识了正数和负数。

生 2：正数和负数是一组表示相反意义的量。

师小结：看来，正数和负数是基于标准产生的，是一组表示相反意义的量。

【设计意图】在上述教学设计中，教师以核心问题展开教学，以有梯度的活动引领，让学生借助直观模型，从初步感知，深化理解到建构模型，构建了负数含义的经历体验体系，将概念教学由浅层次的记忆走向凸显本质的数学理解，实现深度学习。

三、概念运用：指向素养提升

在学生实现概念理解的基础上，概念教学应走向概念运用的环节，可以借助多元化、立本求变的练习，检验学生概念的理解程度，促进学生综合素养的提升。

(一)加强数学与生活的连接

数学来源于生活，数学教育的使命是引导学生用数学的眼光观察世界，用数学的语言表达世界，用数学的思维思考世界，勾连数学与现实世界的联系，能运用数学知识去解释和分析现实世界的问题，实现数学学科独特的育人价值。

练习一：读一读、说一说每个负数表示的含义，并谈谈你的感受。

(1)边防战士在海拔 5 200 m 的地方，冒着−40 ℃的严寒进行巡逻。

(2)煤炭工人在−488 m 的矿井里采煤。

(3)生活中还见过哪些负数，在小组内交流。

【设计意图】练习一的教学设计不仅是检验学生对负数含义的理解，而且在对数据意义的感悟中，引发学生对边防战士和煤炭工人的崇敬之情，由学科教学走向学科育人。

(二)注重数学知识的变式

从本质上讲，数学概念的教学要引导学生结合具体情境理解概念的意义，并在解决现实问题中进行概念的内化和延伸。这就要求教师在设计练习时，要注重知识的变式和灵活度，拓宽思维的广度，夯实思维的深度，全方位地促进学生的思维发展。

练习二：我国 9 岁男孩的平均身高为 127～137 cm。

(1)如果以 127 cm 为标准，给出三位同学的身高(表 11-4)，那么他们的实际身高各是多少厘米?

表 11-4

姓名	身高/cm
王东	−2
陈好	0
李明	+9

表 11-5

姓名	身高/cm
王东	
陈好	
李明	

(2)如果以 137 cm 为标准，根据具体身高(表 11-5)，身高又该用怎样的数来表示?

(3)为什么同样一个人的身高，却用不同的数来表示呢?

练习三：你能在数轴上表示+1 和−1 吗? +1 和−1 有什么相同的地方?

【设计意图】练习二的设计是结合具体情境，提升学生思维的进阶，更加注重对概念本质的深思，让学生感受到正数和负数是基于标准产生的，而这种标准不一定是 0。练习三在数轴上实现对正负数模型的建构，正数在 0 的右边，负数在 0 的左边，通过左、右方向的相反感受不同；通过形象直观的支撑发现+1 与−1 到 0 的距离是相等的，再次加深了正负数与 0 之间的关系，深刻感受正数都比 0 大，负数都比 0 小。

(三)加强数学文化的渗透

为了给学生呈现概念发生、发展的清晰脉络，要将数的发展历程融入教学设计，给数学课堂注入文化的基因，力求数学与文化的融合(图 11-5)，可以用录音或者文字、图片的形式展现给学生，从而让学生深刻感受数学文化，更深刻地理解意义。

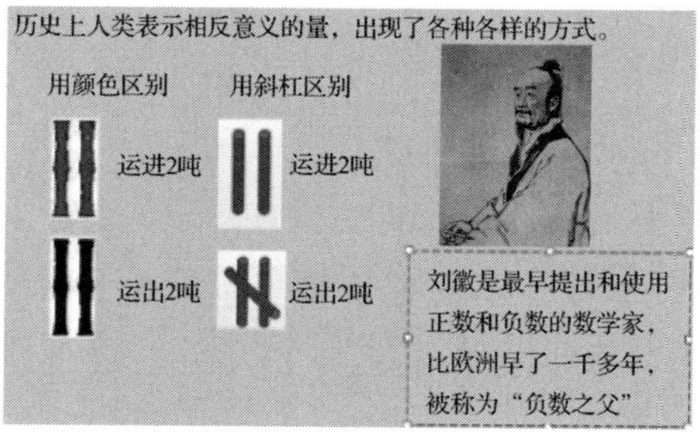

图 11-5

总之，概念教学的教学设计要注重概念的产生、发展和应用过程，关注学生的思维发展和素养提升，将概念引入、概念建立和概念运用环节落到实处，为学生的成长和发展奠定坚实的基础。

第三节
概念教学的实施策略

数学概念是抽象的，教学时不能简单地停留在概念识记的层面，要以促进学生学科素养的发展和能力的提升为目标，引导学生实现数对概念的真正理解和灵活运用，培养学生的创新意识和应用意识。

一、依托教学内容，整体分析背景

教学内容的背景分析，主要体现在三个方面：一是指向“溯本”的分析，即分析数学知识的发生、发展的过程；二是指向“联通”的分析，即知识与其他知识间的联系与融通；三是指向“实用”的分析，即知识在数学领域、社会领域、科学领域的应用。比如，在教学“负数”时，要从数的概念产生和发展的历史进程进行整体性分析(图 11-6)。

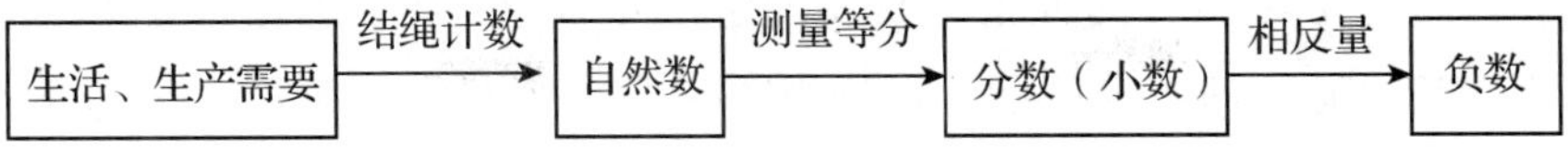

图 11-6

在此基础上，将“负数的认识”上升到中小学数系的推展过程，由自然数集到正有理数集、正实数集、实数集，再到复数集，引领学生发现数的产生是由于生活、生产的需要和数学本身发展的需要，实现“溯本”的分析；为了实现进一步分析，要抓住学科之间的广泛联系，使知识间加强沟通，从更广泛的角度和更深刻的层面理解数学知识，实现“联通”的分析。比如，将“负数”与“正数和 0”“奇数、偶数”等建立联系，实现数域的拓展与深化，打通数系发展的统一进程。

二、关注学生已知，整合概念情境

情境引入是教学的初始环节，很多教师为了一味地凸显创新，经常会以故事或者游戏激发学生的兴趣，殊不知看似热闹的背后使学生陷入了审美疲劳，因为教师以为的精心设计是学生已经知道的内容，这样的情境势必会大打折扣。因此，在引入环节，要关注学生的已有认知，将数学与生活情境有效整合，唤起学生对概念的整体感知，促进学生发展。

(一)以课前调查为切入点

数学源于生活，小学数学中的概念也是从生活素材中提取出来，并进行归纳、概括和总结，通过描述式或定义式的方式进行表达，最终形成抽象概念的过程。因此，丰富的生活素材为学生提供了概念的表象资源，这种表象是碎片化的。因此，我们要充分利用资源，依托学前调查，进行资源整合。比如，在教学“百分数”时，教师可以让学生课前收集百分数的信息，收集的过程就是体验感悟百分数的过程，并以学生间“问”和“答”的互动展开教学，利用生活情境引入概念，充分尊重学生的已有认知，激发学生的学习积极性和参与度。

(二)以问题驱动为生长点

问题是教学设计的主要载体。课程标准中也强调了要培养学生的问题意识，提高学生解决问题的能力。因此，概念引入环节可以基于学生的已有认知水平，借助情境，以问题驱动引发学生对概念的思考。比如，在概念教学课例分析中，教师一开始就以大问题“关于负数，你想知道什么?”引入，帮助学生在头脑中形成初步的概念系统；也可以创设简单的故事情境。比如，“圆的认识”中教师播放杂技表演、圆桌或者小动物骑车的视频，借助形象感官的冲击，激发学生产生疑惑“为什么餐厅的桌子要做成圆的？为什么车轮也是圆的？”等问题，以问题引导学生形成更清晰的学习目标系统，最终达到解决问题的目的。

三、紧扣概念本质，厘清内涵与外延

数学概念并不是以单一个体存在的，每个概念之间都存在着直接或间接的关系。要想培养学生全面整体的架构思维，必须让学生深刻理解概念与概念之间的关系与区别。在教学中，很多教师对概念的要求仅局限于背诵和记忆，缺失了指向概念本质的内涵与外延的深刻追溯。因此，紧扣概念本质，厘清概念的内涵与外延，是提升学生思维能力和素养的关键所在。

（一）抓住关键，凸显概念本质

心理学家奥苏伯尔的有意义学习理论中指出：小学生通过观察、辨认、抽象、概括等心理过程，获得概念意识，然后通过概念的知觉水平应用，消除概念意向中不完整印象与完整概念之间的差异，形成概念。① 基于学生概念形成的过程，教学时要引导学生对概念中的关键词进行辨认、抽象和概括，形成对概念的知觉，建构概念的初步印象。比如，在教学“分数的意义”时，就可以借助直观形象对“单位1”关键词进行重点理解，以“词”悟“句”，形成对分数意义的理解。

（二）注重联系，夯实内涵与外延

概念教学过程一般包括概念形成和概念同化两种基本的学习方式。概念形成的过程是引导学生理解概念内涵的过程，充分利用直观手段和语言符号理解概念本身能够反映所有事物的共同本质属性。比如，在教学“三角形的认识”时，借助画一画的活动，从不同三角形中抽象概括出所有三角形的属性（由三条线段首尾相接围成的图形），形成三角形概念独有的语言符号，并搭建了点、线、面之间的联系；概念同化的过程是建构联系的过程，也是对概念内涵的拓展和延伸，引导学生厘清内涵与外延的联系，可以更好地帮助学生形成概念体系，系统掌握概念。比如，在教学“质数和合数”时，可以与之前的因数、倍数知识建立逻辑联系，构建概念图示框架，深化概念理解。

① 李善良：《现代认知观下的数学概念学习与教学理论研究》，博士学位论文，南京师范大学，2002。

四、设计系统练习，促进学生发展

练习是检验学生学习效果的重要手段，也是提升学生能力的有效方法。因此。练习的设计要有梯度，不仅要围绕教学目标，夯实基础知识，更要基于学生素养和能力发展，注重题目的变式和拓展，满足不同水平学生的发展要求。

(一)围绕目标定位，加强数学理解

练习是帮助学生理解概念的“脚手架”，很多教师往往注重练习的“量”，不追求练习的“质”。因此，我们要紧紧围绕教学目标精心设计练习，加强概念理解方面的训练，让每个学生能更好地厘清思维脉络，在掌握知识的同时感受学习的乐趣。比如，在教学“分数的初步认识”时，为了巩固学生对几分之一的理解，可以出示物体或者图形，让学生借助直观的“形”理解“数”；也可以给出一个分数，让学生想象“形”，充分利用数形结合，理解分数的意义，达到预期的教学目标。

(二)着眼思维发展，注重变式拓展

为了促进学生的能力提升，练习的设计还应基于概念知识，抓住与概念的联系，注重变式和拓展，从学生的不同能力水平、可操作性和创新性等因素上巧妙设计，帮助学生整体建构概念知识，发展学生的综合素养。比如，在教学“轴对称”时，教师可以设计下面的练习，培养思维的灵活度和深度。

练习：图 11-7 是由三个同样的正方形组成的，在图上添一个小正方形，使它成为一个轴对称图形。

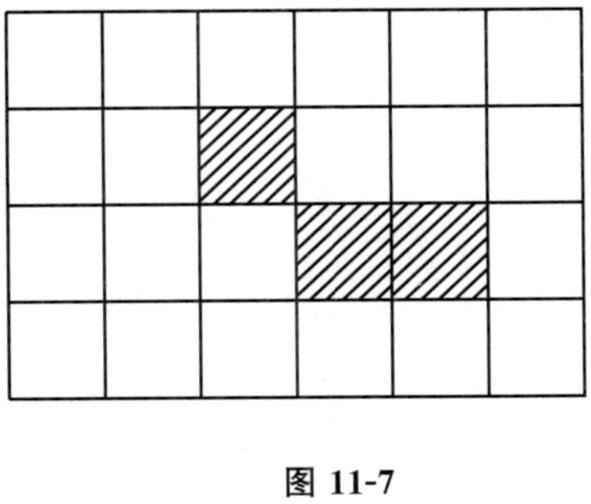

图 11-7

在上述练习中，借助“形”的想象和推理，从对概念的记忆走向概念的思考，由知识本位走向能力本位，这样的练习对于把握概念本质和学生能力发展都有着重要的作用。

(三)凸显问题解决，加强应用意识

课程标准指出，要培养学生的应用能力和创新能力。因此，练习设计要在解决实际问题中实现对概念的深度理解，将数学知识与生活实际有效连接，培养学生灵活运用知识解释现实问题的能力。比如，在教学“分数意义”中，可以设计下面的练习。

练习：李伯伯用一块地的$\frac{1}{2}$种辣椒，剩下的$\frac{1}{3}$种黄瓜，其余的种番茄。(先画一画，再填一填)

(1)黄瓜占这块地的(　　　)；(2)番茄占这块地的(　　　)。

在解决实际问题的情境中，引导学生进行两个层次的探究：一是借助画图操作活动直观感知，理解分数$\frac{1}{2}$和$\frac{1}{3}$的意义；二是借助转化和推理，感悟分数与整体之间的关系，实现分数意义的整体建构。

五、注重回顾与反思，提升数学素养

反思能力是提升学生素养的关键能力之一，注重学生的主体性反思有助于帮助学生进行深度学习，建构知识体系，提升学生数学素养。因此，教学设计时要注重知识的回顾与反思环节，将知识的发生、发展过程用思维导图或者直观图像串联起来，形成清晰的知识网络，帮助学生梳理知识，掌握方法，感悟思想，促进能力发展。比如，在教学“平移与旋转”时，可以引导学生从两个方面进行梳理：一是从知识体系进行梳理。将本节课的知识上升到图形的运动与变化领域，从“变与不变”的角度，把握知识的本质。二是从数学方法进行梳理，引导学生发现研究这类知识往往都是借助生活情境，通过观察、操作、举例、比较等方法，最终实现运动特点归纳的过程。

本章小结

概念教学设计，应遵循学生认识事物的规律，从感性到理性，从具体到抽象，引领学生借助有效情境概括出一类事物的本质属性，加强概念的形成和建立环节，实现对概念的深刻理解，并借助新旧概念的联系和区别，培养学生灵活运用概念的能力，发展高阶思维，促进素养和能力的全面发展。

章后练习

1. 概念教学的具体内容有哪些？
2. 独立进行一个概念教学的教学设计，并进行课例分析。
3. 概念教学实施一般要注意哪些方面？

拓展阅读

奚定华．数学教学设计．上海：华东师范大学出版社，2000.

第十二章

计算课教学设计

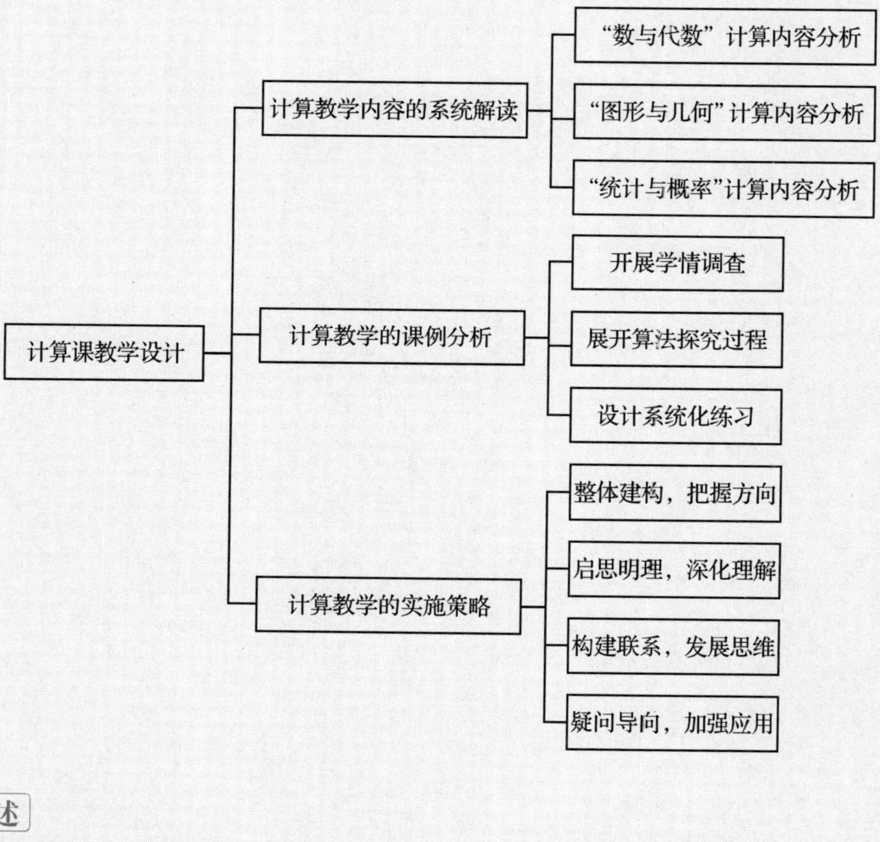

本章概述

本章的主要内容分为三节，第一节从整体视角架构计算教学内容的解读体系，实现知识内容的联通性。第二节结合具体案例阐释计算教学的过程分析，形成计算教学的一般流程。第三节基于学科本质阐述计算教学的实施策略，建构计算教学的实践模型。

章前导语

计算教学具体包含哪些内容？这些内容的呈现有什么共同之处？如何进行计算教学的教学设计？带着对这些问题的研究和思考走进本章的学习。

第一节
计算教学内容的系统解读

数学教学研究与数的研究是密不可分的。数的运算是数领域中非常重要的内容，贯穿于义务教育阶段数学课程的各个学段中。运算不仅是数学课程中“数与代数”的重要内容。“图形与几何”“统计与概率”“综合与实践”也都与运算有着密切的联系，是不可或缺的内容，需要学生在学习的过程中，花费较多的时间和精力理解和掌握，从而促进运算能力的提升。

《义务教育数学课程标准(2011 年版)》所提出的课程目标中的很多方面，例如，获得“四基”，运用数学的思维方式进行思考，增强发现和提出问题的能力、分析和解决问题的能力等，都与运算的学习有关，运算对实现课程目标发挥着重要的支撑作用。

一、“数与代数”计算内容分析

运算能力是小学数学非常重要的关键能力。不同版本的教材都安排了分量较重的运算教学，以此来提高小学生的运算能力。小学阶段的数学运算教学主要包括整数运算、分数、小数和百分数运算、估算、计算器计算及算法的交流、问题解决与常见的数量关系。

第一学段，主要让学生结合具体情境，体会四则运算的意义，能熟练口算 20 以内的加减法和表内乘除法；能口算百以内的加减法和一位数乘除法；能计算两位数和三位数的加减法；两三位数乘一位数的乘除法、两位数乘两位数的乘法；认识小括号，能进行简单的整数四则混合运算，能进行同分母分数的加减运算及一位小数的加减法；能结合具体情境，选择适当的单位进行简单估算，体会估算在生活中的作用；能运用数及数的运算解决生活中的简单问题，并对结果的实际意义做出解释。

第二学段，能计算三位数与两位数的乘除法；认识中括号，能进行简单的整数、分数、小数四则运算及四则混合运算，经历与他人交流算法的过程，并能表达自己的想法；探索运算律，并应用运算律进行一些简便运算；能在解决问题的过程中，选择合适的方法进行估算，能借助计算器进行运算，解决简单的实际问题，探索简单的规律(表 12-1)。

表 12-1 苏教版“数与代数”中的计算内容

年级	内容	要点描述
一年级	· 20 以内的加减法 · 100 以内的加减法	· 借助计数器和小棒理解加减法的算理 · 鼓励学生选择合适的方法进行计算
二年级	· 乘法口诀和口诀求商 · 有余数的除法	· 结合生活情境理解乘法口诀 · 重视学生对算理的理解
三年级	· 三位数乘一位数、两位数乘两位数 · 笔算两位数除以一位数 · 混合运算 · 简单的同分母分数加减法	· 借助具体情境理解算理、算法 · 结合具体生活情境理解运算顺序 · 重视运算道理的理解
四年级	· 三位数乘两位数 · 除数是两位数的除法 · 运算律和简便运算 · 认识中括号和四则混合运算 · 用计算器探索规律	· 交流运算方法 · 结合具体情境理解算理、算法 · 能选择合适的方法进行简便运算 · 结合生活情境选择合适的算法 · 面对生活中的复杂问题可以选择计算工具
五年级	· 小数四则混合运算 · 分数的加法和减法 · 简易方程	· 在已有计算知识的基础上自主探索算法 · 结合分数意义理解算理、算法 · 结合简单情境了解数量关系，理解作用
六年级	· 分数四则混合运算 · 正比例、反比例	· 能选择合适的方法进行计算 · 在实际情境中理解含义并能解决简单问题

二、“图形与几何”计算内容分析

小学阶段“图形与几何”的计算教学主要围绕图形周长、面积、表面积、体积的计算，图形的测量及相关计算展开；中年级主要学习角的度量、部分平面图形的周长、面积计算；高年级要掌握圆的周长面积计算、部分立体图形的表面及体积的相关计算，学习长度、面积、体积的过程中要关注估测的问题，并能解决简单的实际问题；“图形与几何”计算教学中，解决问题是学习的重要环节，也是学习的主要目的(表 12-2)。

表 12-2 苏教版“图形与几何”中的计算内容

年级	内容	要点描述
三年级	· 长方形和正方形的面积计算	· 在理解面积公式的基础上进行正确计算
四年级	· 角的度量的相关计算	· 体会知识之间的关系

续表

年级	内容	要点描述
五年级	·多边形面积计算 ·圆的周长和面积计算	·结合生活情境综合应用知识解决问题 ·体会数学活动经验，提高解决问题能力
六年级	·长方体、正方体的表面积和体积计算 ·圆柱和圆锥的表面积和体积计算	·在解决问题过程中体会学习数学的目的

三、“统计与概率”计算内容分析

统计是“统计与概率”教学内容的重点，统计的核心是数据分析。统计教学的重要目标是鼓励学生从数据中提取尽可能多的有效信息，体会数据中蕴含的信息；提取信息首先要进行的是计算和绘图，在此基础上进行信息提取。每个学段有不同的要求：低年级要经历简单的数据收集和整理过程，并能进行简单的分段整理数据；中年级学习统计表和统计图，并通过一定的计算对数据进行整理汇总，便于更好地分析数据。其中穿插平均数的教学，要结合具体情境引导学生在解决问题的过程中能用平均数刻画数据，发展数据分析观念(表 12-3)。

表 12-3　苏教版“统计与概率”中的计算内容

年级	内容	要点描述
三年级	·了解平均数，利用平均数分析判断 ·认识条形统计图	·结合具体情境计算平均数，进一步理解平均数的意义和价值 ·通过计算分析、比较数据中的最好、最高、最小等
四年级	·认识统计表 ·认识折线统计图	·鼓励学生通过具体数据分析比较数据的关系和变化
五年级	·复式折线统计图	·在计算和绘图的基础上提取信息分析数据
六年级	·扇形统计图	·结合具体情境在计算基础上分析数据

通过上述系统分析可以看出，计算教学以“数与代数”领域中的内容为主，其他领域是在学习新知的过程中渗透计算教学。而“数与代数”领域中的计算教学，主要实现了两个融合：一是计算教学与解决问题的融合。所有的计算教学都是借助生活情境，在解决问题中培养学生的运算能力。二是算理与算法的融合。借助直观模型，实现对计算方法的掌握，数学算理的理解，形成计算技能，并能灵活运用计算解决问题，培养学生的关键能力(表 12-4)。

表 12-4 “数的运算”不同学段中的关键能力解析

学段	主要内容	关键能力具体体现
低年级 （1～2 年级）	·加减乘除的含义 ·口算 100 以内的加减法和表内乘除法 ·笔算三位数的加减	★图文结合，形成加减乘除意义的抽象与概括能力 ★借助几何直观，进行口算方法的归纳，并实现两位到三位、整十到整百的自主迁移 ★抓住笔算实质，促进笔算算理与算法的有机融合，实现笔算教学的建模与灵活运用 ★加强数学应用意识，培养学生的估算意识和估算能力 ★探索运算律，灵活选择算法，实现算法的优化 ★实现运算与解决问题的融合，培养问题解决能力
中年级 （3～4 年级）	·口算 100 以内的乘除法 ·估算两三位数乘一位数的乘法 ·笔算两三位数乘一位数、两位数的乘法；两三位数除以一位数、两位数的除法 ·脱式计算小括号、中括号混合运算试题 ·运用运算律、积或商的变化规律进行有关的简便计算 ·简单的分数加减	
高年级 （5～6 年级）	·简单的小数加减乘除法的口算 ·小数加减乘除法的笔算 ·小数四则混合运算和简便计算 ·小数四则混合运算和有关的简便计算 ·异分母分数的加减法和有关的简便计算 ·分数四则混合运算和有关的简便计算	

第二节 计算教学的课例分析

“整十数加减整十数”的计算是在 10 以内加减法的基础上进行的，只是计数单位不同，这里以“十”为计数单位。关于“整十数加减整十数”的计算，大部分学生已经达到了会算的要求，那么我们该如何进行教学设计呢？本课教学设计正是基于学生的“学”，了解学生的已知认知状态，以学定教，引领学生借助小棒，直观理解算理，从会算走向明理的阶段，实现数学理解，发展数学思考，培养运算能力。

一、开展学情调查

学情调查是教学中一项非常重要的工作。没有学情调查，就没有真正意义上的课堂教学。学情调查是对学生现在的学习状态进行分析的动态过程，它可以看作教学设计的“支架”。学情调查是为了深入了解学生“已经会了什么”“会到什么程度”“不理解的问题是什么”。学情调查并非走形式，而要通过对学生学习的真实情况进行分析，根据分析的结果展开教学设计。例如，教学之前，可以对学生进行简单的学情调查。从调查结果发现：全班 55 个学生，只有 2 人不会算，其余学生都能算出结果。大致呈现了以下几种算法。

(1)想“几加几”“几减几”(图 12-1)。

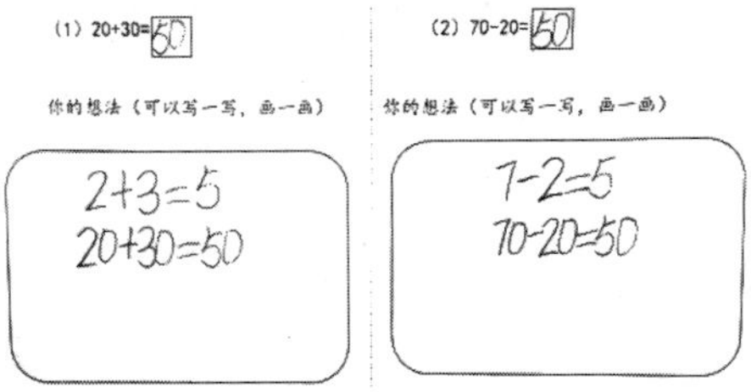

图 12-1

(2)想“十个十个地加”“十个十个地减”(图 12-2)。

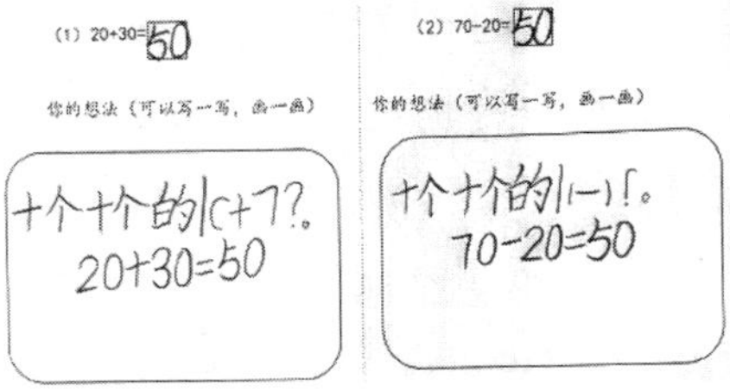

图 12-2

(3)竖式计算(图 12-3)。

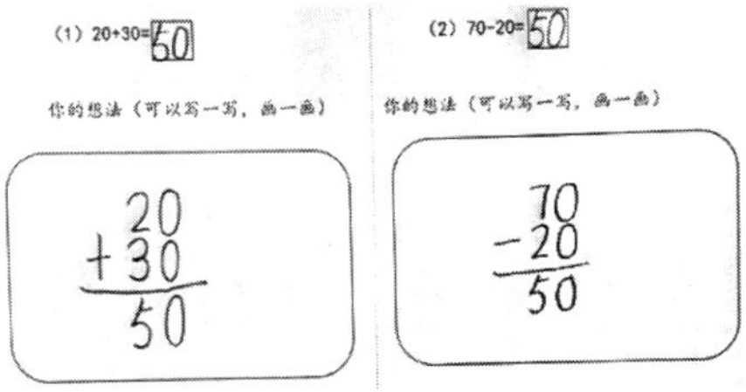

图 12-3

(4)画图计算(图 12-4)。

图 12-4

通过学情调查，我们清楚地了解到，全班97%的学生都会计算20+30，其中采用算法(1)的学生有49人，采用算法(2)的学生有5人，采用算法(3)的学生有6人，采用算法(4)的学生有4人。

鉴于以上分析，我们可以发现计算教学不能单纯地追求"会算"，还需探索"以学定教"理念下的既重算理理解，又重算法掌握的计算教学方式，即教师要全面了解、分析学生的知识基础和认知经验等实际情况，更好地以学生的"学"来权衡教师的"教"。这样的教学才更具有实效和生命力。

二、展开算法探究过程

根据上述学情调查的结果，在引导学生结合具体情境列出算式"40+30"后，教师应组织学生展开算法的探究。

(一)尝试计算"40+30"，理解算理

学情调查显示，很多学生都是通过想"4+3"来计算"40+30"的，这其实是学生的一种直觉。教师需要做的就是用具体操作，引导学生理解探究直觉背后的数学原理。

师：大多数同学都是想"4+3"来算的。学习数学不仅要会算，而且还要弄明白为什么这么算。能不能利用小棒摆一摆或用计数器拨一拨呢？

学生用小棒摆或用计数器拨，之后展示自己的操作过程。

生1：我先摆了4捆小棒，又摆了3捆小棒。

师：这里的4捆小棒其实就表示"4个十"。3捆小棒就表示"3个十"。用小棒摆，我们就更加清楚了为什么可以用"4+3"来算了，原来它表示的是"4个十"加"3个十"。(出示图12-5)

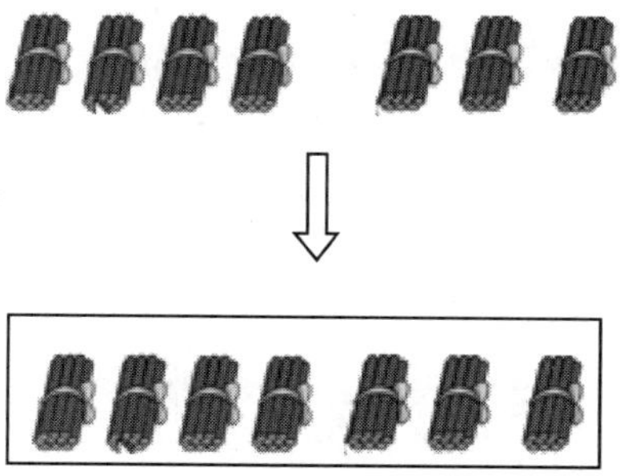

图 12-5

生2：我先在十位上拨了4个珠，又拨了3个珠。

师：十位上的4个珠其实就表示"4个十"。3个珠就表示"3个十"。和摆小棒一样，

用计数器拨也能证明“4＋3”就是“4 个十”加“3 个十”。（出示图 12-6）

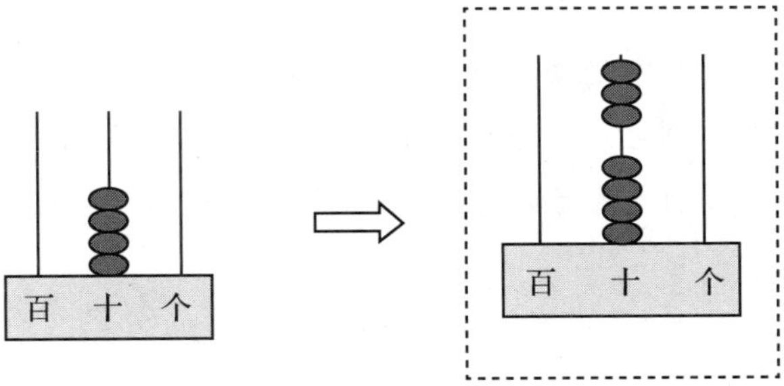

图 12-6

师：看来，不管是用小棒摆，还是用计数器拨，都表示在计算 40＋30 时想“4＋3”，其实都是表示把“4 个十”和“3 个十”合起来。

【设计意图】在上述过程中，教师引导学生经历了用小棒摆或用计数器拨，再到数学表达的过程。在这一过程中借助形象直观支撑数学理解，以“形”解“数”，不仅让学生理解了算理，而且发展了学生的数学思考。

(二)自主计算“70－30”，建立表象

本节课的教学主要是借助摆小棒或者拨计数器的操作来实现对算理的理解。对于“70－30”的教学，学生已经有了一定的算理理解。因此，应鼓励学生运用已有的知识经验，进行脱离操作、纯粹的数学表达。这其实也是引领学生由直观操作走向数学抽象的过程。

师：同学们，如果不用小棒和计数器，你能说清楚“70－30”可以怎样计算吗？当然，如果需要继续用小棒摆或计数器拨的，也可以摆一摆或者拨一拨。

学生独立操作或思考后组织交流。

生 1：7 个十减 3 个十得 4 个十，就是 40。

生 2：“7－3”其实是 7 个十减 3 个十。

生 3：因为 30＋40＝70，所以 70－30＝40。

师：有没有用小棒摆或者用计数器拨的？

学生摇头。

师：看来，同学们靠动脑想象就理解了算理。计算“70－30”想“7－3”，其实都是用 7 个十减 3 个十。当然，也可以“想加法算减法”。

【设计意图】在上述教学环节中，教师充分利用已建立的表象，引导学生脱离具体的操作活动直接进行数学思考，实现了计算方法的自然迁移。这一过程有助于学生利用表象进行数学思考，从而为算法的抽象打下了基础。

(三)观察比较，建构模型

小学数学最基本的数学思想有三个：抽象、推理和模型。在学生已经掌握和理解了“40＋30”和“70－30”算理之后，进行一类计算方法的模型建构是培养学生概括能力的突出表现。因此，借助对比想象，建立“整十数加减整十数”的数学模型就显得尤为重要了。

师：同学们，怎样计算“整十数加减整十数”呢？小组交流。

生：比如，计算“70＋20”我们可以想“7＋2”。

生：计算“几十加几十”可以想“几加几”。

生：计算“几十减几十”可以想“几减几”。

师：你能再举出这样的例子来证明你的想法吗？

生：60＋20＝80，可以想“6＋2＝8”。

生：80－20＝60，可以想“8－2＝6”。

……

师：看来，计算“整十数加减整十数”就可以想“几加几”或者“几减几”来计算，这里的“几”其实表示的是“几个十”。(具体看图 12-7)

40＋30＝70　　　　70－30＝40

4 个十　3 个十　7 个十　　7 个十　3 个十　4 个十

4＋3＝7　　　　7－3＝4

……　　　　……

想“几加几”　　　　想“几减几”

图 12-7

【设计意图】对于小学低年级学生而言，数学模型的建立是通过“重复的例证”来实现的。因此，借助相同类型的举例验证，让学生经历由特殊到一般的归纳推理，从而建立“整十数加减整十数”就可以想“几加(减)几”的数学模型，这也是培养学生模型思想的集中体现。

三、设计系统化练习

根据学情调查的结果来看，对于“整十数加减整十数”的口算，学生都会算。如果以“会算”为目的进行纯粹的计算训练，那么学生的兴趣培养和思维提升将会大打折扣。虽然适度的计算教学技能训练不可或缺，但不能为了计算而计算，有层次、有梯度的系统训练，才会在学生已有水平的基础上促进学生核心素养的提升。当然，这种训练不是盲目的拔高，而应是基于学生，基于教材的内化和深化。

其实，教材给我们提供的题目是固定的，如何进行练习题的适度拓展和延伸，引发学生的深度思考，提升学生的综合能力，应该是我们一线教师要深入研究和解决的问题。

(一)看图列式练习，渗透有序思考

很多一线教师在让学生根据图完成“一图四式”后，本道题的教学也就结束了。其实，挖掘题目背后蕴含的数学思想，让“无形的思想”在层层递进的“问题串”中变得“有形、有味”，则是我们要深入思考的方向。

问题一：你还能说出“几十加几十得 90”的算式吗？

问题二：你能完整地说出所有“几十加几十得 90”的算式吗？（展示学生想法，见图 12-8）

想法一：	想法二：
10＋80＝90	10＋80＝90
20＋70＝90	80＋10＝90
30＋60＝90	20＋70＝90
40＋50＝90	70＋20＝90
50＋40＝90	30＋60＝90
60＋30＝90	60＋30＝90
70＋20＝90	40＋50＝90
80＋10＝90	50＋40＝90

图 12-8

问题三：你说得这么完整，有什么小窍门吗？

问题四：你能按照上面的想法，有序地说出“90 减几十”的算式吗？

【设计意图】在上面的四个问题中，问题一是计算结果的延伸，也是在训练学生的计算技能；问题二是学生思维的提升，引发有序思考；问题三是学生能力的综合体现，两种想法都是有序的，最终引领学生发现：“几加几得 9”“几十加几十就得 90”或者说想“9 的分与合”就能说出所有的算式；问题四是利用已有的活动经验，有序说出“90 减几十”的算式，沟通了加减法的内在联系。上述教学，也是在进行计算，但计算中有思想，有方法，使我们的计算教学有了温度，也有了深度。

(二)对比练习，培养数学推理

2＋5＝	4＋3＋3＝	7－2＋3＝
20＋50＝	40＋30＋30＝	70－20＋30＝

对比练习在小学数学计算教学中经常出现。之所以运用对比，一是为了掌握知识

间的联系和区别，实现知识的有效迁移；二是促进知识的建构和记忆，形成良好的认知结构。

【设计意图】很多一线教师在处理此道题时，一般着重引导学生对比发现“每一组的第 2 题可以想第 1 题来算”。其实，“由第 1 题可以想到第 2 题”的训练才是学生思维水平的一次跳跃。因此，抓住此契机，抛出问题“根据 2＋5＝7，你能写出哪些整十数加减整十数的算式?”看似简单的问题，其实是知识和思维的延伸，也是推理和想象的升华。学生在自主的表达中，既会算了，又会说了，更会思考了，实现了感悟算式联系和建构良好认知的有机统一。

(三)解决问题练习，内化算理

题目：小羊拔了 20 个萝卜，小兔和小羊拔的同样多，小羊和小兔一共拔了多少个?

计算教学的呈现方式是和解决问题融合的，在解决问题中不仅能训练计算技能，更能培养学生解决问题的能力。

在处理本道题时，要以“基于学生，促进发展”为目标，重点进行了以下训练。

1. 根据条件提问题。

小羊拔了 20 个萝卜，小兔和小羊拔的同样多，________________ ?

2. 根据问题分析数量关系。

引导学生说出：求一共拔了多少个，就是把小羊拔的和小兔拔的合起来。

3. 根据问题和算式补条件。

算式：30＋50＝

____________________，小兔拔了 50 个，小羊和小兔一共拔了多少个?

【设计意图】在上述的练习设计中，学生初步体验了解决问题其实就是建立条件和问题之间的联系，有效搭建条件和问题、算式和问题之间的紧密关系，在问题解决中，实现了技能和能力的双提升。

(四)当堂检测练习，延伸思维

学情调查具有动态性和延伸性。课上的当堂检测也是一种学情调查：一是为了检查学生的学习情况，了解学生的认知；二是发现学生的问题，为后续的教学提供帮助。

因此，课上可以出几道“整十加减整十”的口算题，留 5 分钟的当堂检测时间，由教师进行面批，以便于及时全面地把握学情。

1. 算一算：看谁算得又对又快?

2. 写一写：任意选择上面的一个算式，再写出和它得数一样的几十加减几十的算式?(能写几个写几个)

3. 选一选：下面哪幅图可以表示算式“30＋30”中 2 个 3 相加的结果？在旁边的□里画“√”。

A. 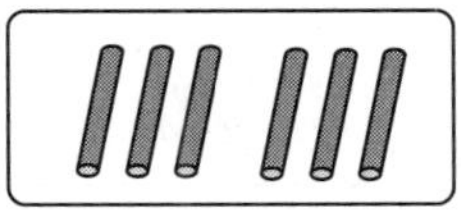　B. 　C. 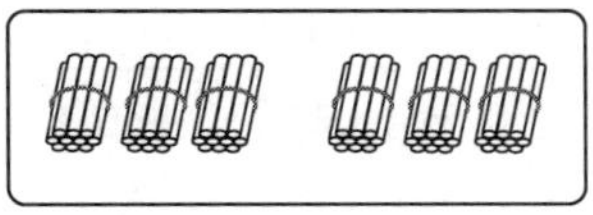

根据学生练习的情况来看，全班正确率为 98％，对知识的掌握和灵活都很强。但对于上面的第 3 题，在课后的随机访谈中发现个别学生虽理解算式的图示，但在计算“30＋3”时按“30＋30”进行计算，从而导致计算错误。因此，下节课的练习可以适当地加入类似的对比练习，从而使学生的能力得以全面地提升。

第三节
计算教学的实施策略

任何事物都有一定的结构体系。整个小学数学教材有一定的结构体系，每一板块的教材也有一定的结构体系，每一单元教材有自己的结构，每一课时也有自己的结构。计算教学也有一定的结构，在进行教学设计时，应基于学情，基于学生，将计算教学与解决问题有机融合，重算法，更重算理；重讲授，更重学生体验；重技能训练，更重灵活运用。

一、整体建构，把握方向

小学数学教材承载的知识点较多，但这些知识点不是孤立的“点”，而是被建构、存在联系的整体。数学学习是一个整体认知的过程，是一个主动构建、整体成长的过程。因此，整体性教学须遵循知识间的内在结构进行整体设计。比如，教学“异分母加减法”时(图 12-9)，要将本节课上升到“数的运算”的领域进行建构，不仅要进行知识点的教学，更要借助知识间的联系进行知识面的扩展，尤其要凸显对知识本质的挖掘，由得法到明理再到通本，实现知识点到知识体系的整体建构。得法，指向知识的获得；明理，指向方法的追溯；通本，指向本质的探究。从得法到明理再到通本，建构计算的一般数学模型(计算的本质就是计数单位不断的累加或递减)。实现“一类”问题的整体建模。

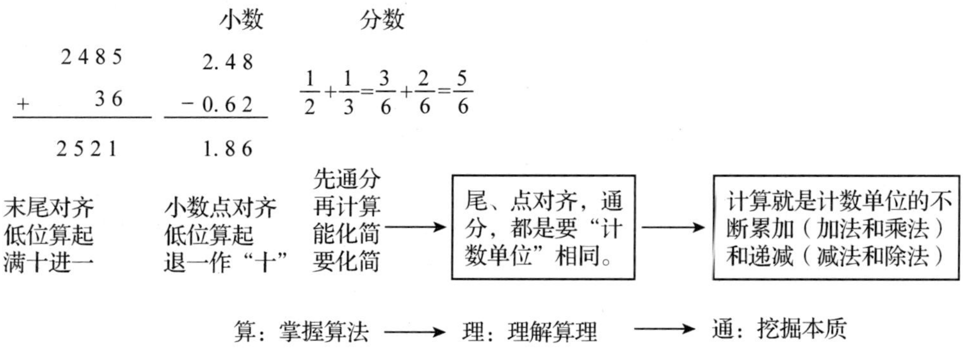

图 12-9

二、启思明理，深化理解

不管是核心素养，还是关键能力，都要基于学科本质，帮助学生进行真正意义上的数学理解。从掌握方法到明白原理，只有在明理的层面才能将知识技能转化成素养和能力。比如，在一年级学习整十数加整十数的口算时，为什么可以先算“几加几”？这就要给学生讲明白道理，可以借助几何直观加深数学理解，使抽象的原理直观化、形象化(图 12-10)。

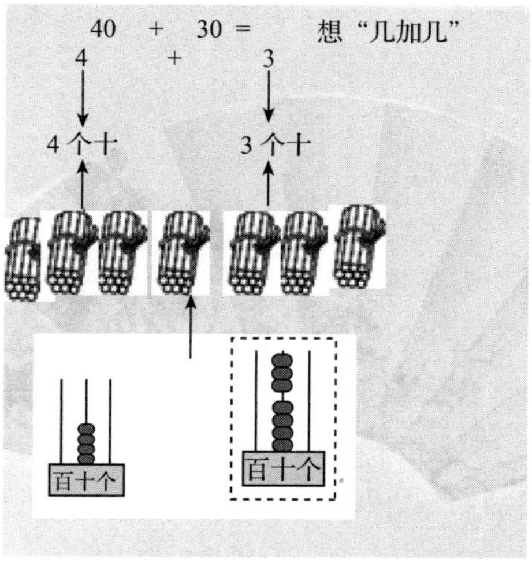

图 12-10

让学生通过摆小棒发现“4 捆”和“3 捆”加起来是“7 捆”；拨计数器“4 颗”加“3 颗”是“7 颗”，形象的“形”支撑抽象的“思”：4＋3＝7 提供了保障，从而引领学生从解决一道题，迁移到一类问题，自然建构“几加几”的数学模型，从而实现指向数学理解的学习。数学能力的培养离不开数学的理解，真正意义上的数学理解是从得法走向明理的理解。

再比如，加法的交换律为什么交换两个加数的位置，和不变？学生可以通过举不同的实例，归纳得出结论；而数学学习也需要追溯知识本质的“证明”，用两条不同的线段分别代表数 a 和 b，(图 12-11)，交换位置可以清晰地看出长度相同，即和不变。真正意义上的数学理解也是归纳推理和演绎推理的融合。只有加深了数学知识的理解，才能促进素养和能力的提升。

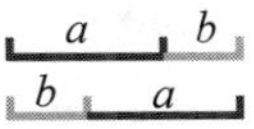

图 12-11

三、构建联系，发展思维

对于完整的教学过程，我们要思考三个问题：知识是什么？知识从何而来？知识会到哪儿去？第一个问题关注的是知识与技能的获得，后两个问题则是需要引领学生探究的过程，是发展能力的重要阶段，这往往是教师所忽略的。对知识点的理解只是表层的理解，构建知识从何来、到哪儿去的知识网络才是真正的数学理解。分析小学数学数的运算内容，我们可以看到，低年级学生处于直观形象思维阶段，通常会借助直观的图形来说明运算规则，借助数形结合构建联系，其中“十进制计数法”是表示数的基本模型，它是整数四则运算的基础。进入了中高年级，随着计算数位的增加，再借助图形表征已不能满足运算，这就将打开教学的新视角，运算规则可以充分运用低位数的规则来进行推理。比如，计算三位数除以一位数，可利用“两位数除以一位数”的规则来推理。借助推理来建构联系，进入四年级，学生开始学习运算律，整数四则运算律是数学运算的基本模型。比如，要计算“25×46”用“乘法分配律” 的模型来解读，以此构建联系(图 12-12)。

$$
\begin{aligned}
&25\times46\\
=&25\times(40+6)\\
=&25\times40+25\times6\\
=&1\,000+150\\
=&1\,150
\end{aligned}
\quad \Longleftarrow \quad
\begin{array}{r}
25\\
\times\quad 46\\
\hline
150\\
100\\
\hline
1\,150
\end{array}
$$

图 12-12

提升学生的数学素养和能力，就是要引领教师以具体的知识为载体，以挖掘知识的发生发展过程为目标，用系统的观点高站位，深解读，细架构，形成清晰的知识脉络，促进学生数学思维的发展。

四、疑问导向，加强应用

数学是自然科学的基础，也是重大技术创新的基础。为此，科技部办公厅、教育部办公厅、中科院办公厅、自然科学基金委办公室共同制定了《关于加强数学科学研究工作方案》，方案中强调要加强数学的应用。运算能力是数学关键能力的核心，在教学中不能机械追求计算，而要引领学生在学习的过程中，以问题情境为导向，培养学生实际应用的能力。

如何在数的运算中设计问题，培养学生的应用能力呢？可以采取以下教学策略。

（一）设计适当的问题空间

比如，学习加减时引导学生提出这样的问题："＋，－"是怎么来的？将数学知识与数学史有机融合，彰显数学文化的魅力。再比如，在学习"两位数乘两位数的乘法计算"后，引发学生思考：学习这个知识，有什么用呢？将问题解决与计算教学有机融合，实现数学的应用价值。比如，三年级学完"混合运算"后，教师可以设计有数学情境的问题。

1. 开心文具店新进了油画棒和水彩笔两种文具各 10 盒，油画棒每盒进价 15 元，水彩笔每盒进价 10 元。你能帮老板算一算，这一次进货共花了多少元吗？

2. 卖出时，每盒文具加价 5 元。如果全部卖出，除去进货的钱，开心文具店的老板获得了多少元？

3. 当你解决了上面的问题后，还能提出一个类似的问题并解决它吗？

（二）传授适合的提问方法

教师往往注重知识的传递，而学生往往无条件地接受学习，长此以往，学生犹如机器，失去了问题意识，更不会提出问题。因此，教师要有意识地培养学生提问题的意识，教授学生一些简单的提问题的方法，如可以是由知识的类比引发的猜想式提问。例如，教学加法运算律时的设疑："是不是乘法中也有这样的规律呢？"，由知识的归纳引发出的总结式提问。例如，学习小学乘法计算时的设疑："小数乘法可以按整数乘法来计算，它们之间有什么内在联系呢？"，由知识的变式引发的逆向提问。例如，研究积的变化规律时的设疑："乘法和除法是互逆的运算，商的变化规律是不是和积的规律互逆呢？"等。只有能提问题，善提问题，会解问题，才能真正提升学生的素养和能力。

本章小结

计算教学设计，应贯彻以学、定、教理念，做到"两基"：基于学情，基于学生；两融合：计算教学与解决问题的融合，数理与方法的有机融合；六重：重算法，更重算理；重讲授，更重学生体验；重技能训练，更重灵活运用，从而提升学生的素养和能力。

章后练习

1. 计算教学的具体内容有哪些？
2. 独立进行一个计算教学的教学设计，并进行课例分析。
3. 计算教学实施一般要注意哪些方面？

拓展阅读

喻平．数学教学心理学．北京：北京师范大学出版社，2010.

第十三章

解决问题策略课教学设计

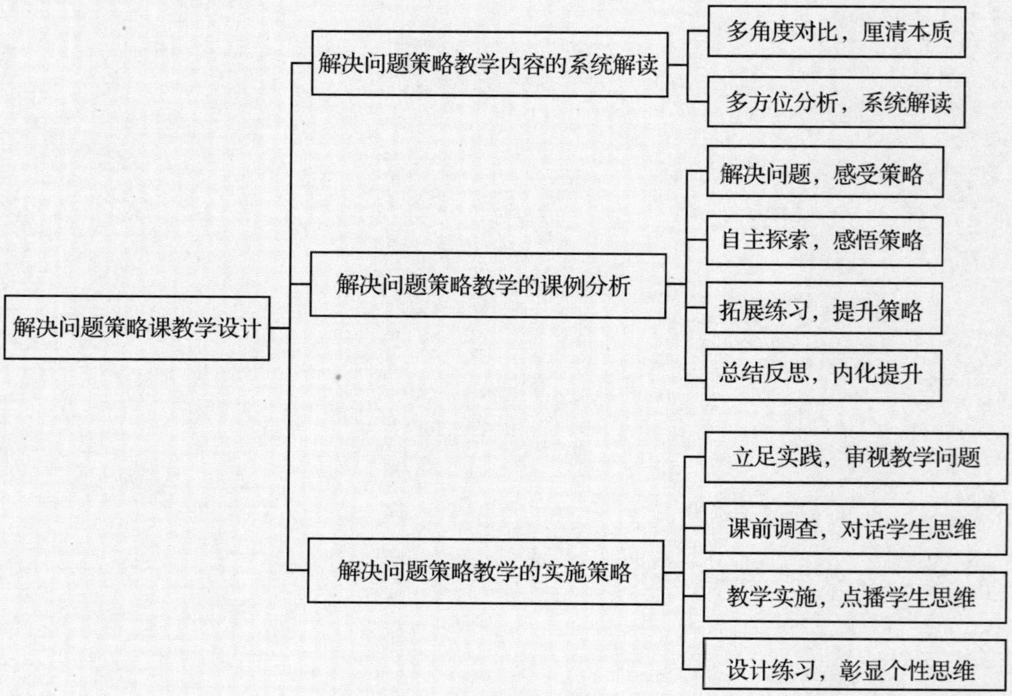

本章概述

能够使用策略解答生活中的难题是应用意识发展的主要体现。本章主要从实践出发，探讨解决问题策略教学内容的系统解读、解决问题策略教学的课例分析、解决问题策略教学的实施策略，厘清策略的内涵与价值，把握策略教学的核心，促进学生应用意识和学科素养的发展。

章前导语

解决问题策略教学具体包含哪些内容？这些内容的呈现有什么共同之处？如何进行解决问题策略课的教学设计？带着对这些问题的研究和思考走进本章的学习。

第一节
解决问题策略教学内容的系统解读

美国数学家和数学教育家波利亚在《怎样解题》一书中提出关于怎样解题的四个步骤：第一，问题的理解；第二，制订计划；第三，计划的实施；第四，结果的反馈。而在数学学习领域，对于小学生来说，理解四个步骤是非常困难的。因此，在小学数学课堂教学中，我们将波利亚的四个步骤弱化为以下形式：第一，问题是什么；第二，怎样解决；第三，着手解决；第四，回过头来看看。为了实现解决问题策略内容的系统解读，需要先厘清问题解决与解决问题、策略与方法的区别。

一、多角度对比，厘清本质

(一)问题解决与解决问题的区别

《义务教育教学课程标准(2011 年版)》将“解决问题”调整为“问题解决”，并对此目标具体阐述如下。

· 初步学会从数学的角度发现问题和提出问题，综合运用数学知识解决简单的实际问题，增强应用意识，提高实践能力。

· 获得分析问题和解决问题的一些基本方法，体验解决问题方法的多样性，发展创新意识。

· 学会与他人合作交流。

· 初步形成评价与反思的意识。

问题解决是心理学学习理论的一个重要部分，是应用数学知识的过程，是一种能力，是数学学习的目的，也是一种教学模式。解决问题和问题解决的不同主要体现在两个方面：一是立足点的不同。解决问题的立足点是“解决”，通常指给出了问题，让学生分析与解决这个已给定的问题；问题解决则同时立足“问题”和“解决”，更关注如何发现问题、提出问题或表述问题，如何想办法分析问题、解决问题。二是包含面的不同。解决问题主要包含运用数学知识分析和解决问题这两个方面，而问题解决包括从数学角度发现、提出、分析和解决问题这四个方面。问题解决与解题有本质的不同。解题仅仅是一种技能，而问题解决不应仅仅被理解成一种具体的技能，在教学中它还能为学生提供发现、创新的环境和机会，为教师提供培养学生解题能力的方法。

苏教版小学数学教材对课程目标"问题解决"的执行与设置主要体现在以下三个方面：一是探索规律；二是综合与实践(本书第十八章重点阐释)；三是解决问题的策略。解决问题的策略则重点使学生获得分析问题和解决问题的一些基本方法，优化解题思路，有效解决问题，获得一些灵活运用策略解决问题的经验，增强策略意识，发展创新意识。

(二)策略与方法的区别

苏教版小学数学教材在三到六年级的每一册都安排了与策略相关的内容，使策略体系更完整，更有利于学生分析问题和解决问题。小学数学课程总目标中针对问题解决方面这样阐述：综合运用数学知识解决简单的实际问题，增强应用意识，提高实践能力。获得分析问题和解决问题的一些基本方法，体验解决问题方法的多样性，发展创新意识。课程标准中对问题解决目标的表述为"方法"，它与教材中对应的"策略"在本质上有什么不同？

在《现代汉语词典(第 7 版)》中，策略与方法的释义分别如下。

方法：关于解决思想、说话、行动等问题的门路、程序等。

策略：根据形势发展而制定的行动方针和斗争方式；讲究斗争艺术，注意方式方法。

通过释义我们不难发现，解决问题的程序、途径都可以称为方法，方法是实现目标方法的优化，指向"解决"；能很好解决问题具有思维含量的优质程序、途径称为策略，策略是具有创造性、实效性的方法，指向"思维"。方法有多样性，策略有灵活性。在数学学习中，无论是哪个版本、哪个阶段，都渗透着策略，从方法上升到策略才能更好地助推数学学习。例如，一年级在认数时，将一只大象、一个桃子、一根小棒等物体抽象为一个圆、一个点、一条线，完全舍弃了质的内容，凸显量性特征，引领学生感悟用图形、点或线可以表示具体的事物，用对等的图、点、线来表示对应的物品，再将数量抽象为数字，这种初步的抽象思维属于数学学习的策略。再如，一年级在学习 20 以内的进位加法时，9 个苹果和 4 个苹果，一共有多少个苹果？我们将 4 个苹果拿出 1 个与 9 个凑成 10，再去加 3，得到 13，这是一种策略。

二、多方位分析，系统解读

苏教版小学数学教材自三年级上册起开始将“解决问题的策略”独立设置单元，直到六年级下册，每册教材安排一个独立单元。具体内容安排如表 13-1 所示。

表 13-1

册次	具体内容
三年级上册	从条件出发分析和解决问题
三年级下册	从问题出发分析和解决问题
四年级上册	灵活运用从条件或问题出发分析和解决问题
四年级下册	用画图的策略整理条件和问题
五年级上册	用列举的策略解决实际问题
五年级下册	用转化的策略解决实际问题
六年级上册	用假设的策略解决实际问题
六年级下册	选择和运用适当的策略解决实际问题

下面我们分别从内容详解、编排特点两个方面，对各册“解决问题的策略”单元所设置内容进行系统解读。

(一)内容详解

三年级上册安排的是从条件出发分析和解决问题。从已知条件出发，想出由这些条件所能解决的问题，并最终与所需解决的问题建立起联系，这由因导果的思考方法，我们称为从条件出发思考的策略。

三年级下册安排的是从问题出发分析和解决问题。从题目的问题入手，根据数量关系，先找出与这个问题直接相关的两个条件，再把上述条件中的未知项作为新的问题，并继续寻找与它直接相关的另外两个条件。像这样执果索因、逐步推理，直到所需要的条件都能从题目中找到为止的思考方法，我们称为从问题出发思考的策略。

四年级上册安排的是灵活运用从条件或问题出发分析和解决问题。这部分内容主要结合两积之和、归一等实际问题的教学，引导学生经历解决实际问题的过程，体验列表整理条件和问题、从条件和问题出发分析数量关系、按一定的步骤解决问题的策略。

四年级下册安排的是用画图的策略整理条件和问题。主要引导学生运用画线段图或示意图的方法描述问题，借助几何直观图分析数量关系，寻求解题思路，积累解决问题的经验，感悟直观化的思想方法，发展几何直观，把复杂的数学问题变得简明、形象，提高分析问题和解决问题的能力。

五年级上册安排的是用列举的策略解决实际问题。主要是让学生经历用列举的策略解决实际问题的过程，感受列举策略的特点和价值，增强分析问题的条理性和严密性。并能根据不同实际问题的特点，通过合乎逻辑的思考，不重复、不遗漏地列举出符合要求的各种情况，使学生思维的条理性和严密性得到进一步发展。

五年级下册安排的是用转化的策略解决实际问题。主要是让学生在解决问题的过程中，初步领会转化的过程和特点，体会用转化策略解决问题的基本思考方法，能根据具体问题确定合理的解题思路，有效解决问题，并引导学生在解决问题过程中回顾、比较和反思，深刻感悟转化策略的价值，增强解决问题的策略意识，提高从不同角度分析和研究问题的能力。

六年级上册安排的是用假设的策略解决实际问题。主要是引导学生通过有序、有效的思考，提出合理的假设，达到化难为易的目的，初步形成解决问题策略的意识，提高分析和解决问题的能力。能够运用假设的策略分析数量关系，确定解题思路，正确解答一些简单的含有两个未知数的实际问题。

六年级下册安排的是选择和运用适当的策略解决实际问题。相较于之前各册解决问题的策略内容安排，本册内容具有明显的综合性和灵活性。主要引导学生根据实际问题的条件和问题，学会从不同的角度分析数量关系，提出不同的解决问题的思路，并进一步根据解题的需要，结合自身的经验和习惯，选择合适的策略解决问题。

纵观整个小学阶段解决问题的策略内容安排，六年级下册选择的解决实际问题的策略可以视作是对整套教材解决问题的策略内容的整理与统合。通过典型实际问题的策略选择，对以前学习的有关策略进行整理，使学生获得更深刻的体验，增强灵活运用解题策略分析数量关系、确定解题思路的意识和能力。尤为强调选择解决问题策略的多样性及灵活性，重在培养学生能综合运用并选择合适的策略分析数量关系，确定解题思路，并有效地解决问题，从而获得灵活运用策略解决问题的经验，发展策略意识，提高分析问题和解决问题的效率与能力。

(二)编排特点

结合教材内容详解，对以上解决问题的策略的编排特点进行细致整理和对比，便于更系统地进行教学设计定位(表 13-2)。

表 13-2

册次	编排特点
三年级上册	1. 所安排的实际问题紧扣常见的数量关系，既突出便于从条件出发思考的特点，又利于学生进一步熟悉这些常见的数量关系。 2. 引导学生根据实际问题的特点，合理使用列表、画图等方法辅助思考，使策略运用过程更具有针对性。 3. 突出对解决问题过程的反思，并通过比较相关问题的解答过程，帮助学生形成对解决问题策略的认识。
三年级下册	1. 选择合适的问题，引导学生主动尝试从问题出发展开分析和思考。 2. 引导学生经历解决问题的完整过程，帮助他们不断积累解决问题的经验。 3. 通过相似问题解答过程的比较，引导学生形成对策略相对理性的认识。
四年级上册	1. 选择经典，凸显教学内容的教育价值。 2. 因“题”制宜，教给学生整理条件和问题的方法。 3.“扶”“放”结合，引领学生感悟分析数量的策略。 4. 适时归纳，帮助学生初步掌握解决问题的一般步骤。 5. 及时反思，培养学生自我反思意识。
四年级下册	1. 选择合适的问题，让学生在运用画图策略解决实际问题的过程中，感受借助图形直观分析数量关系、确定解题思路的方法，逐步培养学生运用策略的意识。 2. 在解决问题的过程中，培养学生运用策略的意识。 3. 在富有变化的问题中，让学生感受策略是超越具体问题而存在的。
五年级上册	1. 选择典型且富有变化的实际问题，引导学生逐步体会列举策略的意义，掌握运用策略解决问题的基本思考过程和方法。 2. 引导学生根据所要解决的问题的特点，在列举的过程中合理使用列表或画图等辅助性手段，感受不同策略在解决问题过程中的不同价值，增强综合运用数学知识和方法的能力。 3. 适当控制让学生解决实际问题的难度。
五年级下册	1. 通过对比和回顾，引导学生感受转化的策略意义，体会应用这一策略解决问题的基本过程和特点。 2. 提供合适的探索空间，引导学生逐步积累针对具体问题的转化经验。 3. 选择典型且富有变化的实际问题，让学生逐步加深对转化的认识，提高用转化策略解决问题的能力。
六年级上册	1. 选择较为典型的实际问题，让学生在运用策略解决问题的过程中，感悟假设的策略及价值。 2. 呈现解决问题的一般过程，促使学生有序、有效的思考。 3. 练习的编排从内容到呈现形式都体现了鲜明的层次性。
六年级下册	1. 选择较为典型的实际问题。 2. 合理设计教学活动的线索，引导学生切实展开自主探索与合作交流的活动。

从以上两个表格可以看出，三年级解决问题的策略内容安排都凸显着针对性，而四年级解决问题的策略内容安排则侧重于灵活性；五六年级的策略安排侧重综合性。每一个策略都不是孤立存在的，而是相互融合的。比如，“从条件出发分析和解决问题”的内容安排中，也涉及简单的列表及画图策略，此时的列表与画图仅局限于简单的数量关系，重点在于发挥其辅助分析作用，培养策略意识。具体地说，“从条件出发分析和解决问题”策略是从实际问题中的已知条件入手的，其关键是首先要能看出条件间可能存在的关系。这样的编排，既能让学生根据自己所熟悉的数量关系从已知条件入手进行思考，较好地体验运用从条件出发思考的策略分析和解决问题的过程，又可以使他们在运用策略解决问题的同时进一步加深对这些常见数量关系的认识。具体有如下梯度(图 13-1)。

等量递增 →	等量递减 →	等量倍增 →	等量倍增/减
例 1，小猴帮妈妈摘桃，第一天摘 30 个，以后每天都比前一天多摘 5 个，小猴第三天摘多少个?	一个皮球从16米的高处落下，如果每次弹起的高度总是它下落高度的一半，第 3 次弹起多少米?第4次呢?	第 1 个正方形里画了 2个圆，以后每个正方形里画圆的个数都是它前一个正方形里的 2 倍。	例 2，绿花有 12 朵，黄花的朵数是绿花的 2 倍。红花比黄花多 7 朵。红花有多少朵?

图 13-1

第二节
解决问题策略教学的课例分析

通常我们遇到新颖的、比较困难的、暂时还没有解法和答案的问题时，不妨大胆地猜一猜、估一估，做出一个假设。假设不一定就是原来问题的正确结果，对假设必须检验。如果假设完全符合问题情境，它就是问题的答案；如果假设不完全符合问题情境，就需要适当调整，向正确结果靠拢，直至得到问题的答案。通过学习，让学生在解决问题的过程中初步体会假设的策略，充实思想方法，发展解题策略。教材安排的例题就是利用“小杯的容量是大杯的$\frac{1}{3}$”这个数量关系进行的替换活动，把较复杂的问题转化成简单的问题。教学的任务是沉睡的方法唤醒，使隐含的思想清晰起来，并引导学生在回顾与反思活动中建构策略体系。这是例题的编写意图，也是设计的教学思路。

一、解决问题，感受策略

(一)旧知引入，对比提升

出示题目 1：小明把 720 毫升果汁倒入 6 个小杯，正好倒满。小杯的容量是多少毫升？

指名学生口答，重点引导学生说出数量关系式：总量÷杯子的数量＝每个杯子的量。

(出示算式：720÷6＝120(毫升))

出示题目 2：小明把 720 毫升果汁倒入 3 个相同的大杯，正好倒满。大杯的容量是多少毫升？

指名学生口答，揭示小结数量关系式。

(出示算式：720÷3＝240(毫升))

比较：这两道题简单，是因为只含有一个未知量。(板书：一个未知量，简单)

(二)问题驱动，感受关系

出示例题：小明把 720 毫升果汁倒入 6 个小杯和 1 个大杯，正好都倒满，小杯和大杯的容量各是多少毫升？

提问：这个问题有点儿复杂了吧？与第 1 题相比，复杂在哪里？

指名学生口答，并揭示：这一题含有两个未知量，所以复杂(板书：两个未知量，复杂)

追问：要解决问题，还必须知道什么？

引导学生说出：知道两个未知量的关系(板书：关系)，并补全题目。

【设计意图】以新旧知识的对比与联系，引发学生对简单数量关系的理解；借助“关系”搭建假设策略的依据本质，从而使学生初步感知假设策略的价值和意义。

二、自主探索，感悟策略

(一)理解数量关系

提问：怎样理解题目中的数量关系？

小组交流，指名汇报。

小结：通过题目，我们可以发现 6 个小杯的容量与 1 个大杯的容量之和是 720 毫升，1 个大杯的容量相当于 3 个小杯的容量(图 13-2)。

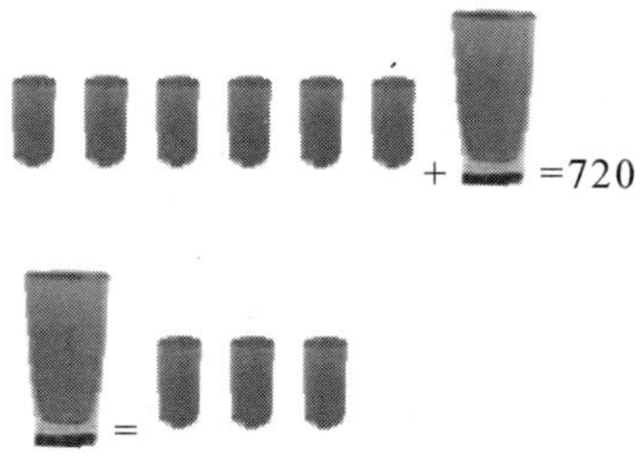

图 13-2

数形结合，感知关系(图 13-3)。

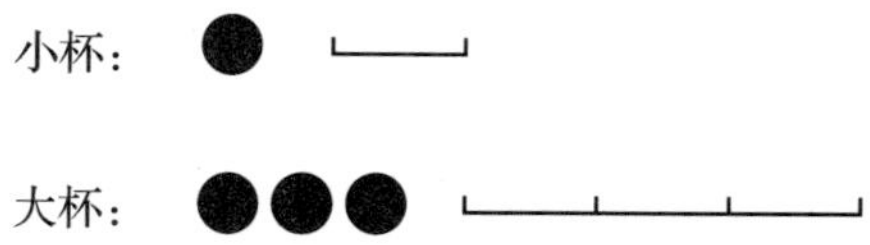

图 13-3

(二)自主尝试

1. 出示自主学习单

“解决问题的策略”自主学习单

(1) 小明把 720 毫升果汁倒入 6 个小杯和 1 个大杯，正好都倒满。小杯的容量是大杯的$\frac{1}{3}$，小杯和大杯的容量各是多少毫升？

活动要求：

想一想：你准备怎样解决这个问题？

写一写：把你的想法简单清晰地表达出来。

说一说：在小组内交流你的想法。

我的思考：

学生活动，教师巡视。

预设学生出现的不同方法有：①画实物图帮助解答；②画线段图帮助解答；③用方程解答；④列算式解答。

2. 展示解法，交流思路

方法一：假设把 720 毫升果汁全部倒入小杯。

预设：这里大杯与小杯的容量不同，如果能让大杯变成小杯，问题就简单了。所以，把大杯换成了小杯，用720除以9可以算出一个小杯的容量，再乘3就可以求出大杯的容量了。

追问：题目中明明是7个杯子，这里为什么会用720除以9呢？

小结：我们根据"大杯的容量是小杯的3倍"这个关系，把1个大杯换成了3个小杯(课件演示)，得到一共有9个小杯，既然都是小杯，现在720毫升果汁是不是可以平均分了？

出示算式：

小杯：720÷(6+3)=80(毫升)，大杯：80×3=240(毫升)。

思考：解题时最关键的步骤是什么？

小结：根据关系，把两个未知量假设成了一个未知量。

方法二：假设把720毫升果汁全部倒入小杯。

预设：还可以假设都是大杯，把6个小杯换成2个大杯，720除以3就是大杯的容量，再除以3求出小杯的容量。

出示算式：

大杯：720÷(6÷3+1)=240(毫升)，小杯：240÷3=80(毫升)。

方法三：画线段图。

预设：我是用画线段图帮助理解的。有6个小杯，所以画了6段，1个大杯是小杯的3倍，因此画了3小段。

小结：用这样的3小段表示大杯的容量，也就是把1个大杯换成3个小杯，这样720毫升果汁正好装在9个小杯里，问题也就解决了。

方法四：列方程。

预设：设小杯的容量是x毫升，大杯的容量就是$3x$毫升，用方程也可以解决问题。

学生介绍列方程解答的过程。

3. 分析解法，体会策略

提问：刚才同学们交流了自己的想法，不管用什么方法思考，解题时都有一个共同点，你发现了吗？

小组讨论，明确：都是把1个大杯换成了3个小杯或者把3个小杯换成1个大杯。

提问：不管哪种方法，都运用了什么策略？(板书：假设)

小结：不管是小杯换成大杯，还是大杯换成小杯，都是借助两个未知量的关系，把两种未知量变成一种未知量，从而使复杂问题变简单。这就是我们今天要学习的解决问题的策略——假设。

4. 自主检验

提问：例题解答是否正确，应该怎样检验？

指名汇报。

小结：解题的结果符合题中所有相关条件，说明解答正确。

学生独立完成检验。

5. 回顾反思

提问：回顾刚才的过程，有什么体会？

借助多媒体，引发学生思考。

追问：以前的学习中，我们曾经运用假设的策略解决过哪些问题？

小结：不管是原来学习的假设，还是今天学习的假设，都是把复杂的问题变简单。

【设计意图】策略属程序性知识，它无法直接通过讲解、示范等方式从外部输入，而必须在学生充分经历探索的过程、不断积累活动经验的基础上在内部产生。解决问题不是我们的最终目的，而是要进一步引导学生在解决问题的过程中感受策略；有效反思解决问题的过程，提升策略。引导学生从不同解法中提取相同的策略元素“假设”，并紧扣“关系”，使学生本来无意识的策略明晰化，逐步形成策略；在数量关系的分析中，理解策略。学生学习策略的过程不只是解决某个问题的过程，更重要的是学习一种思想方法，让学生感受到运用“假设策略”可以把复杂的数量关系简化，达到解决问题的目的，进而使学生感受到“假设策略”的价值。

三、拓展练习，提升策略

(一)基础练习

3 辆大货车和 4 辆小货车共运货 30 吨，大货车的载重量是小货车的 2 倍。两种货车的载重量各是多少吨？

(1)指名板演，交流算法。

(2)小结：看来借助未知量的关系，运用假设策略，真的可以帮助我们解决实际问题。

(二)变式练习

1 张桌子和 4 把椅子的总价是 2 700 元，椅子的单价是桌子的$\frac{1}{3}$。桌子和椅子的单价各是多少？

(1)小组交流，可以怎样假设？

(2)小结：在实际解决问题的过程中，要灵活选择简单的方法。

(三)综合练习

图 13-4

(1)引导学生先补充“关系”，再解答。

(2)小结：看来，运用假设策略解决问题，要抓住未知量之间的关系。

(四)延伸练习

出示题目：妈妈过生日，小明送给妈妈一束鲜花、一个蛋糕和一盒巧克力，一共用去 180 元(图 13-5)。一个蛋糕的价钱是一束鲜花的 2 倍，买一盒巧克力的价钱正好可以买一束鲜花和一个蛋糕。一束鲜花、一个蛋糕和一盒巧克力各要多少钱？

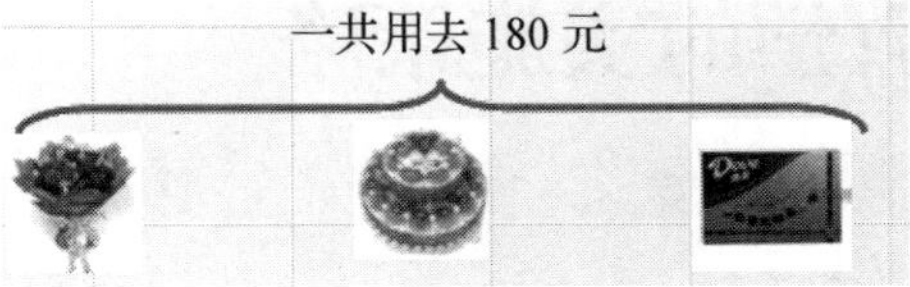

图 13-5

(1)小组讨论。

(2)小结：可以把三个未知量先假设成两个未知量，由两个未知量假设成一个未知量。

(五)比较练习

小明把 720 毫升果汁倒入 6 个小杯和 1 个大杯，正好都倒满，小杯容量比大杯少 20 毫升，小杯和大杯的容量各是多少毫升？

思考：如果两个未知量的关系是一种相差关系，我们又该怎样假设呢？假设的过程中什么变了？什么没变呢？

【设计意图】有层次、有深度的练习，既巩固了策略，又实现了策略的优化。引导学生经历运用假设的策略解决问题的过程，并通过比较使学生明确：解决问题时，要根据题目的特点选择比较简便的方法，既有同中辨异，更有异中求同，使学生逐步感悟策略的本质内容：只要把题目中两种或者两种以上的不同的量，借助关系，通过假设转化成同一种量，问题就容易解决了。教师与学生、学生与学生的思维不断碰撞，而这一过程，是对假设策略本质内容的提炼过程，也是形成和积累理性数学思考经验与感悟的过程。

四、总结反思，内化提升

提问：这节课，你学会了什么知识？是怎么学会的？

小结：学习数学，不仅要学会知识，更要关注知识的发生与发展，掌握背后蕴含的数学思想方法。

【设计意图】弗赖登塔尔认为：反思是数学思维活动中的核心和动力，反思性学习能力的培养有助于学生的自我持续发展，是学生终身受益的一种关键能力。反思的价值不仅体现在查漏补缺上，更主要表现为对所学知识、思维方法、学习方法等方面的重新反思与架构，促进学生素养提升。

第三节
解决问题策略教学的实施策略

策略是解决问题的工具，问题是策略学习的载体。解决问题的策略教学一方面要充分建立与解决问题的联系，但又不能拘泥于解决问题；另一方面要在解决问题的过程中，引领学生感受、体会、反思解决问题策略的手段，感受策略的价值和意义，体悟解决一类问题选择策略的共通性，形成策略的意识，并能灵活运用所学策略再去解决新的问题，深化策略本质的理解，建构策略体系。解决问题的策略一般要经历三个阶段：潜意识阶段、明朗化阶段、深刻化阶段，真正由解决问题走向策略理解，实现深度学习。

一、立足实践，审视教学问题

教学实践是教学设计实施的主要载体。对于解决问题的策略而言，很多学生由于课外的学习，对于解决问题本身均能很熟练掌握，这势必给课堂教学带来了一定的挑战，面对学生已经会解决的问题，如何上升到策略意识，是教学实施的关键所在。因此，我们要立足实践，审视教学中存在的现实问题，为教学的顺利实施提供保障。

问题透视：

在一次数学教研活动中，聆听了一节苏教版数学五年级上册“解决问题的策略”一课，当教师出示题目：王大叔用22根1米长的木条围一个长方形花圃，怎样围面积最大？这时，有一个学生脱口而出：“老师，我知道，让长和宽越接近时，面积最大”，同时也有很多学生附和道：“老师，我也知道，在奥数班都学过。”上课教师陷入了一脸茫然，毫不理会学生的想法，“按部就班”地执行原先设计好的教学程序，而注意观察刚才发言的学生的表情，对于教师的讲解毫无兴趣。下课后，在与学生的交谈中发现，学生只是会解决问题，而对于“策略”却“毫不知情”。教师则认为：“这个问题只是少部分学生会做，还是要一点一点讲的，保证让大多数学生都会解决问题”，而对于“策略”本身未曾深思。

面对上述课堂现象，我们要对“解决问题的策略”进行深入的思考，只有聚焦问题、剖析问题，才会更加深入地解决问题。

思考一：“解决问题的策略”教学的价值是什么？

从上述现象可以看出，教师认为“保证大多数学生会做”是“解决问题的策略”的最终目标，学生只要会解决问题就行了，而忽略了对于“策略”意义和价值的探寻；而学生也只是会做题，策略背后彰显的数学思想和方法却无从感悟。因此，“解决问题的策略”教学，教师的教与学生的学都只是过多地关注了“解决问题”，而削弱了“策略”本身。对于策略本身的价值应该上升到“学科教学的本源性”问题，也就是要挖掘解决问题策略背后所蕴含的数学基本思想方法上来。比如，上述教学中解决问题策略——列举，它蕴含的数学本源性问题就是分类思想以及相应的分类方法，教学要始终围绕此主题展开。

思考二：“解决问题的策略”如何教学？

对于“解决问题的策略”，一线教师是存在很多困惑的。因为这部分知识是散见于各种解题研究或者奥数书上的内容，有很多学生都学过，并且过早地知道了结论，而对于过程的理解并不深刻，这些都无疑给教学带了一定的难度。就像上述片段中学生的“脱口而出”，让教师无法应对。那么，如何教学“解决问题的策略”，则是我们要深入思考和研究的。但是，不管选择何种教学方式，都要看学生是否在学习，教师的教是否支持了学生的学，促进了学生的发展。

依据上述分析，我们认为，“解决问题的策略”教学不能只关注“问题的解决”而应抓住“学科本源”，即运用背后所蕴含的数学基本思想方法来展开教学；要以学生的学为主、教师的教为辅设计教学。课堂，让学生在场，让学生的学习在场，应该成为我们教学的一种态度和目标。

二、课前调查，对话学生思维

正如美国教育心理学家奥苏伯尔所言，影响学习的最重要因素，就是学习者已经知道了什么。要探明这一点，并应据此进行教学。而学情调查则是充分了解学生前认知状态的重要手段，没有学情调查，就没有真正意义上的课堂教学。因此，我们在课前设计了简单的调查卷，以此来全面了解和分析学生。

“解决问题的策略”学前调查

学校________ 班级________ 姓名________ 性别________

同学们，你能解决下面的问题吗？答案可以直接写。解题思路可以用表格或图形或算式或文字来表示自己解决这个问题时的想法。如果以前没有接触过这样的题，现在就凭自己的能力想一想，找不到答案也不要紧，想到什么就写什么。这可是对自己数学能力的一次考验啊！

1. 王大叔用 22 根 1 米长的木条围一个长方形花圃，怎样围面积最大？

答案：当长是______米，宽是______米时，围成的面积最大。

解题思路：

结合上面的调查，我们可以更加清楚地了解学生的思维状态，不能只关注解决问题本身，应把重点放在让学生通过交流讨论，感悟策略产生的意义和价值，并能够体悟其背后的数学思想方法。

三、教学实施，点播学生思维

课前调查的目的：一是充分了解学生的现实起点和逻辑起点；二是借助调查分析的结果，有效地改进学案设计。教学的最高境界是为了不教。因此，我们充分利用上述的调查分析结果，让学生当老师，教师在“一旁观战”，必要时加以引导，充分发挥学生的主观能动性，使学生的学习更有价值和意义。

（一）交流展示，体悟策略的价值

在教学过程中，教师的作用就是引领学生由不科学的、零乱的认知实现科学的、有序的思考。因此，结合课前学生的调查，采取小组合作的方式，让学生充分的交流感知，从而感知列举策略产生的意义和价值。

解决问题策略的学习是与解决问题的学习相统一的。问题是策略学习的载体，策略是解决问题的工具。比如，在解决问题的策略的学习中，在交流、感受、体会与反思中，让学生明白不管是列表、算式，还是画图都是在一一列举，而这样做的目的是把无形的策略加以形象化、深刻化的阐释，从而感知策略产生的意义和价值。

(二)对比提升，内化思想模型

利用数学思想方法解题是小学数学教学中一个重要且有效的解题方法。它的关键在于引导学生的思维由无序的、盲目的思维上升到有序的、理性的思维，培养学生思维的严谨性和深刻性。比如，“列举”策略的数学本源问题就是“分类”。教师可以引导学生进行充分的对比，让学生更加体会出“有序思考”的意义(也就是分类思想的内核)，凸显数学学科的本质，彰显数学思考的理性精神；要让学生体会“有序思考”后更有助于探索“周长相等，长和宽越接近，面积就越大，当长和宽相等，也就是正方形时，面积最大”的规律，让“列举”策略的价值得以更大程度的体现。转化的本质就是“等量代换”，而在实际教学中，很多教师都忽略了这一点，应探索挖掘数学问题背后的思想底蕴。

四、设计练习，彰显个性思维

数学练习设计是教师必备的一项基本功，也是检验课堂效果的前提和基础。好的练习设计不仅要有针对性、层次性、启发性，而且还能不断完善学生的认知结构。为了使学生在解决问题的过程中体会策略、理解策略并能运用策略，我们设计了以下练习。

学生作业纸

1. 用 12 个边长为 1 厘米的正方形拼成长方形，怎样拼周长最大？

我的分析与解答：

我的发现：

我的疑问：

2. 某学校食堂中午供应的荤菜有 3 种，素菜有 4 种。小洪选 1 种荤菜和 1 种素菜，一共有多少种不同的搭配？

我的分析与解答：

我的发现：

我的疑问：

3. 解决上面两个问题，我的体会。

在上述的练习设计中，从学生的角度看，真正尊重了学生的数学思维，以“分析与解答”“发现”“疑问”“体会”为关键词，形成了由独立解决问题→探索发现→质疑解惑→回顾与反思的解决问题表征体系，提升了学生解决问题的素养。从知识的角度分析，第 1 题是在例题的基础上进行了同类延伸，并能让学生的认识由从“周长相等比面积”

到“面积相等比周长”对比与统一。从学生的反馈结果来看，大部分学生都是通过“列表列举”来解决问题，发现了“面积相等，长和宽都是 12 的因数，12＝12×1，12＝6×2，12＝4×3”，直观上感知了 12 个同样大的正方形拼成一排，周长最大，而且对列举策略又有了更加丰富的认识；第 2 题是教材“练一练”的变式，教材中直接给出了要求：“先填表，再回答”，促使学生按照“规定”进行填表列举，但在学生的解答过程中，我们不难发现，绝大多数学生都没有用表格列举，而是选择了算式列举。因此，直接省去教材中安排的表格，能为学生的思考提供更为广阔的思维空间，充分发挥学生的创新思维。

新课程改革是一场学校领域的基础性“革命”，其成败的关键在于一线教师的教育理念和教学方式的转变。解决问题策略教学，呼吁我们一线教师不能仅凭经验“低头拉车”，更多的应是基于学生，扎根课堂“抬头看路”，在教中研，研中教，真正实现以“学”为中心的生命课堂，这才是我们共同思考和前进的方向。

本章小结

解决问题策略教学设计，以发现问题为视角，以问题解决为目的，引领学生在策略学习过程中掌握分析问题和解决问题的方法，有效解决问题；在解决问题的过程中优化解题思路，增强策略意识，获得运用策略解决问题的经验，发展创新意识。

章后练习

1. 解决问题策略教学的具体内容有哪些？
2. 独立进行一个解决问题策略教学的教学设计，并进行课例分析。
3. 解决问题策略教学实施一般要注意哪些方面？

拓展阅读

1. 张奠宙，孔凡哲．小学数学教学研究．北京：高等教育出版社，2017.
2. 贲友林．此岸与彼岸 II. 南京：江苏凤凰教育出版社，2015.

第十四章

探索规律课教学设计

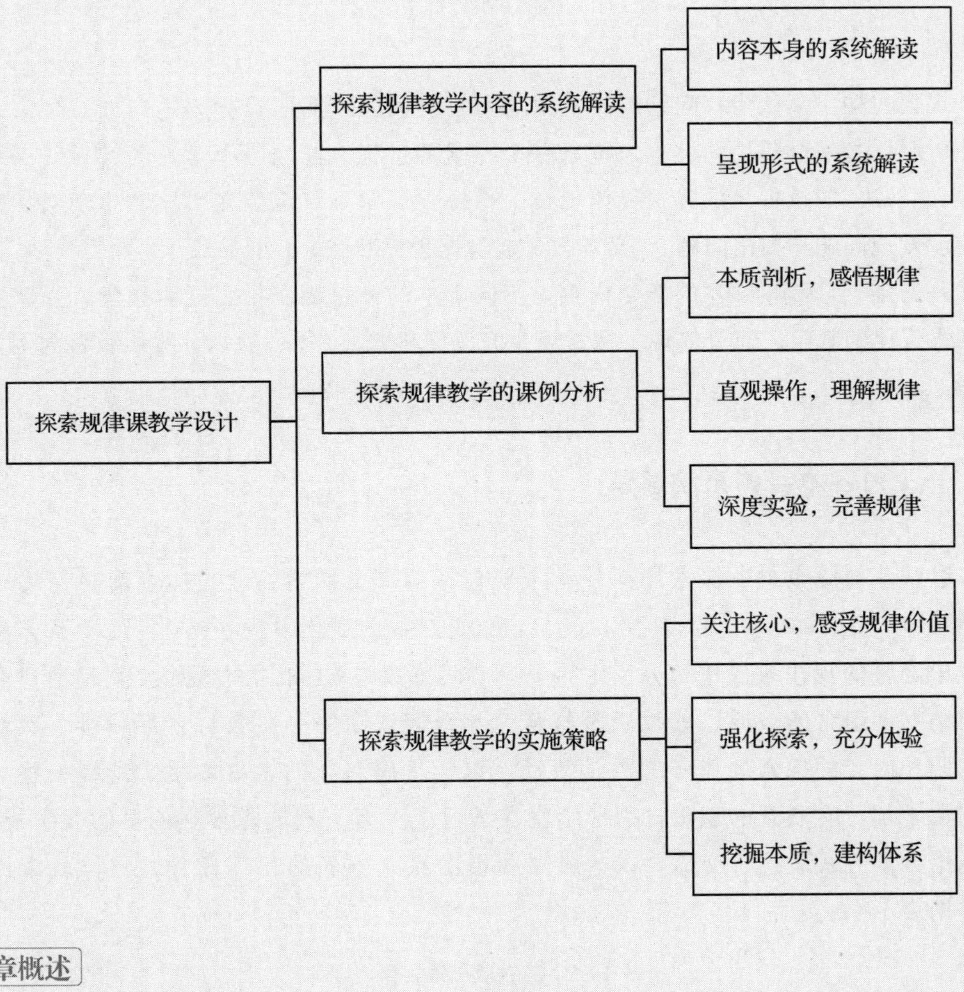

本章概述

本章主要关注学生认知发展，从探索规律教学内容的系统解读、探索规律教学的课例分析、探索规律教学的实施策略三个方面具体阐述，注重规律探索的过程，发展学生的数学思考。

章前导语

探索规律教学具体包含哪些内容？这些内容的呈现有什么共同之处？如何进行探索规律教学的教学设计？带着对这些问题的研究和思考走进本章的学习。

第一节
探索规律教学内容的系统解读

现代建构主义认为，问题解决是以思考为内涵，以问题目标为定向的心理活动或心理历程，是一个建构的过程，也是一个探索的过程。苏教版小学数学教材对课程目标“问题解决”的执行与设置主要体现在，将探索规律重点定位在引导学生学会从数学的角度发现问题和提出问题。《义务教育数学课程标准(2011 年版)》在“数与代数”领域设计并安排了“探索规律”的教学内容，不同版本的教材都安排了规律教学，强调要加强探索规律的教学，充分体现了探索规律的地位和意义。下面就以苏教版教材为例具体阐释。

一、内容本身的系统解读

纵观苏教版教材，探索规律教学主要包括两部分内容：一是探索简单情境下的变化规律。比如 2，4，6，(　)，(　)，就是在数的变化中找寻规律。二是探索给定情境中隐含的规律或变化趋势。比如，一个两位数与 11 相乘的规律，就是通过操作和归纳发现蕴含的规律。苏教版教材从三年级起，在每一册教材里都编排一次有明确主题和内容的探索规律专题教学活动，以学生感兴趣的素材入手，选择一些与生活和数学学习有联系的现象，引导学生在学习中探索、发现隐含现象里的数学规律，并能用数学方式表达、交流，以达成课程标准在这方面的目标任务。具体教学内容安排见表 14-1。

表 14-1　苏教版探索规律内容

册次	规律专题	内容描述
三年级上册	间隔排列	探索间隔排列物体中两种物体数量之间的关系
三年级下册	有趣的乘法计算	探索两位数与 11 相乘“头同尾补”积的规律

续表

册次	规律专题	内容描述
四年级上册	简单的周期	探索并发现简单周期现象中事物的排列规律
四年级下册	多边形的内角和	探索多边形内角和的计算方法
五年级上册	钉子板上的多边形	探索钉子板上多边形的面积与钉子个数的关系
五年级下册	和与积的积偶性	探索若干个非 0 自然数的和或积是奇数还是偶数
六年级上册	表面涂色的正方体	探索三面、两面、一面涂色的正方体个数与面、棱、定点间的关系
六年级下册	面积的变化	探索图形放大，面积变化与边长变化之间的关系

每一次的探索规律专题活动，内容各不相同。主要有两种类型：一种是探索生活现象中的规律。这种来自生活现象规律的探索发现，比较直观，容易发现，更利于学生表达。比如，“间隔排列”，在学习的过程中能激发学生探索规律的热情，提高学生发现规律的能力，培养遵循和利用规律的态度。另一种是探索数学现象中的规律。这些规律比较“隐蔽”，主要围绕数学知识展开探索，需要通过探究和实验活动才能发现。例如，三年级下册“有趣的乘法计算”、五年级下册“和与积的奇偶性”研究的是计算专题中的规律；四年级下册“多边形的内角和”、五年级上册“钉子板上的多边形”、六年级“表面涂色的正方体”“面积的变化”研究的是几何图形的规律。这些规律的探索与数学知识紧密联系，需要学生借助已用的知识储备进行探索和发现。比如，“有趣的乘法计算”与两位数乘两位数相关；“多边形的内角和”要以三角形的内角和为基础；“钉子板上的多边形”与平面图形的面积计算联系紧密；“和与积的奇偶性”是在学生认识了解奇数、偶数相关知识的基础上进行的；“面积的变化”与图形的放大相关；“表面涂色的正方体”与正方体的棱、顶点、面有关；引导学生在探究规律的过程中，体会数学探索的严谨和成功的喜悦，促进知识技能、数学思考、情感态度等方面的发展。

二、呈现形式的系统解读

正因为探索规律教材有其特定的编写形式，通常分四步展现探索规律的一般过程，构建基于问题解决，发现规律－表达规律－归纳规律－运用规律的规律体系。第一，呈现一种现象，引起学生注意，激发探索规律的兴趣；第二，安排观察、操作、实验、猜想等各种数学活动，帮助学生探索并找到规律；第三，采用适当的方式表达、交流发现的规律，提升数学思考的水平；第四，回顾探索规律的过程和进行的学习活动，反思收获，积累经验，享受成功的喜悦。

探索规律重在探索，学生已有的知识经验是进行规律探索的重要知识基础，内容的呈现也是基于学生的认知，以学生的发展为目标，引领学生从观察入手，激发学生基于数据引发猜想，主动表达，举例验证，从而抽象规律，感受探索规律的价值和意义，培养科学探究的理性精神。

第二节
探索规律教学的课例分析

规律是客观存在的，教材里出现的规律是隐含在具体的生活情境和数学现象中的，是要通过对丰富的现象进行细致的观察研究而发现的。因此探索规律的教学重点应放在探索上，由于承载规律的现象不同，探索规律的教学过程和探索方法必然会存在差异。例如，“间隔排列”要引导学生观察有趣的现象，通过“看”“数”“比”“圈”等活动，运用一一对应的方法，由表及里逐步体验现象里的规律。“表面涂色的正方体”是将一个表面涂色的正方体的每条棱都平均分成 2 份、3 份、4 份、5 份……想象分别可以切成多少个同样大的小正方体，分别有几个小正方体 3 面涂色、2 面涂色、1 面涂色。教材由易到难，由直观到抽象，通过分析数据最终得出：表面涂色的正方体的棱被平均分的份数越多，切成的小正方体的个数就越多，但无论切成多少个 3 面涂色的小正方体总是 8 个，2 面、1 面涂色的小正方体的个数则越来越多。学生通过观察、分析、整理出表格(表 14-2)，通过数据比较发现它们的个数分别与正方体的棱和面之间的关系。为什么 3 面涂色的小正方体总是 8 个？学生不难发现，这些小正方体都在原来涂色的正方体各个顶点的位置上，正方体的顶点是 8 个，所以 3 面涂色的小正方体“总是 8 个”是合理的。2 面涂色的小正方体个数为什么是 12 的倍数？联系这些小正方体都在原来涂色的正方体的各条棱的位置上，所以应该是 12 的倍数。1 面涂色的小正方体的个数为什么是 6 的倍数？观察发现，这些小正方体都在原来涂色的正方体各个面中间的位置上，因此应该是 6 的倍数……由此推导出：如果把正方体的棱平均分成 n 份，用 a，b 分别表示 2 面涂色和 1 面涂色的小正方体个数，则 $a=12(n-2)$，$b=6(n-2)^2$。

表 14-2

正方体的棱被平均分的份数	2	3	4	5	…
切成小正方体的总数	8	27	64	125	…

续表

3 面涂色的小正方体的个数	8	8	8	8	…
2 面涂色的小正方体的个数	0	12	24	36	…
1 面涂色的小正方体的个数	0	6	24	54	…

虽然规律的获得要经历复杂的探索过程，但教学中如果把规律直接告诉学生，就失去了探索规律的教育价值，必须让学生亲自经历寻找规律的过程。由于小学生的思维特点以形象直观为主，学生看到的往往是规律的表面现象，不容易想到规律背后隐藏的数学本质，因此探索规律过程经常会遇到各种各样的困难。作为教学的引导者，教师应深入分析教材，合理设计教学环节，采用灵活多样的教学方法及时给予指导和帮助。下面以三年级上册“间隔排列”教学为例，具体谈一谈。

一、本质剖析，感悟规律

“间隔排列”是以数学活动的方式通过对情境图中三组物体排列方式的观察，发现间隔排列物体的结构规律，运用数学的思想方法探索两种物体数量间的关系，体会其中蕴含的数学思想。教材选择兔子乐园作为主题图，就是让学生通过归纳和类比初步体会间隔排列的结构特征。物体的排列有多种形式，而间隔排列是怎样一种形式呢？教材通过“图中小兔与蘑菇的排列有什么特点？木桩与篱笆、夹子与手帕呢？”这两个问题将间隔排列的结构特征作为观察重点凸显出来。为什么要三组物体分层观察？这样安排是遵循三年级学生的年龄特点，在教学中培养学生推理能力的细节体现，凭借直觉，由一组物体到几组物体，逐步归纳和类比出三组物体排列规律之间的共同特点，从而得出间隔排列的特征，即两种物体一个隔一个的排列。

二、直观操作，理解规律

如何让学生发现间隔排列两种物体数量间的关系？教师引导，还是学生自主发现？教材继续通过问题“比较每排两种物体的数量，和同学交流你的发现”(表 14-3)。很显然通过观察、数数、填表、比较、归纳等数学活动，由学生自主探索并初步发现间隔排列两种物体间的数量关系应是教学的主要方式。

表 14-3 填数

小兔( )只	木桩( )根	夹子( )个
蘑菇( )个	篱笆( )块	手帕( )块

对于小学生来说，对抽象数量关系的最初、最直观的感知，可以通过数物体的数量，再对数量进行比较分析来逐步实现。通过数，不仅把学生对每组物体排列方式的关注引向对每组物体数量关系的分析，而且能使学生在填表以及相应的比较活动中，初步发现三组物体在数量关系上的共同特点，为发现规律奠定基础。

师：观察小兔和蘑菇图，想一想，如果继续排下去应该是什么？

生：是蘑菇，因为一只小兔跟着一个蘑菇。

师：由看到的现象想象出看不到的，这才是数学学习最大的魅力。

师：经过观察我们认识了间隔排列的现象。间隔排列的两种物体在数量上有什么规律呢？刚才老师出示图片的时候，就发现有个小朋友在悄悄地数呢。他在数什么呢？(个数)探索规律的时候，往往是从数它们的数量开始的。

出示自主学习单，学生数数并填表。

师：你已经数完了吗？比较每组两种物体的数量你发现了什么呢？

生1：它们都是一个比一个多1。

师：看着表格一组一组的你会说吗？

生：小兔比蘑菇多1，木桩比篱笆多1，夹子比手帕多1？

师：表格中上面一行的物体都比下面的多1，反过来可以怎样说呢？

生：下面的物体都比上面的物体少1，蘑菇比小兔少1，篱笆比木桩少1，手帕比夹子少1。

师：如果我们用一句话概况两种物体数量的关系，可以怎么说呢？

生：两种物体的数量相差1。(板书：数量差1)

这样数，引领学生从关注间隔排列的结构特征，转向关注间隔排列的数量特征，自然而然地建立起两者之间的联系，符合学生的认知规律，利于学生从直观和内涵两个层面对间隔排列规律的理解和认知，从而使规律的内涵在数的层面得以显现。

三、深度实验，完善规律

(一)本质追溯——“思”中求辨析

“为什么每排两种物体的数量都相差1”，在初步发现间隔排列的两种物体数量间的关系的基础上，激发学生进一步探究“为什么”，引导学生由知识本质层面发现规律背后隐含的数学思想方法，积累活动经验，这是数学活动的精髓所在。间隔排列的两种物体如果两端相同，它们的数量就相差1。通常的做法是：让学生继续看图，观察每组物体的开头和结尾有什么特点？继而引导学生结合表格中的数据发现并总结，每组中两端物体相同，两种物体的数量相差1，再通过圈一圈、连一连的方式去验证。以小兔和蘑菇为例，把一只小兔和一个蘑菇看成一组，最后余下的是小兔，因为小兔的数量和蘑菇的数量相差 1。这种方式有以教代学、由果探因之举，直接导致学生对规律理解不深刻。只从表面对间隔排列现象的数量关系有了认知，没有对间隔排列现象做进一步的本质分析。

(二)深度实验——“圈”中理规律

实际教学中，应该引导学生用实验验证的方法确认已经发现的数量关系，从而实现对知识本质的追溯，进一步促进思维水平的提升。教学时，可以通过学习单引导学生通过自主验证的方法，把间隔排列的两种物体一组一组地圈一圈或者连一连(图 14-1)，验证两种物体数量间的关系。

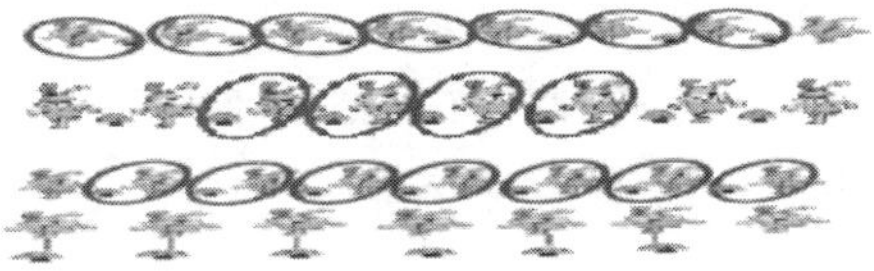

图 14-1

以小兔和蘑菇为例，从左到右、从右到左或者从中间任意一个物体开始，都可以清楚地看出无论怎样圈，最终两种物体都没有正好一一对应，都会多出 1 只小兔。再以木桩和篱笆、夹子和手帕进行验证，也是如此。此时，再结合操作说一说为什么每排两种物体的数量都相差 1。这样引导学生对每组物体的排列方式有了更为细致的分析，启发他们在排列方式与相应的数量关系之间建立本质的联系，从而在更为一般的层面上理解规律的本质，使规律的数学内涵在做中得到进一步的彰显。

(三)变静为动——“变”中悟本质

受教材篇幅的限制，主题图常常以最简洁的方式静态呈现教学内容。这就需要我们用动态的意识结合教学目标将主题图变静为动。两种物体的一一间隔排列有“两端物体相同”和“两端物体不同”两种情况。但教材呈现的三组素材都是“两端物体相同”这一种情况，这就导致间隔排列的两种情况看上去好像是割裂的，若只以主题图中的这种类型进行教学，不利于学生理解。如何有效融入，才能使学生完整地理解间隔排列的规律呢？我们认为，在深入理解“两端物体相同”这一规律的基础上，继续以小兔和蘑菇为例，变化主题图，同时做如下引导。

师：再添一个蘑菇，这样的间隔排列，你有什么发现呢？(图 14-2)

生 1：小兔和蘑菇的数量相等。

生 2：两端物体不同，但数量相等。

师：再添一个蘑菇，这时小兔和蘑菇就能正好怎么样了？

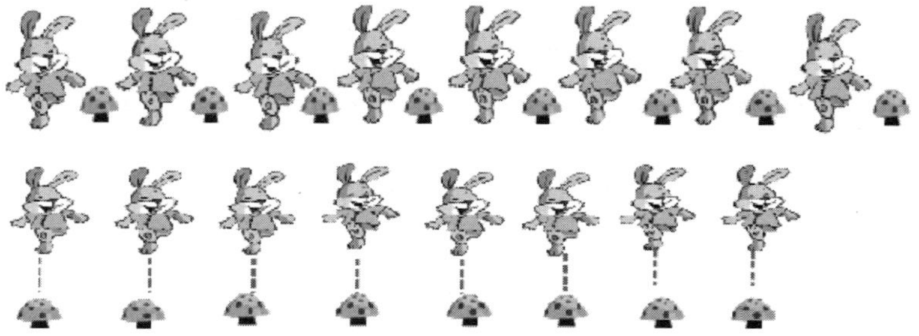

图 14-2

生：小兔和蘑菇就能正好一一对应了，所以它们的数量就相等了。

生：两端物体不同，能正好一一对应，所以它们的数量相等。

师：我们又发现了间隔排列的另一个现象，那就是两端物体不同，能正好一一对应，所以两种物体数量相等。把这两种情况说给同桌听一听。

生：我发现两端物体相同，两种物体不能正好一一对应，数量差 1；两端物体不同，两种物体能正好一一对应，数量相同。

由于已经有了一一对应思想的初步渗透，学生可以清楚地发现，虽然两端物体不同，但小兔和蘑菇能正好一一对应，所以它们的数量正好相等。这样的变化，由“两端不同”到“两端相同”，让学生清晰地意识到间隔排列两种方式的不同所在，并自主运用一一对应的方法解释了两种排列方式数量关系存在的道理。

探索规律的过程是不断明晰数学思想方法，逼近数学本质的过程，在这个过程中首先要明确规律的隐蔽性，通过激发兴趣、观察发现、猜想验证等环节，才能让学生在探索规律的过程中逐步理解隐藏在图片背后的数量关系、知识本质，从而获得知识。

第三节
探索规律教学的实施策略

探索规律的教学是以认识数学现象的本质为目标，充分利用已有的知识基础与学习经验，通过观察、比较、猜想、验证、归纳概括等数学活动，引领学生在探索的过程中经历规律的再发现、再创造的过程；也是借助已有的数学知识技能与学习策略，在寻找规律的过程中发展数学思考，推动数学知识认知结构发展的过程。因此，教材中 8 次探索规律的教学活动，其教学环节也有共同之处，大体包括创设情境，提出问题—获得数据，产生猜想—验证猜想，得出结论—抽象概括，表示规律—回顾反思，提升经验五个环节。

一、关注核心，感受规律价值

规律是事物之间的内在联系和趋势，是人们认识客观世界的重要手段。对于小学生而言，他们对于客观世界有着强烈的好奇心，在他们的潜意识里，不是被动地接受规律，而需借助外界感知主动探索规律。因此，探索规律教学设计要遵循学生的心理，引领学生的学习，引发学生的深思。

(一)以“核心问题”引领

问题是课堂教学的心脏，抓住核心问题不仅可以帮助学生获取知识，而且能够引领学生感受探究规律的学习方法，提升学生的学习能力。比如，探索“多边形的内角和”时，教师没有直接告诉学生要先从“四边形”开始探究，而是以核心问题“研究多边形的内角和，我们可以先从几边形开始研究?”启发学生思考，引发学生感受探索规律常用的方法——从简单入手，从而真实地感受规律探索的价值。

(二) 以“核心猜想”支撑

猜想是提升学生能力的关键因素之一。猜想绝不是空想，猜想是依据一定的教学情境下的推理与想象，鼓励学生合理猜想，大胆猜想，才能培养学生的科学探究精神。比如，在探索“和的奇偶性”时，当学生能够通过几道算式发现“和的奇偶性与加数的奇偶性可能有关”时，教师没有直接告诉学生验证，而是基于学生，引发学生猜想，引发学生体验发现规律的一般过程，同时在很大程度上也传递了规律教学的一种声音：探索规律教学并不仅仅在于规律本身，更为重要的是引领学生感受规律教学的方法和价值。

二、强化探索，充分体验

探索规律教学，不是死记硬背规律得出，而是深刻体验规律探索过程，将具体知识的探索发现过程有机融入活动引领下的问题解决过程之中，在积累几何图形研究经验的基础上，促进学生的想象和推理能力的提升。

(一)以“梯度活动”展开，重在经历

活动是课堂教学展开的有效载体，活动不是简单的运动，而是由活动目的、动机和动作构成的学习活动。因此设计层次分明的有效活动，可以引领学生充分经历探索

过程，加深对规律的理解和感悟。比如，在探索“周期规律”时，我们可以提供相同的素材“盆花、彩灯、彩旗”，借助形象直观的圈一圈、画一画、写一写等操作活动，经历发现规律方法的多样性；再比如，探究“多边形的内角和”时，也可以提供不同的素材，借助量一量、撕一撕、分一分等活动，引领学生在操作中经历了方法的多样性，在比较中实现方法的优化，积累丰富的活动经验，为规律的发现和探索确定科学有效的指引和帮助。

（二）以“自主探索”贯穿，重在归纳

归纳，是从特殊的命题推出更具一般性结论的推理形式。枚举法、类比法、统计推断等都是其常用的方法。归纳推理与演绎推理不同的是，演绎推理是为了证明结论，而归纳推理是为了发现结论。从这个层面上讲归纳推理对培养学生的创新意识大有裨益。因此，引领学生利用规律探索的经验迁移，自主建构规律的数学模型，可以发展学生的高阶思维。比如，在探索“间隔排列”时，我们可放手让学生自主探索，归纳出间隔排列的两种物体，“数量相差 1”的规律。

三、挖掘本质，建构体系

探索规律教学要注重引导学生体验和再现规律，而不是为了记忆和应用规律。因此探索规律的教学过程要紧扣关键能力的发展，凸显数学活动经验，强调探索理解，从而达到基本思想和基本经验并重，分析和推理能力共同发展的目标。

（一）规律探索各环节重点的梳理

1. 创设情境，提出问题环节

要创设与探索主题相关的、能激发学生探索兴趣的、与学生已有经验相关的有意义场景；要充分发挥主体图的功能，引导学生用数学的眼光发现和提出问题。例如，“间隔排列”呈现的主题图，通过问题“图中的小兔与蘑菇的排列有什么特点？木桩与篱笆、夹子与手帕呢？”的引领，指明观察的方向。

2. 获得数据，产生猜想环节

要充分关注学生的探索活动，引发学生根据获得的数学信息独立思考，合作交流，主动展开观察、计数、计算、操作、画图等数学活动，大胆提出自己的猜想，彰显数学学习的理性精神。例如，在“有趣的乘法计算”中，首先计算“24×11”“53×11”“62×11”的积，再观察积中每一位上的数与乘数个位、十位上数的关系，获得两位数乘 11 的积的基本规律。

3. 验证猜想，得出结论环节

规律有着较高的概括性和抽象性，代表着一类现象的本质特征和共同特征。学生通过直观手段获得的结论多数来源于对个案的研究，只能算作一种猜想；这样的猜想是否适用于普遍现象，是否还有特例，是否还需要补充，都需要深入验证。验证猜想的过程，也是发展学生判断与推理能力的过程。

4. 抽象概括，表示规律环节

抽象并表示规律是培养学生数学表达能力、发展学生数学理解和数学思维的重要途径，是概括化的数学活动。通过表示规律，学生能发现规律背后隐藏的知识本质，同时体会到探索规律的最终目的是获得具体的答案，而是要发现一类现象的本质规律。比如，“钉子板上的多边形”被编排在用字母表示数之后，就是要求学生用字母表示出多边形的面积与多边形边上钉子数的关系。学生通过表达规律，深刻感悟：对于有规律的事物，无论用数字、字母或图形都可以反映相同的规律，只是表达形式不同。

5. 回顾反思，提升经验阶段

要让学生交流自己的探索体会。例如，研究了什么问题，得到了哪些结论？在探索规律的过程中，先做什么，再做什么？你遇到了哪些困难，又是怎样解决的？在探索规律的过程中要注意什么，探索规律时用了什么方法等；感受探索规律的有效途径，发现圈一圈、画一画、算一算、数一数等都是探索规律时常用的方法；借助列表、画图等方式有利于发现规律；遇到复杂的问题可以化难为易，从最简单的问题开始探索等，不仅注重知识的梳理，更要注重思想方法的总结提升。

(二)规律探索情感经验的延伸

数学情感是数学核心素养的重要组成部分。学生的数学情感在数学核心素养中主要体现在学习兴趣、数学观、学习习惯、创新意识等方面，而对于学生创新意识的培养应贯穿于小学教育的始终。因此，我们可以在探索规律教学时引发学生利用现有的情感进行延伸，培养学生的创新能力。比如，在探索“多边形内角和”时，可以引发学生思考“除了教材中分割三角形的方法，还可以怎样分割三角形，是不是也能证明‘多边形的内角和=(边数−2)×180°呢?’”“能不能用我们积累的经验去探索其他的规律呢?”，在体系建构中提升学生的能力。

数学学习的空间是点、面、体的结合。在探索规律教学中，不能只关注某一个点或者面，要把其上升到规律体系，在探索中实现对规律的寻找，实现其特殊的教育教学价值，以此促进学生的长效发展。

本章小结

探索规律教学设计，以发现问题为视角，以解决问题为宗旨，依托课堂教学实践，重点突出规律的探索过程，准确把握规律教学本质，实现理论与实践的有机融合，促进学生素养和能力的提升。

章后练习

1. 探索规律教学的具体内容有哪些？
2. 独立进行一个探索规律教学的教学设计，并进行课例分析。
3. 探索规律教学实施一般要注意哪些方面？

拓展阅读

郑毓信．数学思维与小学数学．南京：江苏教育出版社，2008.

模块 4
数学教学设计优秀案例

理论是系统化、体系化的认识。凡是认识都来源于实践，实践是认识的来源，所以理论不可能脱离实践。

优秀的教学设计案例是理论与实践紧密联系的直接体现，是数学教学设计理论在实践层面落地生根，开出的花，结出的果。

本模块根据《义务教育数学课程标准(2011年版)》在各学段中安排的四个部分的课程内容:“数与代数”“图形与几何”“统计与概率”“综合与实践”，各呈现一个典型的教学设计案例。每篇教学设计都蕴含了本书中数学教学设计的实施要素，包含教学内容分析、学情分析、教学目标、教学过程和整体设计意图，力求体现合作、探究和游戏化等多元学习方式，为小学数学教学设计提供借鉴意义。

第十五章

“数与代数”优秀教学设计

“用数对确定位置”教学设计①

一、教学内容分析

“用数对确定位置”是苏教版数学四年级下册第八单元的教学内容，主要引导学生联系生活经验，认识数对的含义，学会用数对表示平面上点的位置，感受用数学方法描述现实问题的过程，积累数学活动经验，提高解决问题的能力。教材安排了两道例题，例1教学列与行的含义以及确定第几列、第几行的规则，初步理解数对的含义，掌握用数对表示具体情境中物体位置的方法。教材大致可以分为三个层次：第一个层次，情境引入。教材呈现了教室里有序排列的座位这一现实场景，并提出问题“小军坐在哪里”，引导学生联系已有的生活经验，用“第4组第3个”或“第3排第4个”等方式来描述小军所在的位置。使学生体会到虽然生活中经常用这些方式描述物体的位置，但由于标准不同，同一个位置可能有不同的表达方式，不利于交流和表达，从而产生“怎样才能正确、简明地表示小军的位置”的心理需求。第二个层次，约定规则。教材首先介绍列与行的含义以及确定第几列第几行的规则：确定第几列一般从左向右数，确定第几行一般从前向后数。由于认识这一规则是用数对表示位置的逻辑前提，因此，教材将座位的场景加以抽象，用圆圈表示实际场景中不同的座位，并标出这一场景中的每一列和每一行。这一抽象过程也是学生学习在平面图上确定位置方法的必要过渡。第三个层次，学会方法。教材先引导学生用“小军坐在第4列第3行”的方式描述小军所在的位置。同时，指出第4列第3行可以用数对表示为(4，3)，使学生初步了解用数对表示物体位置的方法。教材后面配套的“练一练”安排了2道题，主要是引导学生继续结合例1的场景图回答问题。第1题让学生从图中先找到第2列第4行的位置，再用数对表示，有助于学生结合具体的情境进一步理解数对的含义。第2题给出了数对，让学生在图中找到相应的位置，有助于学生进一步体会数对与用它表示的物体的位置的对应关系。

---

① 该教学设计由江苏省兴化市戴南董北实验小学陈许娟老师提供。

二、学情分析

在学习本节课之前，学生已经会用“第几”描述物体在直线上的位置，用“第几组第几个”“第几排第几个”的方式描述物体在平面上的位置，初步获得了用自然数表示位置的经验。本节课主要是对这种经验加以提升，用抽象的数对来表示位置，这既是确定位置知识的继续，又是后面学习平面直角坐标系等知识的重要基础。本节课是第一学段确定位置的发展，又为第三学段学习平面直角坐标系奠定基础，起着承前启后的作用。通过本节课的学习可以进一步发展学生的空间观念，提高抽象思维能力。

三、教学目标

第一，让学生在具体的情境中理解列和行的含义，知道确定第几列第几行的规则，初步理解数对的含义，会用数对表示具体情境中的位置。

第二，让学生经历由具体的座位图到抽象成用列、行表示平面图的过程，提高抽象思维能力，发展学生的空间观念。

第三，感受用数对方法表示位置的简洁性，体验数学与生活的密切联系，进一步增强用数学的眼光观察生活的意识。

四、教学过程

(一)课前启思，铺垫孕伏

谈话：上课前，咱们先来聊一会儿。前些时候，老师坐动车出差，到了站台，发现地面上有数字标记。我的座位在第 12 节车厢，我应该站在标有哪个数的位置等待？学生观察，由教师指名回答。

感受准确：同意他的说法吗？正如你们所想，没过多久，动车来了，第 12 节车厢正好就停在写着 12 的位置上。同学们觉得 12 写在这里有什么好处？说明用 12 来表达这个位置很——准确！

感受简洁：设计的时候为什么不把“第 12 节车厢”全写出来，而只写一个“12”呢？——简洁！准确而又简洁，这就是数学所追求和展现的魅力。今天这节课，让我们继续去探寻、去创造数学的准确、简洁之美！

(二)情境创设，激发内需

谈话：老师今天邀请了一位可爱的小嘉宾，它是谁呀？小黄人特别喜欢捉迷藏，它藏在哪儿呢？(图 15-1)

预设：

图 15-1

(1)他藏在了从上往下数第 3 排第 4 列；

(2)小黄人藏在第 3 排第 4 个；

(3)小黄人藏在从前数起第 3 排，从左数起第 4 个的位置。

小结：小黄人的位置只有一个，同学们却有这么多不同的说法，你的说法你明白，他的说法他理解，彼此间交流起来就没有那么顺畅，所以我们该怎么办呢？

思考：怎样统一呢？一起来看！

【设计意图】在学习“用数对确定位置”之前，学生并不是一张白纸。早在一年级学习“认数”的时候，学生就已经学会用直线上的点描述数的顺序和大小关系。在日常生活中，他们也已经积累了用类似“第几排第几个”的方式描述物体位置的方法，并且获得了一定的活动经验。用数对确定位置是数学学习的一次提升，同时为第三学段学习平面直角坐标系奠定基础。通过创设“小黄人捉迷藏”的情境，激活学生已有的生活经验和知识储备，激发了学生浓厚的求知欲望与兴趣，为新知教学提供感性元素。

(三)尝试探究，交流建构

1. 合作学习，理解列和行的意义

(1)介绍：播放 6 名同学对自己位置的介绍。

(2)提问：继续观察，你有什么发现？同桌之间先相互讨论一下。

(3)汇报交流，引导学生发现竖排叫列，横排叫行。老师是观察者，确定第几列要从观察者的左边数起，从左向右依次来数。确定第几行应该从下向上数，也就是从前向后数。

(4)整体感受：下面完整地数一遍！现在我们正在观察这张座位图，所以我们就是观察者，请你指一指第 1 列在哪儿？一边比画一边数：第 1 列、第 2 列……第 6 列；第 1 行在哪儿？一边比画一边数：第 1 行、第 2 行……第 5 行(图 15-2)。

(5)播放视频，回答提问。

小刚坐在第 6 列和第 4 行的交点上，所以他的位置就是第 6 列第 4 行或者是第 4 行第 6 列。为了统一，大家习惯上先说——列，再说——行！(图 15-3)

(6)用统一的方法确定小黄人的位置：小黄人藏在第 4 列第 3 行！

(7)对比，感受方法的准确与简洁。

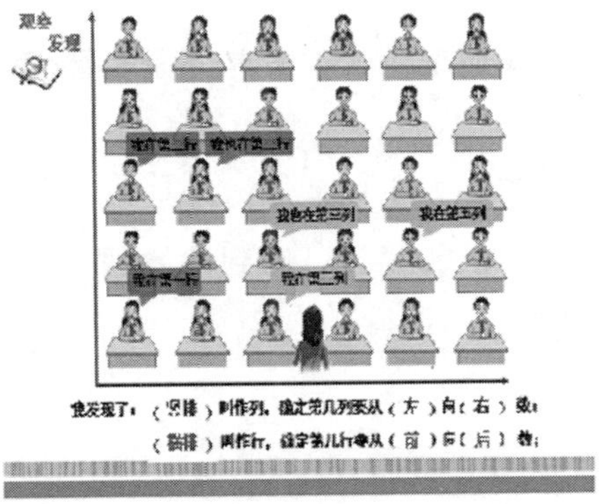

图 15-2

图 15-3

2. 逐步抽象，内化用“第几列第几行”确定位置

(1)把座位图抽象成点子图：为了便于观察和思考，我们还可以把座位图简化成点子图。

(2)提问：在点子图上，你能找到小黄人吗？

(3)用“第几列第几行”确定小黄人的另外两个位置。(动画演示小黄人跑到了第 3 列第 4 行、第 5 列第 5 行，如图 15-4 所示)

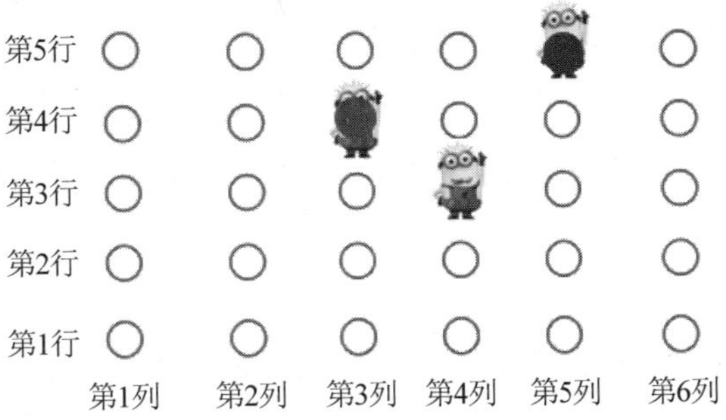

图 15-4

【设计意图】用数对确定位置的方法，从现在看是规定与约定，从源头看却可以是学生的“发明与创造”。为了丰富学生的数学活动经验，实现发生性学习和结论性学习的律动，教学中要重视“异”与“同”的转化。让学生确定平面图中小黄人的位置。学生凭自己的感受和经验，在交流中出现了不同的表述，甚至会出现有争议的描述，从而产生共同的需要：怎样正确、简明地确定位置？学生在逐步探索的过程中感受数学学习的乐趣，体会到了解决问题的快乐与成功。这样设计体现了教师创造性地教与学生发散性地学的本质，提高了课堂教学的深度、宽度、广度与厚度。

3. 比赛记录，激发内需

(1)第一次记录：小黄人 4 次变化的位置。位置 1 记录结束后，组织汇报：小黄人藏在第 3 列第 2 行。

启发思考：接下来小黄人要加快速度啦，想一想我们记录的方式是不是也要跟着变化一下呢？

(2)继续快速播放，时间到，即刻要求学生把笔放下，停止记录。

谈话：全都记下来了吗？可是我看到还有不少同学眉头紧锁，感到遗憾呢。记下来的同学，把你们的作业纸给大家看一看，有什么诀窍。

4. 激活思维，简化优化

(1)简化记录的方法。

展示收集到的学生作业，引导学生发现去掉“第”字、“列”字、“行”字依然能够清楚地表示出小黄人的位置。师生达成共识，文字都可以省略。

(2)优化记录的方式。

继续优化：除了可以把两个数分开区别列和行以外，还能用一个符号来隔开，习惯上统一用逗号。

小结：只用一个“6”无法确定小黄人的位置，只用一个“5”也不行，这两个数是共同来确定一个位置的，它们是一个整体，所以还要在两个数的外面再加上一个括号！

(3)介绍数对。

谈话：同学们，刚才我们通过讨论，发现可以用这样的一对数来确定小黄人的位置，在数学里它有一个十分形象的名字，叫作“数对”，读作“数对六五”，还可以直接读作“六五”，一起读一读！今天我们就来研究“用数对确定位置”。(揭题：用数对确定位置)

(4)应用数对。

尝试练习：这里还有三个位置，你能写出相应的数对吗？拿出你的课堂练习纸，写在空白的地方。指名 3 位同学到黑板上板书。

(5)交流：指名学生具体说一说每个数对的意义。

5. 再次记录，体验价值

(1)谈话：下面我们用数对再来记录一次，准备好了吗？

(2)验证：(3，2)，(6，5)，(5，3)，(1，1)。

(3)对比思考：为什么这一次我们能够顺利地记录小黄人的位置呢？

预设：因为我们这次是用数对记录的，它是一种更简洁的方法。

【设计意图】心理学告诉我们：行为的动力是动机，而动机的来源是需要。有效的学习必须以根源于学生需要的、有力的学习动机为条件。直接告诉学生用数对表示位置未尝不可，但数对产生的背景及必要性却不能为学生所真切感受。因此，让学生经历记录的过程，体验原有方法的烦琐和不便，自然而然地要想方设法对原有方法进行改进和优化，从而逼近数对简约、凝练的本质，催生出数对的雏形。这一过程是逐步数学化的过程，是有意义的发生性学习。发生性学习倾向于发生过程的经历，注重学生学习经验的生长，虽然实施过程中需要给学生更多时间，但长远来看，学生在学习时会更加投入、更有信心。

(四)巩固拓展，内化新知

1. 联系实际，用数对表示自己现在的位置

(1)确定观察者：刚才我们一直在研究小黄人的位置，现在回到我们的教室，你能用数对确定自己的位置吗？谁愿意到前面来当观察者。请你指出第1列在哪儿？

(2)向你介绍我：好，第1列的同学请起立！第2列举手！第5列拍手！第9列跺跺脚！下面确定什么？第1行在哪里？(指导小观察者发出指令)第1行的同学请起立！第2行举手！第6行跺跺脚！掌声送给我们的小观察者！同学们，小观察者坐在第几列第几行，怎么用数对表示呢？你的位置又在第几列第几行呢？怎么用数对表示呢？

(3)我想认识你：(3，3)，(1，4)，(4，1)，(6，□)。

谈话：我还想认识这些同学，如果是你，请站起来，要是他站对了，其他同学就大声地喊出他的名字。

提问：这里有2个“3”，意思一样吗？

预设：不一样，前面一个“3”表示“第3列”，后面一个“3”表示“第3行”。

思考：这两个数对都用到了1和4，为什么却表示两个不同的位置？

预设：因为这两个数的顺序不同。(1，4)表示第1列第4行，(4，1)表示第4列第1行。

思考：数对中两个数的顺序能随便调换吗？

小结：顺序不同，表示的位置也就不同。平面图上的座位与数对之间是一一对应的。

出示(3，□)：同学们，你觉得可能是谁，就大声地喊出他的名字，被喊到的同学请迅速站起来。还有可能是谁？还有吗？

练习：观察这些同学的位置，他们都在——第 3 列！依次说出表示你位置的数对：(3，1)，(3，2)，…在这里，□可以表示什么？继续观察这些数对，你有什么发现？

预设：数对中第 1 个数都相同，后面的 1 个数依次加“1”。

思考：一个数对，让一列的同学都站起来了。你能不能像这样，用一个数对(，)让一行的同学站起来。引导学生依次说出(1，3)，(2，3)，(3，3)，(4，3)，(5，3)，(6，3)，并且通过观察发现同一行的数对中的第 2 个数相同。

【设计意图】现实情境的观察角度与平面图上相反。该素材的引入，是对课本教学内容的补充，丰富了学生的感性认识，为学生在更为广阔的视界里确定位置奠定基础。同时，也再次明确指出，列和行的确定由观察者的角度决定的，突出观察主体。让学生用数对表示自己的位置，由数对(3，□)生发、联想，探寻表示同一列、同一行位置的数对的规律，此活动环节层层递进、步步深入，既有利于强化学生理解数对含义、渗透符号化思想，又有利于学生感受数学符号的简洁性，体会数学的应用价值。同一行、同一列中多个数对之间关系的观察、分析与把握，也使学生从浅层数学知识的层面跃升到数学思考的高度。

2. 游戏：会说话的数对

根据数对寻找汉字：(4，2)，(1，4)，(1，1)，(2，2)，(2，1)，发现答案：南京欢迎您！(图 15-5)

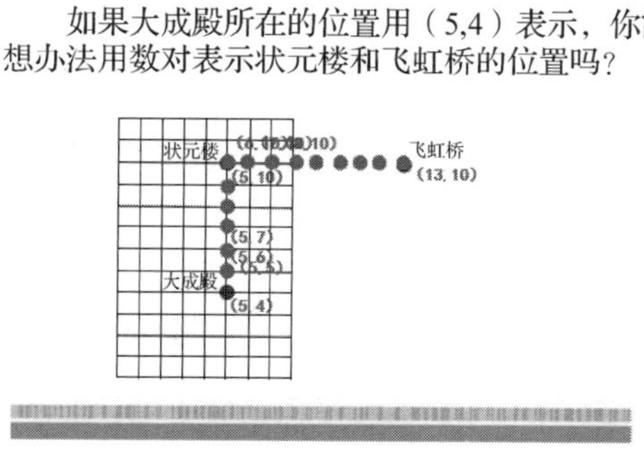

图 15-5

3. 估测：确定建筑物的位置

(1)谈话：南京有许多闻名遐迩的旅游景点，老师特别想去看一看，同学们愿意当我的小向导吗？

(2)推理：你想先确定哪个景点的位置？引导学生发现状元楼和大成殿在同一列，数对可以先确定列数(5，?)，然后根据格子数继续推理出数对中的行数。

(3)猜测：沿着这样的思路，你觉得飞虹桥的位置可以用哪个数对表示？引导学生发现状元楼和飞虹桥在同一行，数对可以先确定行数(?，10)，然后逐步出示另一半格子图，再出示一个圆点，用动画演示，引领学生最终确定飞虹桥的位置用数对表示是(13，10)。

(4)寻找 D 点。

思考：如果把大成殿看作 A 点，状元楼看作 B 点，飞虹桥看作 C 点，你能不能在图中再找到一个 D 点，连接 A，B，C，D 得到一个长方形？指名到前面指出 D 点的位置，用动画验证。

(5)寻找 E 点。

谈话：其实，在图中还藏有一个 E 点，连接 A，B，C，E 可以得到一个平行四边形，感兴趣的同学在课后不妨试一试。

(五)联系生活，感受用途

启发思考：大家想想，在我们生活中，有没有用数对来确定位置的例子呢？这就是我们课前提到的动车，依靠一个数“12”，我确定了站台的位置，11C 这个座位在哪儿呢？谁来指一指！这里的行数是用什么来表示的？

小结：其实在生活中，数对的应用还是非常广泛的，如电影院找座位、国际象棋、队列表演、地球仪上的经纬度等。有些虽然不是严格意义上的数对，但同样蕴含着数对的思想。

(六)建构联系，总结提升

谈话：今天这节课，我们一起研究了用数对确定位置，你有哪些收获？这么神奇的数对，想知道是谁发明的吗？

介绍：他就是法国数学家笛卡儿。笛卡儿是如何发明数对的，这里边还有一个非常有趣的故事，同学们课后可以用“笛卡儿”和“数对”这两个关键词百度一下。

拓展：通过今天的学习，你觉得确定一个点的位置，需要几个数？一个数行吗？(图 15-6)

课件出示：红色正方体在第几个？确定它的位置需要几个数？现在呢，需要几个数？(图 15-7)

启发思考：既然确定位置，有时需要一个数，有时需要两个数，大胆地想象一下，没准有时还需要——三个数！红色正方体的位置如何确定，这个问题留给同学们在今后的学习中慢慢去探索和研究吧！

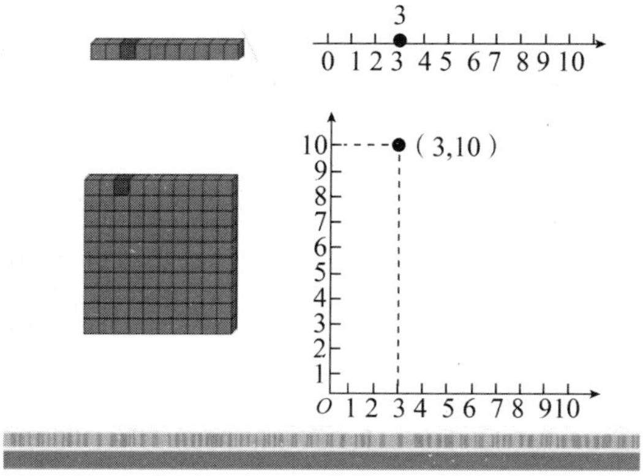

图 15-6

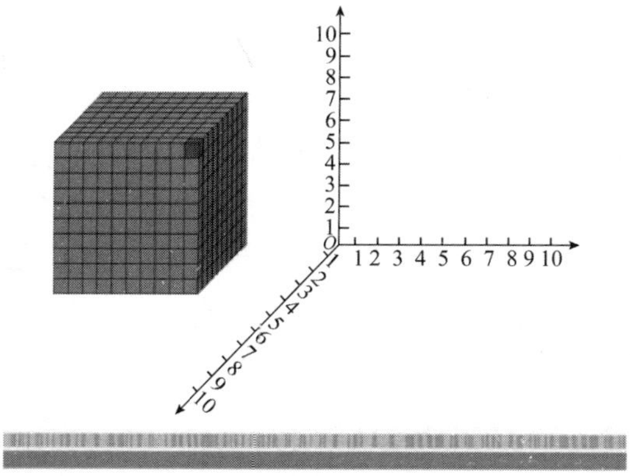

图 15-7

【设计意图】创设用数对表示南京旅游景点位置的情境，让学生依据给出的大成殿位置数对(5，4)，继续用数对表示状元楼和飞虹桥的位置。这样的练习激活了学生的已有经验，促使他们运用本课新学知识解决生活中的实际问题。这一环节既富有趣味性，又极具挑战性，使学生的参与热情再一次被点燃。

五、整体设计意图

本节课教师基于对教材的深刻理解，站在学生的角度，精心设计丰富的学习活动，发挥学生的主体作用，使学生自发产生确定位置说法要统一的需求，感悟数学的准确、简洁之美。整节课上，学生善于倾听、敢于质疑、乐于表达，学生的思维热度在层层递进的教学环节中螺旋式上升，课堂教学灵动而深刻。

(一)设置多重冲突，经历建构过程

皮亚杰的认知发展理论认为，儿童的认知发展是以学生已有图式与环境相互作用而产生的，认知是需要动力的。一定的教学冲突可以造成认知的不平衡，诱发学生的思维萌芽，从而催使他们产生刨根问底、追本溯源的探究热情。

新课伊始，创设小黄人跟大家捉迷藏的游戏情境，让学生用自己的方法来介绍小黄人的位置。由于观察的角度不同、标准不同，有些学生从左向右数，有些学生从前向后数，有些学生数的方向完全相反。此外，学生对于横排、竖排的说法也是各不相同，这样势必造成沟通交流上的障碍。认知的不平衡将学生推向了“愤”“悱”之境，促使学生自发产生统一的需求：用统一的方式来描述小黄人的位置，从而顺势引入新课。当学生觉得用“第几列第几行”这种统一的方法确定位置比较准确、简洁时，教师再次设置第二次认知冲突，让学生记录小黄人几次躲藏的位置。位置 1，时间充足，学生品

尝到成功的喜悦。后面，位置 2，3，4，速度逐渐加快，学生用“第几列第几行”的方式已经无法顺利记录，在失败后不得不冷静反思失败的原因，从而自觉产生“我要简化”的需求。在这个关键时刻，教师通过展示成功学生的作业，引领、点拨学生投入“再创造”的学习中，这样的体验无疑是深刻而又难忘的。学生在讨论中，生成了多种简约的方法，每一种方法都是学生个性化思维的体现，闪现着学生智慧的光芒。学生在解决问题中，经历了由文字描述的朴素方式到符号表达的抽象方式这一数学化的过程。在此过程中，学生收获的不仅是对数对结构、特点的深刻认识，感受到用符号表示位置的简洁，真实体验到数学准确、简洁的魅力，更重要的是唤醒了学生作为研究者、创造者的角色意识。

(二)发展数学思考，提升思维品质

郑毓信曾说过：我们应该通过数学课堂培养学生的数学思维，让学生最终达到会用数学进行数学思维。确实，数学学习就是让儿童经历一种有意义、有价值的探索活动，从而形成合理的数学思维方式。因此，数学课堂除了有丰厚的知识、纯熟的技能外，更应关注数学的本质，聚集数学思想的启迪，进而上升为理性精神的引领，留给学生多元而立体的思想，这是数学课堂的应然追求。

用数对确定位置内容本身是简约的，但其背后隐藏着丰富的数学背景和教学价值：一方面它是学生前面用“第几组第几个”“第几排第几个”的方式表示物体位置方法的进一步提升；另一方面也是为后期学生认识平面直角坐标系奠定了基础。如果简单进行“平铺直叙式”的教学，不能让学生的数学学习走向深入，应该让学生的学习经历数学化的过程，才能真正发展学生的数学思考，提升学生的思维品质。有序排列的班级座位图—点子图—南京景点的方格图，这是知识的拓展与延伸，是学生经历由“直观—半直观—抽象”的数学化过程。对于学生而言，这不仅是思维的一次突破，更是智慧的一次启迪。课本练习题中的第 2、第 3 小题的训练点有部分交叉，为了使练习更加紧凑高效，教师在设计时重新进行了有效整合。教师首先根据南京的实际地域特点，创设用数对表示旅游景点位置的情境，引导学生进行观察、比较、推理、估测，不仅使学生自主发现了同行、同列数对的特征，同时培养学生的合情推理能力，发展学生的空间观念。其次，教师适度提升练习的思维含量，启发学生运用已有的“图形与几何”领域知识，拓展“用数对确定位置”这一内容的宽度，让学生先解决“寻找一个点与已有 3 点连成一个长方形”的问题，再解决“寻找一个点与已有 3 点连成一个平行四边形”的问题。将学生对于数对的认识从第一象限延伸到第二象限，不仅加深了学生对数对的理解，体现数形结合的思想，同时让数学具有了丰富的内涵，使学生的思维处于爬坡状态，从而“向青草更青处漫溯”。

(三)借助问题情境，点燃学习热情

新课标指出，数学教学要紧密联系学生的生活实际，从学生的生活经验和已有知识出发，创设生动有趣的情境，引导学生开展观察、操作、猜想、推理、交流等活动。情境的创设，是数学学习活动产生和维持的基本依托，是学生自主探究数学知识的起点和原动力，更是提高学生数学能力的一种有效手段。

课始，老师引入了一个学生喜闻乐见的卡通形象——小黄人，创设的“小黄人捉迷藏”的情境更是贯穿了整节课的新授部分。活泼可爱的卡通形象，惟妙惟肖的配音，吸引了学生的注意力，激发了学生参与的兴趣，使他们由始至终以饱满的热情积极参与到学习中。

课中，老师创设用数对表示南京多个旅游景点位置的情境，让学生依据已经给出的大成殿位置数对(5，4)，继续用数对表示状元楼和飞虹桥的位置，激活了学生的已有经验，运用本课新学知识解决问题，富有趣味性，又极具挑战性，学生的参与热情再一次被点燃。

课尾，老师反问学生：确定位置一定用两个数吗？借助用数表示红色正方体位置的具体情境，打破学生的思维定式。在三次确定位置的对比中，引导学生回顾与延伸，启发学生感悟在一维直线、二维平面、三维空间，分别可以用一个数、两个数和三个数来确定位置。这样的问题情境，对用数对确定位置既有回顾梳理，又是适度的拓展延伸，给学生的后继学习播下一颗富有生命力的种子。

总体而言，这节课不仅非常好地达成了知识技能目标，而且引导学生在主动建构数对概念过程中，有效提升学生的思维品质，感悟数学准确简洁的魅力，使学生对数学产生积极情感，三维目标整体得以落实。

(该课曾获全国苏教版小学数学教材第五届优秀课评比一等奖，该篇案例发表于《小学数学教育》2016 年第 1-2 期)

第十六章

“图形与几何”优秀教学设计

“圆的认识”教学设计[①]

一、教学内容分析

圆是到定点的距离等于定长的点的集合，这是圆的本质特征。《义务教育数学课程标准(2011 年版)》在第二学段的内容标准中指出，通过观察、操作，认识平行四边形、梯形和圆，知道扇形，会用圆规画圆。基于小学生的认知水平，教材没有给出圆的定义，而是将圆的认识与生活实际紧密结合，注重从生活现象中提取数学问题，并进行适当的抽象概括。

苏教版数学五年级下册“圆的认识”这一课时教材安排了两个例题。例 1 安排了两个层次的学习活动。第一层次，让学生充分感知圆。教材呈现了日常生活中常见的几个圆形物体，引导学生观察，以此激活学生已有的认知经验，帮助他们初步抽象出圆的图形，并通过比较初步体会圆与多边形的异同。接着，鼓励学生自由运用不同工具自主画圆，初步感知圆的特征。第二层次，在学生尝试用圆规画圆的基础上，组织学生交流，掌握用圆规画圆的方法。结合学生尝试用圆规画圆的过程，分别介绍圆的圆心、半径和直径，并用字母在图形上做出具体的标注。例 2 通过组织富有针对性的操作活动，引导学生折一折、画一画、比一比，探索并发现圆的一些主要特征，这是本节课教学的重点。此外，教材还安排了一则“你知道吗”，通过介绍一些与圆有关的自然现象，欣赏一些与圆有关的工艺品和建筑物的图片，让学生体会圆在生活中的广泛应用，感受圆之美。

二、学情分析

圆在日常生活中随处可见。在学习本课时内容之前，学生借助生活经验对圆已有一定的直观认识，能够在一组平面图形中正确辨认出圆。学生在以往的学习中已经初步掌握长方形、正方形、平行四边形、三角形和梯形的基本特征，在探索这些直线图形特征的过程中，获得了一些研究平面图形的方法，积累了一定的数学活动经验。从认识直线图形到认识圆这样的曲线图形，不仅能拓宽学生的知识面，丰富学生“图形与

---

① 该教学设计由江苏省兴化市教师发展中心郎宏坤老师提供。

几何”的学习经验，而且也能给学生探索学习的方法注入新的内容，并使他们的空间观念得到进一步发展。

三、教学目标

第一，在观察、画图、讨论等活动中探索并发现圆的基本特征，知道圆的圆心、半径和直径的含义、特征和关系；会用圆规画出指定大小的圆；能用圆的知识解释一些日常生活现象。

第二，在活动中进一步积累认识图形的经验，增强学生的空间观念，发展学生的数学思考。

第三，进一步体验图形与生活的密切联系，感受平面图形的学习价值，提高数学学习的兴趣和学好数学的信心。

四、教学过程

(一)由点到线，连线成面，观察比较——初相识

1. 操作：让学生在作业纸上画一个点

谈话：数学学习总是从简单到复杂，我们对图形的认识也是这样，点是我们认识的最基本的几何图形。

2. 操作延伸

在作业纸上画两个点，并用直尺连接这两点，得到什么图形？再在作业纸上画三个点，顺次连接这三个点(不考虑这些点在同一条直线上)，能得到什么图形？如果画四个点呢？

启思想象：在一个平面上我们可以画出更多的点，5 个点、6 个点、16 个点、32 个点……分别得到五边形、六边形、十六边形、三十二边形……我们还可以画出无数个点，并分别得到对应的图形，你认识这些图形吗？(图 16-1、图 16-2)

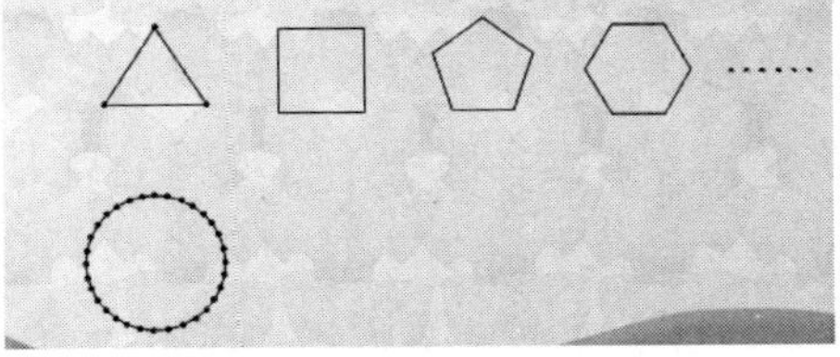

图 16-1

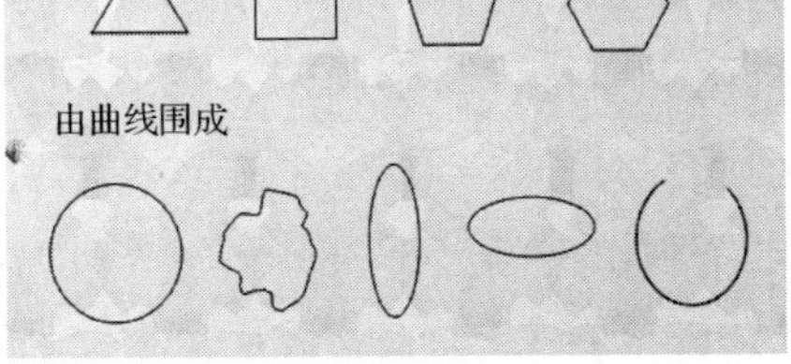

图 16-2

3. 观察比较，初识圆(图 16-2)

(1)上面这一排图形虽然形状各不一样，但都有什么共同特点？

(2)圆和我们以前所学过的平面图形有什么不同？

(3)圆是由曲线围成的平面图形，下面这些图中也有曲线，它们是圆吗？为什么？看来圆不仅仅是由曲线围成那么简单，我们能从众多平面图形中辨认出圆，还不能说我们就认识了圆。让我们用专业的视角继续观察、研究圆。

【设计意图】学生能依据原有的经验从众多平面图形中辨认出圆，说明在学生的经验世界中有关于圆的模糊认识。引导学生动手画出点、线段、线段围成的多边形……观察比较圆与多边形的不同，让学生理解圆是由曲线形成的平面图形，同时也让学生感悟到围成圆的曲线也可以看作由无数个点形成。学生的认识从最基本的平面图形“点”开始，由简单到复杂，初识圆时通过比较凸显圆的特点。

(二)分层递进，尝试操作，探究辨析——渐感悟

1. 自主操作

要研究圆，我们首先来画一个圆，请同学们选用身边的模型或工具任意画一个圆。学生借助任意工具第一次画圆。

2. 展示交流

学生用不同工具所画的圆，有画的成功的圆，有画的不成功的圆。组织探讨。

(1)你们是用什么工具画出圆的？展示学生用圆形物体描出的圆，肯定学生的画法，借助物体上圆形的面，我们能描出圆。

(2)展示学生用圆规画出的圆，请学生介绍画法，顺势引导学生认识圆规的各个部分。

(3)你能用老师的这支圆规教其他同学画出一个圆吗？教师协助学生画圆。看了这位同学画圆的全过程，大家觉得在用圆规画圆的时候应该注意些什么？

(4)如果要让画出的圆在不同位置，怎么办？圆的位置不变，要画大一些的圆该怎么做呢？

引导学生感悟：画圆时，圆的位置与针尖固定的一点位置有关，圆的大小与圆规两个脚尖叉开的距离有关。适时板书：位置　大小。

3. 按要求画圆

所有同学用圆规画出一个圆，要求同桌两人画的圆要一样大。

同桌两人商量，动手画圆。选取符合要求的学生作业展示，请他们说说是怎样做到“两人画的圆要一样大”这个要求的，引导所有学生再次感悟：圆规两个脚尖叉开的距离决定了画出圆的大小。

【设计意图】让学生自主尝试探究圆的画法，学生可以借助物体上圆形的面描出圆，也可以用圆规画出圆，重点引导学生掌握用圆规画圆的方法。在画圆工具和圆的画法

中蕴含了圆的特征，在此过程中虽然没有揭示圆各部分的名称，但适时变化画圆的要求，使学生能真切感受到影响圆的位置和大小的因素。例如，第二次画圆要求同桌两人画得一样大，同桌两人自然地将圆规脚尖叉开进行比对，叉开的距离相等，才能保证画出的圆一样大。

(三)依托画法，丰富表象，形成概念——建认知

1. 认识圆心

介绍：当圆画出来以后，这一条封闭的曲线，在数学里叫作圆上，而这个曲线里面的区域叫作圆内，那曲线外面的部分叫圆外(多媒体配合演示)。

(1)观察比较：出示课件中(图 16-3)，我们可以在圆内画出许多点，哪一个点是比较特殊的？这一点特殊在哪里？你能给这个点取个名字吗？追问引发学生深入思考：点的位置在哪儿才是圆的中心即圆心？联系刚才画圆的过程，圆心的位置还可以怎样描述？(板书：圆心 O 的位置)

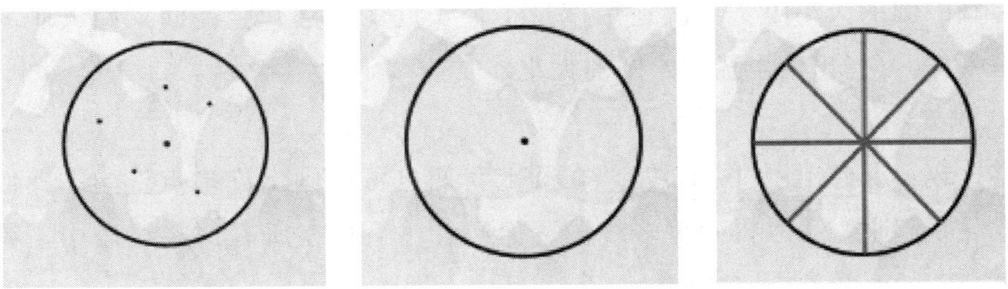

图 16-3

(2)讨论交流：对于其他正多边形，我们也能找到它们的中心点，连接中心点到边线的任意一点(图 16-4、图 16-5)，得到的线段长度相等吗？从这个角度比较圆与这些图形，你有什么发现？古希腊数学家毕达哥拉斯说过，在一切平面图形中，圆是最美的。你是怎样理解这句话的？

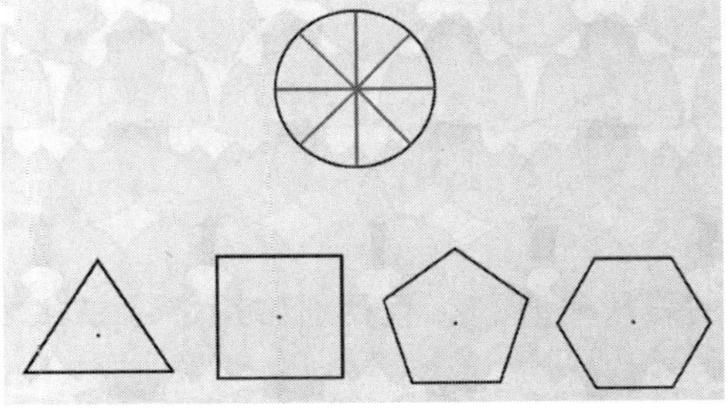

图 16-4

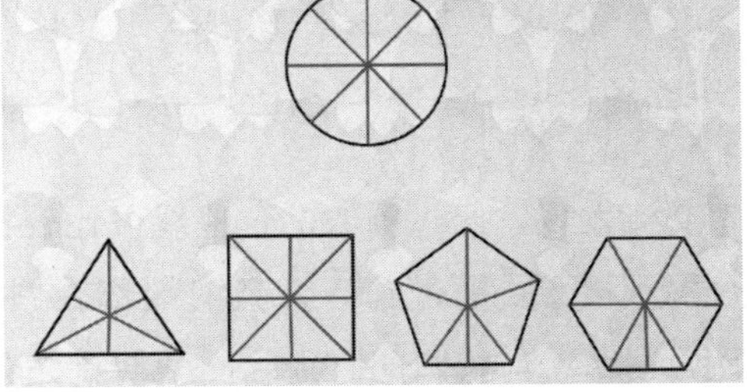

图 16-5

2. 认识半径

操作：再次联想我们画圆的过程，圆的大小与什么有关？引导学生再次将圆规在画

出的圆上比画一下，同学们能画出一条线段，表示圆规两脚叉开的距离吗？（图 16-6）如何确定这条线段的两个端点？

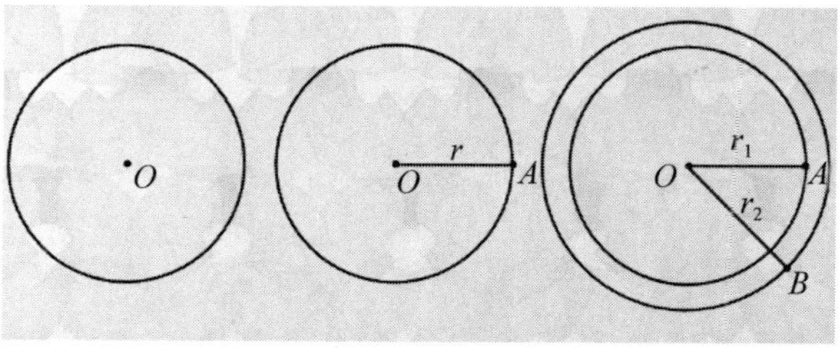

图 16-6

小结：像这样，连接圆心到圆上任意一点的线段（OA）是半径，通常用字母 r 表示。

板书：半径 r，适时要求学生画出多条半径，你能画出多少条圆的半径？

操作：在刚刚画好的圆上画出一条半径，并量出半径的长度。现在能用半径的长度描述你画的圆的大小吗？再次运用度量半径长度的方法，验证同桌两人画的圆的大小是不是一样。（指出：半径决定圆的大小）

3. 认识直径

观察比较：课件出示（图 16-7），在圆上我们也可以画出许多点。如果我们把圆上的两个点联系起来，可以得到很多线段。你们看一看，在所有这些线段中，哪一些线段是比较特殊的？特殊在哪儿呢？

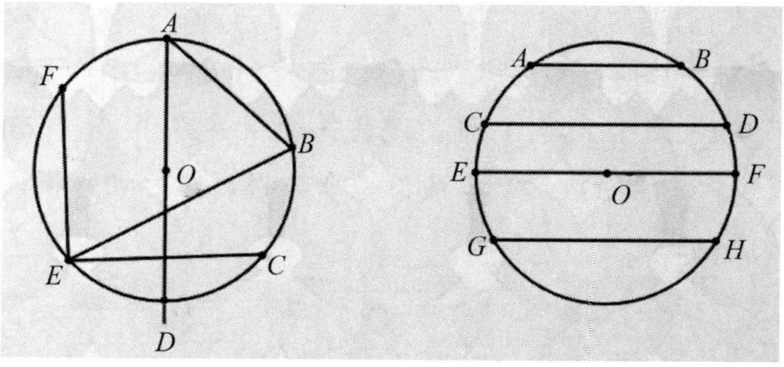

图 16-7

交流发现：经过圆心的这些线段比较特殊。

揭示概念：通过圆心并且两端都在圆上的线段是直径，直径通常用字母 d 表示。（板书：直径 d）找圆的直径，同学们首先会关注哪些点？

预设 1：画出几条直径，能画多少条？

预设 2：是否经过圆心，线段的两端是否都在圆上？

4. 适时练习

教材练一练第 1 题，图中哪些线段是半径，哪些是直径，哪些不是，为什么？判断并说明理由。

【设计意图】苏教版教材中，介绍圆各部分名称时都是基于圆的画法进行描述的。比如，画圆时，针尖固定的一点是圆心；连接圆心到圆上任意一点的线段是半径；通过圆心并且两端都在圆上的线段是直径。借助这样的描述学生虽然也能接受圆心、半径和直径的概念，但是学生对这些概念的认识与理解却是单一和肤浅的，学生不能结合具体图形深刻理解这些数学概念的本质内涵，这也就在一定程度上影响了学生对圆基本特征的把握。在教学时，虽然也基于圆的画法，但力求引导学生观察、操作、探究，借助课件演示，给学生数学的视角，有意识地关注这些概念的本质内涵。

(四)动手操作，思考交流，沟通联系——促深化

谈话：知道圆各部分的名称与含义，我们对圆的认识就更进一步了，想不想继续深入研究圆的特征呢？接下来同学们小组合作，互相交流，完成学习单。

1. 利用手中的圆，画一画，折一折，比一比，同桌互相讨论

(1)关于圆心，你有什么发现？说说你的想法。

(2)关于半径、直径，你有什么发现？说说你的想法。

(3)圆是轴对称图形吗？它有多少条对称轴？说说你的想法。

(4)你还有什么发现？

2. 操作探究，交流汇报，即时呈现与修正

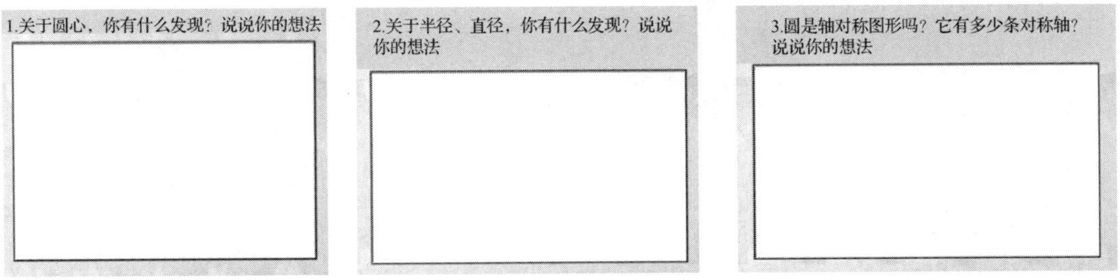

图 16-8

学生动手操作后互相交流，设计的交互式课件可以即时性地输入学生汇报的结论，并组织学生围绕这些结论进行交流、修正和补充。

【设计意图】引导学生动手操作、合作交流，深化学生对圆特征的认识。小组汇报时创新性地运用课件中的对话框，即时性地输入每个学生的发现，引导学生通过操作感悟，借助图形说理，及时修正、完善学生的表达。例如，“圆的半径有无数条”这个结论，学生既可以通过实际操作——“怎么画也画不完”来感悟；也可以借助图形进行

说理——因为圆上有无数个点，连接圆心到圆上的无数个点，就可以得到无数条半径。再如，“同一个圆内，直径长度是半径的两倍”，学生既可以联系画圆过程来阐述，也可以通过度量用数据来说明。引导学生分别建立圆心、半径和直径的概念后，此教学环节的重点是引导学生借助操作，自主探究、发现并阐述概念之间的联系，如圆心和半径，半径和直径，直径和对称轴之间的关系，通过师生、生生对话，丰富深化学生对圆的认识，优化学生的数学表达。

(五)梳理小结，变换画法，回归本质——妙延伸

谈话：这节课我们更加深入地认识了圆、圆心(确定了圆的位置)、半径(决定圆的大小)和直径(直径所在的直线是圆的对称轴)，我们还学会了用圆规画圆，想象一下，如果用直尺能画出圆吗？比如，用直尺能不能画出一个半径 5 厘米的圆？

学生自主尝试，教师适时提示：早在两千多年前我国古代就有了关于圆的精确记载。墨子在他的著作中这样描述道：“圆，一中同长也。”你知道“一中”指的是什么吗？“同长”呢？如果用直尺画圆，如何先确定“一中”即圆心，那怎么确定同长呢？(图 16-9、图 16-10)

图 16-9

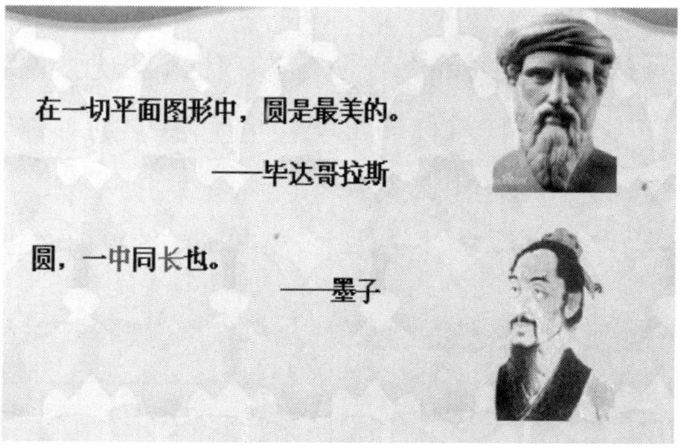

图 16-10

课堂小结：今天我们研究了圆的特征，还认识了毕达哥拉斯和墨子。毕达哥拉斯的“在一切平面图形中，圆是最美的”和墨子的“圆，一中同长也”有着共通之处，为我们揭开了圆神秘的面纱，希望同学们在今后的学习中，继续努力探索圆的更多秘密。

【设计意图】由鼓励学生利用直尺画出圆，引出墨子的“圆，一中同长也”。画圆工具和画圆方法的变化是对圆数学本质认识的回归，与上课开始时无数个点形成一个圆遥相呼应。引导学生比较东西方两位思想巨人关于圆的表述，巧妙延伸。让学生初步领悟到两种表述相互印证，阐因释果，正是因为“圆，一中同长也”，所以“在一切平面图形中，圆是最美的”。

五、整体设计意图

好的数学课，课已停，意犹存，余味(数学味)无穷。一节具有生长性的数学课，一定会在学生心中播下数学知识本质的种子。随着学生数学学习的深入，这粒种子会继续萌芽、生长，长成根深叶茂的数学大树。

(一)以“退步”的方式前进——从原点出发

五年级学生对于圆有着较为丰富的直观认识，但学生的这些认识是零散肤浅的，有数学的也有非数学的，有正确的也有错误的。学生在认识数学意义上的圆之前，已经掌握了哪些平面图形的知识和技能(知识背景)？学生通过本节课的学习应该掌握哪些关于圆的知识(认知目标)？我研读课标：在小学第一学段，要求学生能通过实物和模型辨认长方体、正方体、圆柱和球等立体图形；能辨认长方形、正方形、三角形、平行四边形、圆等平面图形；会用长方形、正方形、三角形、平行四边形或圆拼图；在第二学段，通过观察、操作，认识平行四边形、梯形和圆，知道扇形，会用圆规画圆。我更加关注学生在获得这些知识的过程中，哪些能力得到了训练和发展，积累到怎样的数学活动经验？

圆是学生在小学阶段认识的最后一个平面图形。在教学圆的认识过程中，要力求激活学生已有的知识，作为学生认识圆的有力支撑，在“退步”中前进。引导学生从最基本的平面图形“点”开始，连点成线段，连线段成多边形，从多边形的角度引出圆(初步渗透极限思想)，由简单到复杂，让学生在初识圆时，能通过比较感悟圆的本质特点。课中，在认识圆的半径时，引导学生聚焦线段(半径)的端点，比较圆的大小时，引导学生关注线段(半径)的长短。学生自主探究圆的特征时，运用轴对称图形的旧知等，都是学生在“退步”中前进。课尾，学生已学会用圆规画圆，再一次“退步”，引导学生思考尝试“用直尺能画出圆吗?”引出墨子的“圆，一中同长也”，从点的视角，感悟圆的本质特征。

(二)用“透视”的方式思考——向本质迈进

教学圆心、半径、直径的概念，力求给学生更宽广、更深厚的平面图形知识背景，借助直观手段，引导学生通过比较，深刻理解概念的本质内涵。

1. 关于圆心的教学

圆心概念的揭示，是在揭示圆上、圆内和圆外概念基础上进行的，即展示圆内的几个点，观察这些点的位置，让学生找出其中哪一个点位置特殊。学生凭直觉指出圆心所在的点的位置特殊，是最中心的位置。追问学生点的位置在哪儿才是圆的中心即圆心？此时虽然没有“圆心到圆上任意一点的距离都相等”的精确数学表达，但借助课件演示，学生对这一数学本质的认识却是非常到位的。再次引导学生以这样的视角（中心点到边线距离是否相等），将圆与其他平面图形进行直观对比，使学生不仅对圆心的认识更加丰富，对圆（区别于椭圆）的本质特征有更深的感悟。

2. 关于半径的教学

圆的半径概念的引入，基于圆的画法，产生于表征圆大小的需要。学生在画圆时，首先体会到圆的大小与圆规两个脚尖叉开的距离有关。让学生画出一条线段，表示圆规两个脚尖叉开的距离，学生在确定线段的端点时，必然要关注圆心与圆上的任意一点（线段的两个端点），而画出的线段实际上就是圆的半径。学生在理解半径的概念的同时，也感悟到半径的长短决定了圆的大小。

3. 关于直径的教学

圆的直径的概念也没有采用课本上对照图形直接描述的方式揭示，而是引导学生观察、比较多条两端都在圆上的线段，找出哪一条线段比较特殊，特殊在哪里，由此引入直径的概念。在实际教学时，学生阐述这一条线段“特殊在哪里”时，学生不仅仅会发现这条线段通过圆心、两端都在圆上这一本质特点，还附带着发现在同类所有线段中这一条最长，这条线段将圆“一分为二”，这条线段相当于是两条半径……学生视角多变，发现多样，生动表达，对直径特征的认识也更加丰富和深刻。引导学生用“透视”的方式思考，促进学生向数学知识的本质迈进。

4. 关于美的认识

有不少教师在执教圆的认识时都会引用毕达哥拉斯的名言“在一切平面图形中，圆是最美的”，但如果认为在建筑设计、工业制造、工艺品设计中只要运用到圆形，圆就是最美的，就并没有真正理解圆均衡、对称、和谐的数学美的本质。古希腊毕达哥拉斯学派是西方美学史上最早探讨“美”的本质的学派，他们从数学研究中发现和谐之美，称“一切立体图形中最美的是球，一切平面图形中最美的是圆”。用现代物理学中对称操作来证明，它们是最完美的。对球来说，通过球心的任何直线都可以成为旋转对称轴，转动到任何角度都可以和原图重合。任何通过球心的平面，都是把球分成两半的镜像对称面，这就证明球是最完美的对称。同样，在圆所在的平面，通过圆心画一根对称轴，按此轴旋转至任何角度，都与原图重合，就像没有转过一样；含对称轴的任何平面都是镜像对称面。可见，圆是平面中最完美的对称，而圆的这一本质特征，我国古代思想家墨子用“圆，一中同长也”给出了形象揭示，这两者可谓异曲同工。

第十七章

“统计与概率”优秀教学设计

“复式统计表”教学设计[①]

一、教学内容分析

复式统计表是把两个(或多个)统计项目的数据合并在一张表上，综合反映数据中蕴含的丰富信息。《义务教育数学课程标准(2011年版)》在第二学段关于“统计与概率”的课程内容中指出，让学生经历简单的收集、整理、描述和分析数据的过程；会根据实际问题设计简单的调查表，能选择适当的方法(如调查、试验、测量)收集数据；能解释统计结果，根据结果做出简单的判断和预测，并能进行交流。苏教版数学五年级下册“复式统计表”一课，是在学生初步认识单式统计表的基础上，进一步认识复式统计表，帮助学生继续学习收集、整理、描述和分析数据的方法，进一步积累统计活动经验，发展数据分析观念。教材创设了统计四个乐器兴趣小组人数的情境，引导学生在把四张单式统计表中的数据合并在一张复式统计表的过程中，自主掌握复式统计表的栏目含义、结构特点和填写方法，体会用复式统计表呈现数据是基于分析和解决问题的需要，因为复式统计表不仅信息容量大，而且更便于对不同类别的数据进行分析和比较。

二、学情分析

在学习本课之前，学生对收集数据、记录数据的方法已经有了初步的体验，会将数据整理后填入单式统计表，并能根据统计表中的数据做简单分析，积累了一定的经验。在此基础上认识复式统计表，在学习需求的不断驱使下，对单式统计表进行重组、修复和完善，了解复式统计表的基本结构组成，感悟统计的方法和意义。进一步体会数据收集与整理的必要性以及数据分析方法的多样性，体会数据中蕴含的丰富信息及其应用价值，发展数据分析观念。

---

① 该教学设计由江苏省兴化市第二实验小学倪燕老师提供。

三、教学目标

第一，历经复式统计表制作全过程，了解复式统计表的基本结构组成，能根据收集、整理的数据填写统计表，并能根据表中数据进行简单的分析。

第二，在创造、认识、填写、分析复式统计表的过程中，进一步掌握数据收集、整理和呈现的方法，体会数据收集与整理的必要性，发展数据分析观念。

第三，通过学习进一步体会统计与现实生活的密切联系，感悟统计的价值，树立学好数学的信心。

四、教学过程

(一)情境导学，激发认知冲突

1. 创设情境

第二实验小学五年级社团活动情况。

2. 出示四张单式统计表

如图 17-1 所示，本课使用印有统计表各部分名称的磁贴教具若干。

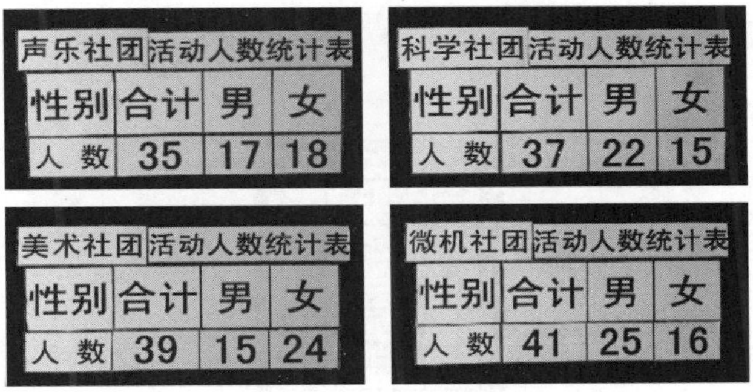

图 17-1

3. 抢答比赛，感知单式统计表的应用价值

(1)声乐社团有男生多少人？

(2)美术社团有女生多少人？

(3)微机社团一共有多少人？学生谈感受。

4. 继续抢答，激发认知冲突

(1)哪个社团的男生人数最多？

(2)哪个社团的女生人数最少？

(3)参加社团活动的男生共有多少人？

(4)这四个社团一共有多少人？学生再次谈感受。

【设计意图】学生创造力思维的激发需要内在学习需求的有力支撑。这种需求越强烈，学生的再创造意识越清晰和明确。开始的两轮抢答环节，先后截然不同的感受对比，激发了学生强烈的认知冲突，并产生疑问：单式统计表的价值是什么？对单式统计表的数据进行分析，在特定情境下是否有着局限性？是否存在更加综合的统计方式？基于数据分析的现实需求，产生将四张单式统计表重组的欲望。

(二)尝试创造，理解结构组成

1. 导学

结合前两个问题想一想，怎样摆放这四张统计表，可以方便大家更加清楚快速地进行观察？

2. 学生小组讨论，摆放四张统计表

(1)方法 1（图 17-2）。

图 17-2

(2)方法 2(图 17-3)。

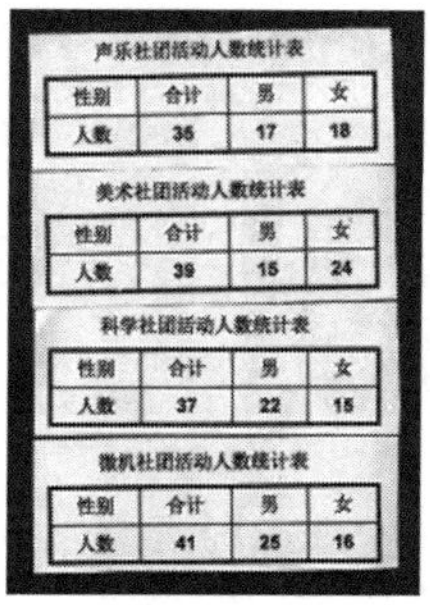

图 17-3

说明：无论哪种摆法，同学们都是将四张统计表紧紧挨在一起，使数据更加集中。

思考：观察第二种摆法，同学们在不知不觉中将四张表合并成了一张表，如果这是一张统计表，你觉得有什么需要改进的地方吗？

引导学生展开讨论，从单式统计表出发思考，一步步进行重组、修复和完善。(图 17-4 到图 17-11)

(1)重组单式统计表(图 17-4)。

声乐社团活动人数统计表

性别	合计	男	女
人数	35	17	18

美术社团活动人数统计表

性别	合计	男	女
人数	39	15	24

科学社团活动人数统计表

性别	合计	男	女
人数	37	22	15

微机社团活动人数统计表

性别	合计	男	女
人数	41	25	16

图 17-4

(2)缩减性别栏(图 17-5)。

声乐社团活动人数统计表

性别	合计	男	女
人数	35	17	18

美术社团活动人数统计表

人数	39	15	24

科学社团活动人数统计表

人数	37	22	15

微机社团活动人数统计表

人数	41	25	16

图 17-5

(3)缩减标题(图 17-6)。

活动人数统计表

性别	合计	男	女
人数	35	17	18
人数	39	15	24
人数	37	22	15
人数	41	25	16

图 17-6

(4)修改类别栏(图 17-7)。

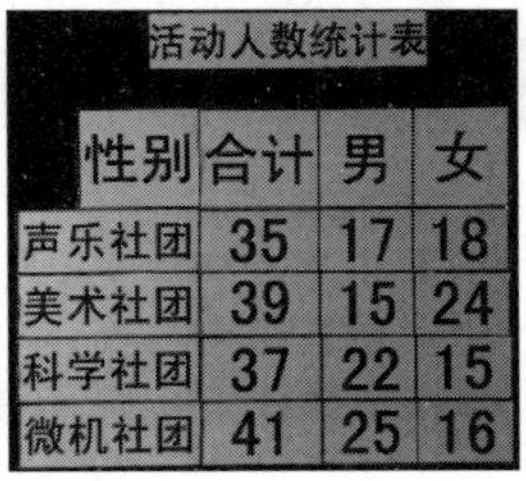

活动人数统计表

	性别	合计	男	女
声乐社团		35	17	18
美术社团		39	15	24
科学社团		37	22	15
微机社团		41	25	16

图 17-7

(5)创造表头(图 17-8)。

活动人数统计表

性别/人数/类别	合计	男	女
声乐社团	35	17	18
美术社团	39	15	24
科学社团	37	22	15
微机社团	41	25	16

图 17-8

(6)补充总计(图 17-9)。

活动人数统计表

性别/人数/类别	合计	男	女
总 计			
声乐社团	35	17	18
美术社团	39	15	24
科学社团	37	22	15
微机社团	41	25	16

图 17-9

(7)完善标题(图 17-10)。

第二实验小学五年级社团活动人数统计表

性别/人数/类别	合计	男	女
总 计			
声乐社团	35	17	18
美术社团	39	15	24
科学社团	37	22	15
微机社团	41	25	16

图 17-10

(8)增加制表日期(图 17-11)。

第二实验小学五年级社团活动人数统计表

2014 年 12 月

性别/人数/类别	合计	男	女
总 计			
声乐社团	35	17	18
美术社团	39	15	24
科学社团	37	22	15
微机社团	41	25	16

图 17-11

3. 分析统计表

提问：科学社团有男生多少人？你是怎么找到这个数据的？73，39 分别表示什么？你还发现了什么？

4. 学生再次抢答，分享感受

对比：你觉得这张统计表与原来的统计表有什么不同之处？

思考：如果我们把原来的统计表称为单式统计表，你能为现在的统计表取个名字吗？(双式统计表、多式统计表、复式统计表、综合统计表……)

5. 揭示课题，并介绍统计表各部分的名称，整合认知

【设计意图】教师制作可以任意移动、分割与组合的磁性教具，引导学生基于数据分析的现实需求，将四张单式统计表进行重组和完善。此过程中没有零碎的子问题建构，在完全开阔的思维空间下，学生彼此间自由对话、相互触发。当一个学生提出自己的观点时，会引发其他学生更多的思考和辩论。时而质疑，时而顿悟，时而肯定，时而补充，在不断的思维碰撞中，擦出创造革新的火花。坚持着自己的观点同时吸纳着他人的意见，基于他人的观点不断更新着自己的想法，一步步拓宽思维的广度，在逐步修改、调整的过程中深刻理解复式统计表各部分结构的实际意义与存在价值。

(三)练习巩固，感悟统计价值

1. 现场统计

谈话：同学们，你想参加这些社团活动吗？如果只选择一个，你最想参加哪个社团呢？

讨论：如何统计我们全班同学想参加社团的情况？学生讨论，进行现场数据的收集与统计。

分析：哪个社团活动最受我们班同学的欢迎？男、女生对社团的喜好有什么区别？你还发现了哪些信息？

2. 生活中的统计表

(1)课件出示：学校各个班级的一日常规检查表(图 17-12)。

“红领巾监督岗”一日常规检查表

检查人：__________　　检查日期：____年__月__日　星期__

项目 / 年级	纪律						卫生		总分
	课间操	眼保健操	早午自习	在校行为规范	红领巾佩戴	放学排队	卫生区	室内卫生	
	10分	10分	10分	10分	10分	10分	20分	20分	100分
一年级									
二年级									
三年级									
四年级									
五年级									
六年级									

图 17-12

组织讨论：这张统计表与我们之前看到的复式统计表有什么不同之处？

说明：学校各个班级的一日常规检查，就是采用了复式统计表进行统计和公布。观察横栏和纵栏，填上数据就可以清楚地看出各个班级一日常规检查的情况了。

(2)课件出示：蛋糕房中的价目表(图 17-13)。

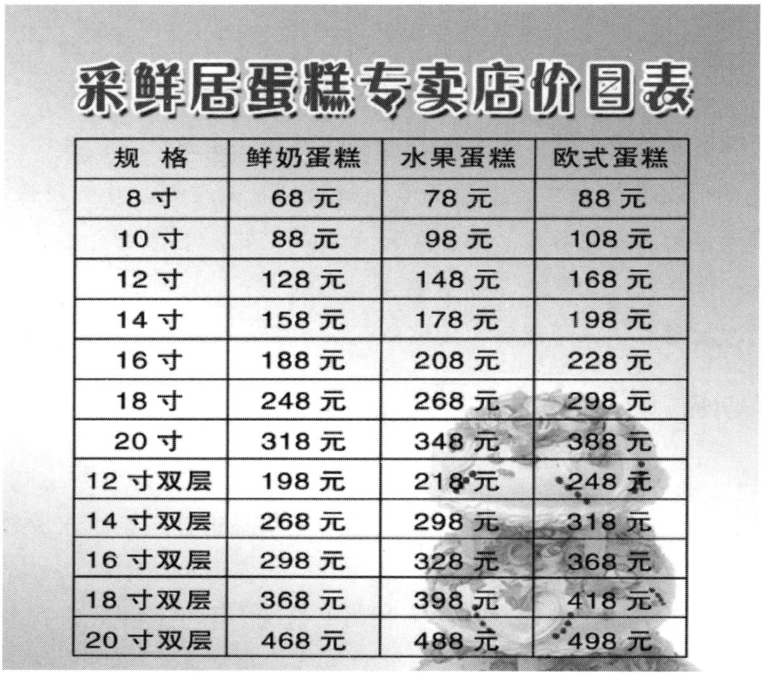

采鲜居蛋糕专卖店价目表

规　格	鲜奶蛋糕	水果蛋糕	欧式蛋糕
8 寸	68 元	78 元	88 元
10 寸	88 元	98 元	108 元
12 寸	128 元	148 元	168 元
14 寸	158 元	178 元	198 元
16 寸	188 元	208 元	228 元
18 寸	248 元	268 元	298 元
20 寸	318 元	348 元	388 元
12 寸双层	198 元	218 元	248 元
14 寸双层	268 元	298 元	318 元
16 寸双层	298 元	328 元	368 元
18 寸双层	368 元	398 元	418 元
20 寸双层	468 元	488 元	498 元

图 17-13

启发思考：蛋糕房中的价目表也采用了这样的复式统计表，可以让顾客一目了然地看清各类蛋糕的价格，方便人们根据自己的需求和喜好来进行选择。

组织讨论：这张统计表与其他的复式统计表有什么不同之处？

适时追问：为什么没有合计？为什么没有标明制表日期？

小结：我们在制作复式统计表时，可以根据实际情况增减表格中的各个项目，让统计更有价值，更具实用性。

【设计意图】为统计表取名的环节是对已有认知的有效提升，学生各种新奇想法的出现，皆说明了对复式统计表综合性功能的深刻理解。对学校的一日常规检查表和蛋糕房价目表结构组成的讨论和分析，是学生由课堂学习走向现实生活的自主化延伸。学生通过自主交流了解到，在复式统计表的实际制作中，可以根据具体情况对表格中的各个项目进行增减，“各部分结构组成的功能性”“数据分析的必要性”“统计的实际应用价值”，这些隐藏在文本中的数学内涵，皆通过对生活现象中数学问题的挖掘和思考，促使学生达到透彻领悟的程度。

五、整体设计意图

(一)学习需求开启创造力的发挥

在心理学中，需求是指人体内部一种不平衡的状态，对维持发展生命所必需的客观条件的反应。学习需求是指人对未知事物的渴求，为满足自身生产、生活以及发展需要，并在学习动机驱使下的一系列反应。学生创造力思维的激发需要内在学习需求的有力支撑，这种需求越强烈，学生的再创造意识越清晰和深刻。本节课力求让学生在对数据分析的现实需求驱使之下自主发挥创造力，开始的两轮抢答环节，先后截然不同的感受对比，激发了学生强烈的认知冲突，使学生产生将四张单式统计表重组的欲望，在进一步的观察思考中，产生一系列持续不断的新的需求，从而达到对统计表逐步修改、调整和完善的探究目标。

(二)交流碰撞拓宽思维的广度

数学意义上的交流，是学生在数学的学习过程中，彼此间思维碰撞，灵感激发，不断质疑、否定、推翻和重建的过程。本节课基于学生的认知水平和认知需求，创设了特定的、开放性的问题情境，给予学生开阔的思维空间，引导学生通过自由对话、自主交流、相互触发，一次次擦出创造革新的思维火花，经历观察、思考、辨析、辩论的学习过程，逐步完善认知体系，感悟学习价值，拓展学生数学思维的广度，体现了真正以学生为主体的生态课堂。

(三)学习体验决定理解的深度

在课堂上，学生的学习体验越深刻，对数学本质内涵的理解就越深刻。深刻的学习体验需要有效的对话支撑。本节课中的三次抢答即教师与学生之间、学生与文本之间的多次对谈。第一轮抢答从简单的问题切入，让学生充分感受单式统计表的价值，建立新旧知识间的联系，同时也为接下来强烈的认知冲突体验做了有效铺垫。第二轮抢答与第一轮抢答形成强烈的反差，促使学生产生重组、修改的欲望。第三轮抢答安排在复式统计表形成之后，此刻的感受与前一轮时的困难重重再次形成反差。综合来看，第一轮和第二轮抢答面对的是单式统计表，也就是在相同的情境下应对不同的问题，第二轮和第三轮抢答分别面对单式和复式两种不同的统计表，即在不同情境下应对相同的问题。三轮抢答，两番不同的感受对比，使学生获得了深刻的学习体验，对复式统计表各部分结构的功能与价值有了深刻的理解。

第十八章

“综合与实践”优秀教学设计

“百数探秘”教学设计①

一、教学内容分析

不同版本的教材(如人教版、北师大版、苏教版)，在一年级教学“认识100以内的数”单元中都单独安排了百数表教学。百数表能帮助学生发现和构建数与数之间的关系，深化对数的意义的理解，有效培养学生的数感。本节课教学运用游戏化学习方式，设计了一组蕴含数学规律的游戏，将百数表和简单计算作为学生发现和运用规律的工具，培养学生的推理能力。数学游戏“快乐合影”，从精心设计的具体可感的问题情境入手，为学生进行数学推理活动提供有意义的素材，让学生在游戏中动态构建百数表。这些素材的呈现方式，有利于触发学生的数学直觉去“由因探果”，有利于学生通过观察、比较和思考提出有依据的猜想，培养学生的合情推理能力。数学游戏“百数探秘”，在形如方格毯上的百数图中，用十字形相框框住的五数之和是中心数的5倍(大前提)，又因为已知五数之和是65(小前提)，所以通过逆推可知中心数为13(结论)，并由中心数以及十字形相框的结构特点(规则)，推出另外的四个数。学生运用规律“由果推因”逆向思考，判定真伪，论证说理。在此基础上，进一步依据规律拓展思维，穷尽在百数表中用十字形相框框住五数之和的全部可能，进行完全归纳，培养学生的演绎推理能力。

二、学情分析

学生在一年级认识了100以内的数，能正确读数、写数，理解数的组成和排序；在二年级学习了表内乘除法；在三年级学习了两三位数乘一位数。学生对于百数表的初步认识和已具备的基本计算能力构成学生学习本课时内容的基础。认知发展理论认为，小学生的思维发展处于具体的运算阶段，即逐步从具体形象思维向抽象逻辑思维发展。三年级学生的数学推理有别于成人，他们的思维发展水平，决定了其推理能力发展的特点：数学推理虽有一定的情理性，但少了些逻辑性；推理有一定的模糊性，

① 该教学设计由江苏省兴化市教师发展中心郎宏坤老师提供。

可能缺少严谨性。三年级学生数学推理夹杂着形象性，具有半逻辑化的特点，他们还不能完全脱离实物、图片、图形等。教学活动必须给学生提供探索、交流的空间，组织、引导学生经历观察、实验、猜想、计算、画图、证明等数学活动过程，并把推理能力的培养有机地融合在这样的过程中。

三、教学目标

第一，在游戏活动的推进中动态构建百数表，使学生发现和理解 100 以内的数在方格毯上的排列顺序和规律，以“求十字形相框内五个数的和”为载体，有效培养学生的合情推理和演绎推理能力。

第二，促进学生调动多种感官参与游戏化学习，探索规律，拓展知识，在解决问题的过程中发展学生的数学思维，积累数学活动经验，充分激发学生的创造力和思考力。

第三，强化学生数学学习的内在动机，提高学生数学学习的积极性，降低学生数学学习的焦虑度，感受数学游戏化学习过程的趣味性，树立学好数学的信心。

四、教学过程

(一)合情推理：数形结合观察比较，由因探果，发现规律

数学游戏 1：快乐合影

创设情境：数宝宝在方格毯(用灯箱布制作的 4 米×4 米游戏方格毯，如图 18-1 到图 18-4)上“快乐合影”，他们用了不同的相框来拍照，你们能猜出相框中还有哪些数宝宝吗？

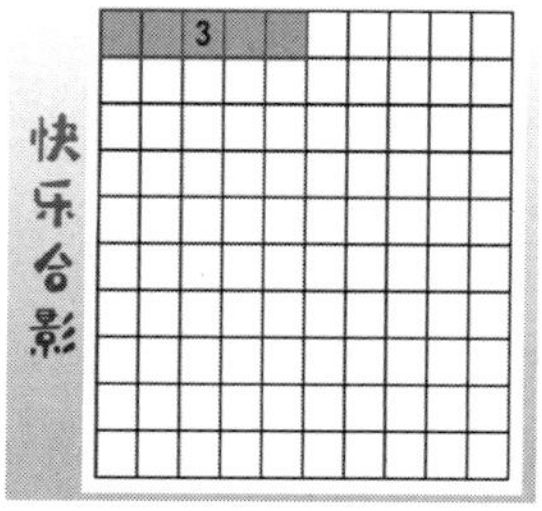

图 18-1

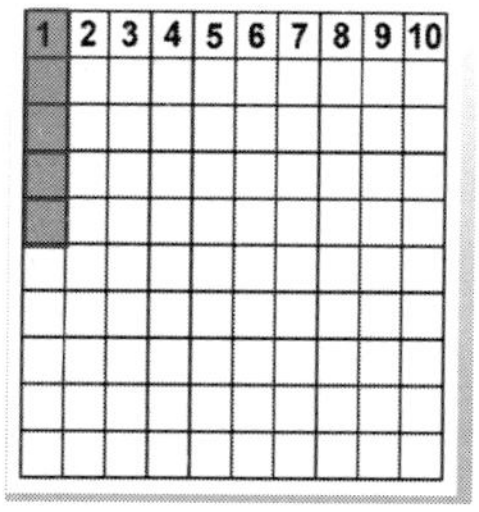

图 18-2

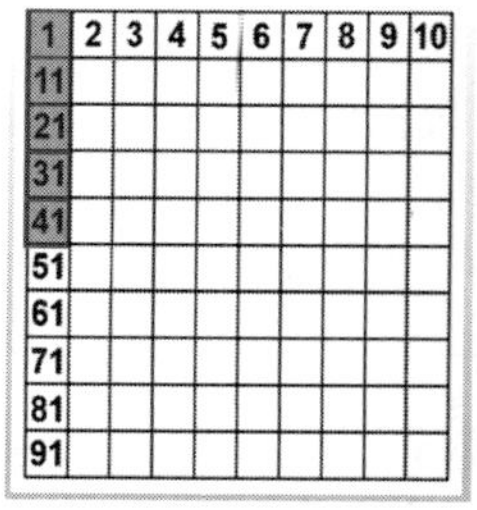

图 18-3

图 18-4

(1)课件出示横向五连方相框(图 18-1)，学生猜测与数宝宝“3”相邻的另外两个数宝宝是谁？请这两个数宝宝跑上方格毯，这一横排还有哪些数宝宝？

学生观察方格毯上数宝宝“3”的位置，找到它的相邻数 2 和 4，进而推想这一横排有 1～10 共 10 个数。

(2)相框动态旋转为竖向五连方相框(图 18-2)，这时候合影的数宝宝是哪几位呢？如果按这个规律想下去，这一竖排还有哪些数？

学生根据刚才的经验，找出竖向相框里应该有 1，11，21，31，41 五个数，进而推想出整列有哪些数，并摆在格毯上(图 18-3)。

(3)出示斜向五连方相框(图 18-5)，猜一猜相框里应该有哪些数宝宝？你是怎样推想的？有没有不同想法？如果照这样摆下去，这一斜排还有哪些数？

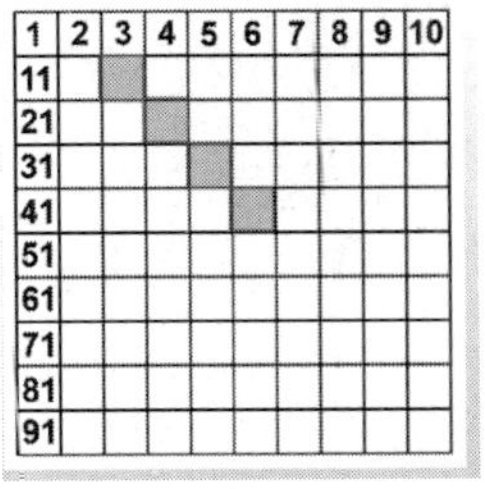

图 18-5

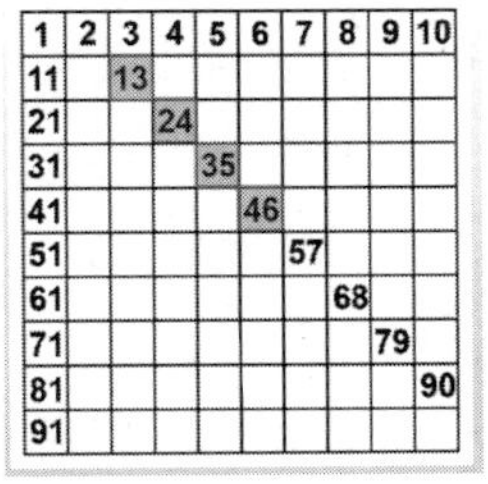

图 18-6

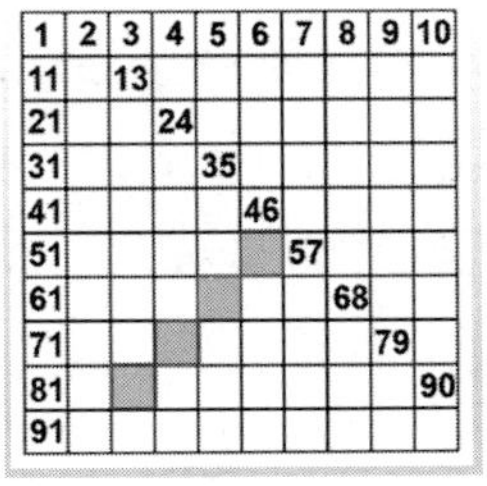

图 18-7

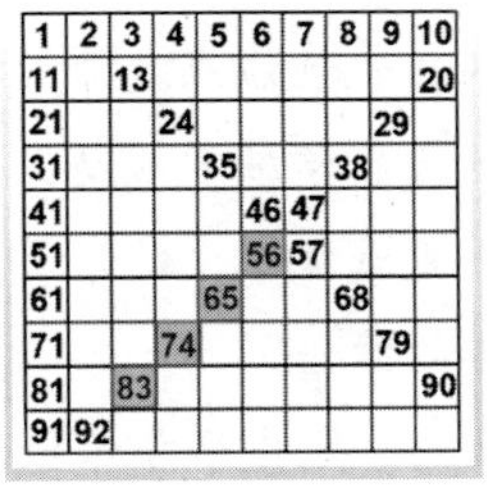

图 18-8

学生在“快乐合影”第一、第二次游戏中成功摆出横排 1～10、竖排 1～91。游戏中，学生不仅在方格毯上初步形成了百数图的基本格局，而且通过数形结合的方式获得了观察、比较、推想的经验。此时学生猜想斜向五连方相框有哪四个数宝宝，观察角度不同，思考方向就不一样。比如，推想出第二格里是数宝宝“24”，学生可能出现多种想法(图 18-6)。

预设 1：我是竖着看，4 下面应该是 14，14 下面就是 24，所以相框的第二格里是 24。

预设 2：我横着看，相框的第二格对着 21，21 后面是 22，23，24。

预设 3：我是先横着看，因为这一横排都是二十几，所以相框第二格里的数的十位上应该是 2；再竖着看，这一竖排的数的个位上都是 4，合起来就是 24。

学生继续推想这一斜排还有哪些数宝宝？教师对学生的观察角度，思考方向不设限。学生大胆猜想，自由表达，继续推想出这一斜排的所有数。教师顺势抛出一个新问题：观察这一组数，你们有什么发现？

预设 1：从 13 开始，十位上的数依次多 1，个位上的数也依次多 1。

预设 2：不对，13～79 有这样的规律，但是 79 下一个是 90，79～90 就不符合这个规律了。

预设 3：从 13 开始，这一斜排数的后一个数比前一个数多 11。

(4)斜向五连方相框上下翻转(图 18-7)，还有一些数宝宝在这样的相框里合影。相框里有哪些数宝宝？小组讨论(摆一摆)观察这一组数，你发现了什么？这一斜排还有哪些数？

学生在刚才的游戏中，积累了一定的合情推理经验，此时能迅速在方格毯上摆出相应的数卡(图 18-8)，主动发现规律并与同伴进行交流，对于规律的表达也相对更加严谨。

预设 1：从 92 开始到 29，十位上的数依次少 1，个位上的数却依次多 1。

预设 2：从 29 开始到 92，十位上的数依次多 1，个位上的数却依次少 1。

预设 3：从 20 开始到 92，这一斜排数依次增加了 9；倒过来看，从 92 开始到 20，这一斜排数依次减少了 9。

【设计意图】学生提出猜想是从观察开始的，合情推理需要基于一些基本的现象或事实。教师应精心设计与学生生活经验、知识背景密切相关的数学问题情境，为学生进行数学推理活动提供有意义的素材。这些素材的呈现方式和教师的教学方式，应有利于触发学生的数学直觉去“由因探果”，有利于学生通过观察、比较和思考提出有依据的猜想。

在这个教学片段中，以数学游戏“快乐合影”为数学推理活动的载体，游戏情境的设计充分激发学生的数学灵感，引发学生的数学想象。游戏中，运用方格毯和数卡等学具，以数形结合的方式动态呈现一些数学事实(百数图中的部分数)，让学生在趣味盎然的游戏中主动进行观察比较，类比联想，提出猜想，发现和表达规律。学生围绕发现的规律互相交流，在思维碰撞中对推理的结论加以修正，明确推理的结论要适用于所有的数学对象，体会合情推理结果的或然性。教师在教学中给学生留有充足的自主探究空间和合作交流时间。探究问题的设计开放发散，留足空间让学生自己主动去发现问题、提出问题。学生提出猜想，当表达结论不完整、不严谨时，教师不应急于纠正，而应组织学生进行相互对话、质疑，修正完善结论。面对有深度的问题，教师并没有期望学生很快就完成探究和推理过程，迅速得出推理结论，而是善于等待，给学生充分讨论交流的时间。学生在游戏活动中探究未知、提出猜想的思维方式体现了初步的合情推理过程。本教学环节中，数学游戏活动“快乐合影”的设计在学生推理活动中发挥着“由因探果”的作用。学生能根据已有的数学事实、条件、数据(百数图中呈现的部分数及数的排列)等信息，得到一些有依据、有道理的猜想，而且能基于同伴间的相互对话，对于合情推理的结论主动进行反思和修正。

(二)合情推理：实验操作计算验证，执果索因，解释规律

数学游戏 2：百数探秘一

(1)谈话启思：这张百数图中，还藏着许多秘密，现在我们一起来百数探秘吧。教师在方格毯上出示十字形相框(图 18-9)并引导学生探索。十字形相框现在框住了哪五个数，它们的和是多少？

图 18-9

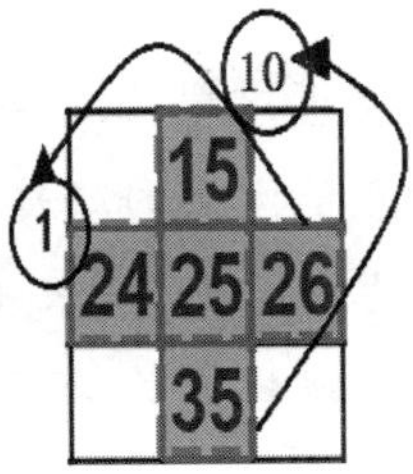

图 18-10

图 18-11

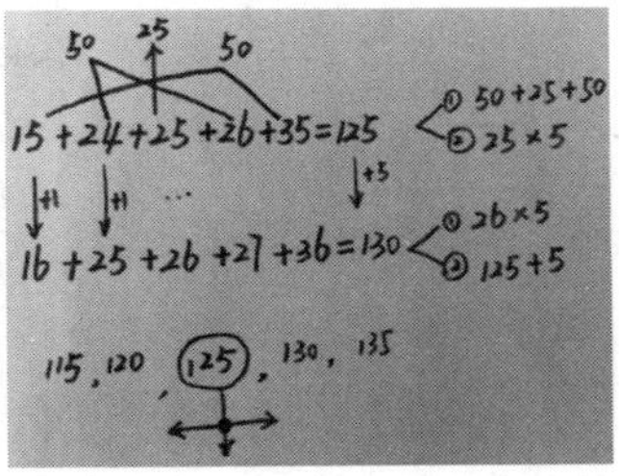

图 18-12

学生想到用不同方法计算，有的将五个数顺次相加计算，15＋24＋25＋26＋35＝125。有学生想到用凑整法使得计算变得简便，15＋35＝50，24＋26＝50，50＋25＋50＝125。还有学生想到列式计算，25×5＝125，并走到方格毯上，借助写有“1”和“10”的圆形数卡(学具)动手操作讲算理(图 18-10)：相框里的中心数是 25，从 26 里拿出一个 1 给 24，与中心数左、右相邻的两个数都变成了 25；从 35 里拿出一个 10 给 15，与中心数上、下相邻的两个数也都变成了 25；这样就有了 5 个 25。教师适时追问：这样用学具两次操作后，什么变化了？什么不变？学生明确除了中心数 25 以外，其他四个数变化了，但五个数的和不变，所以可以列式 25×5＝125 来计算。

(2)游戏进阶：十字形相框向右平移一格(图 18-11)，现在又框住了哪五个数？它们的和又是多少呢？

面对新问题，此时很少有学生再用机械顺次相加的算法了。有的学生用圆形数卡“1”和“10”进行“移多补少”的操作，有的学生直接在脑中完成“操作”，想象将上下左右四个数都变化为与中心数 26 相等的数，列式 26×5＝130。还有善于观察思考的学生发现：十字形相框向右平移一格后框住的数，与原来的五个数相比，对应位置上的每个数都增加了 1(图 18-12)，五个数合起来增加 5，所以也可以列式为 125＋5＝130。

(3)深度思考：以中心数 25 为起点，十字形相框继续在这一横排向右或者向左平移，框住五个数的和分别是多少呢？在刚才的游戏中，你又有什么新的发现？

学生用不同方法求出每次相框平移框住的五数之和，积累了经验，自发运用这些经验进行对比，主动发现规律，而且借助学具操作结合计算验证，解释规律。

预设 1：每次十字形相框框住五个数相加的和都是中心数的 5 倍，因为不管相框移动到哪个位置，中心数左、右两边，上、下两边的数都可以通过“移多补少”变得与中心数一样大，而且五个数的和不变。

预设 2：以中心数 25 为起点，十字形相框继续在这一横排向右或者向左平移，每次往右平移一格和就增加 5，往左平移一格和就减少 5。因为往右平移一格方框里的五个数就都增加 1，往左平移一格方框里的五个数就都减少 1。

【设计意图】心理学研究表明，只有在心理安全和心理自由(罗杰斯语)的状态下，学生才能展开有效的推理，尤其是具有发现性的合情推理。方格毯上空间自由，学生于其上自由行走，大脑与身体和谐并进的活动打开了学生的思路。虽然这三个数学活动中涉及计算，但重点不在于培养学生的计算能力，而是以“求相框内五数之和”为载体，鼓励学生观察比较、联想类比、归纳表达，发现规律并解释规律，以此丰富学生合情推理的经验，培养学生的合情推理能力。首先，相框每次框住不同的五个数，学生通过观察比较，用多种方法求出五数之和，“移多补少”和“一一对应”的求和方法中其实隐含了简单推理的思维过程。其次，学生主动发现“五数之和是中心数的 5 倍”这个规律，并借助学具进行可见的操作，将内在的推理思维过程充分外显，通过“说算理”的方式清晰表达推理过程。最后，相框多次左、右平移求五数之和，学生获得较为丰富的推理经验，能自发运用这些经验进行联想和类比，主动发现“相框左、右移动引起五数之和大小变化”的规律，学生的思维向纵深发展。这个教学环节中，教师着重引导学生“执果索因”，即引导学生从得出的两个规律出发，运用直观手段，推断其成立的条件，对规律(结论)做出合理的解释。

纵观学生合情推理过程，有明确的对象、清晰的事实、可见的操作过程和确定的结果。学生在整个推理过程中不断地使用归纳、类比、联想等方法，通过操作、试误、推测、验证、修正结果等活动，明确猜想(获得的推断)与已有的事实、条件、前提之间存在的关系。

(三)演绎推理：运用规律逆向思考，判定真伪，论证说理

数学游戏 3：百数探秘二

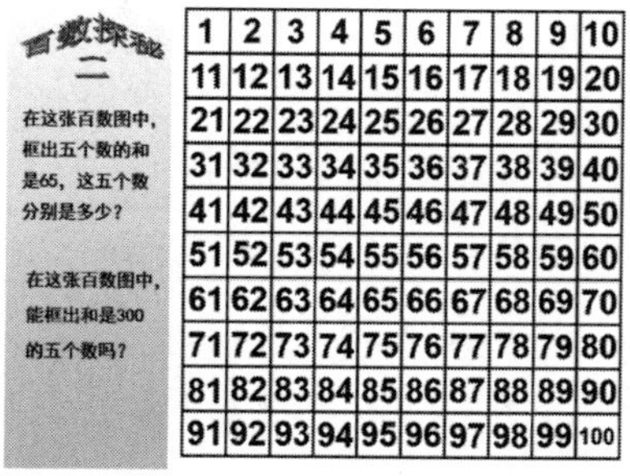

图 18-13

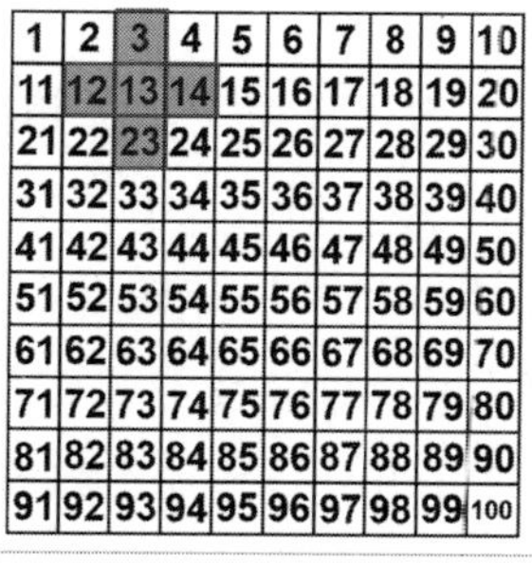

图 18-14

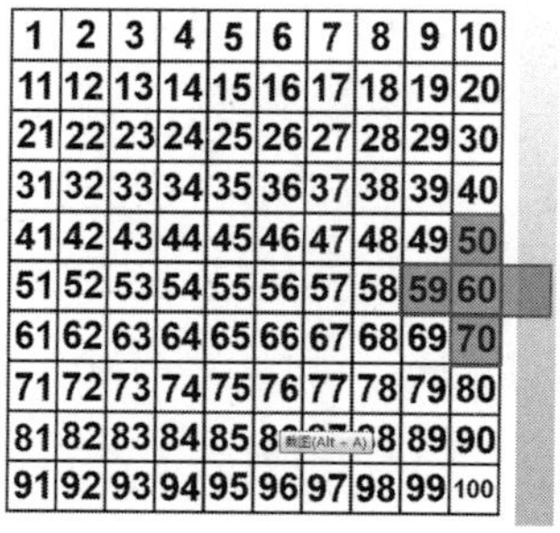

图 18-15

(1)逆向思考：在这张百数图中(图 18-13)，框出五个数的和是 65，这五个数分别是多少？

学生根据刚才发现的规律(五数之和是中心数的 5 倍)，并且确定规律正确的前提下，逆向思考进行演绎推理：既然五个数的和是 65，那么就可以通过 $65\div5=13$，求

出中心数。再根据中心数左、右两边的数分别与中心数相差 1，求出左、右两边的数分别为 12 和 14；中心数上、下两边的数分别与中心数相差 10，求出上、下两边的数分别为 3 和 23。学生得出结论后，再用十字形相框在方格毯上框一框(图 18-14)，发现结论完全正确。

(2)判断说理：在这张百数图中，能框出和是 300 的五个数吗？

学生再次依据规律逆向思考进行演绎推理：既然五个数的和是 300，那么就可以通过 300÷5＝60，求出中心数是 60，并且继续推算出另外的四个数分别是 59，61，50，70。一部分学生表示“能框出和是 300 的五个数”。但是，也有学生提出反对意见，认为“不能框出和是 300 的五个数”，并且借助十字形相框进行操作、验证和说理。虽然刚才根据规律计算逆推的结果正确，但是在百数图中用十字形相框框住中心数 60 时，有一个方格里没有数(图 18-15)。面对事实，学生恍然大悟，仅仅从数的角度思考和计算，得出的结论是错误的，刚才在推理时下意识地忽视了“在这张百数图中”的前提条件，因为思考不够严谨全面，得出了错误的结论。

【设计意图】演绎推理和合情推理是既有联系又有区别的两种推理类型，虽然基于小学生的心理特征和思维水平，在小学数学教学中，合情推理占据主导地位，但教师绝不能忽视对学生演绎推理能力的培养。因为数学的大厦最终是按照演绎推理建造的，演绎推理是整个数学知识体系中推理的主导方式，数学学科的一切结论都必须用演绎推理给出证明。通过演绎推理，学生能够提炼数学知识的本质属性，去粗取精、去伪存真、由表及里。

演绎推理模式实际上遵循着“从前提出发，由一个命题判断到另一个命题判断，最终得到要证明的结论”的过程。整个推理过程中采用的形式以三段论为主，即大前提＋小前提→结论。在这个教学环节中，学生在进行判断和解决问题时，思维就经历一个简单的演绎推理(逆推)过程。因为在形如方格毯上的百数图中，用十字形相框框住的五数之和是中心数的 5 倍(大前提)，又因为已知五数之和是 65(小前提)，所以通过逆推可知中心数为 13(结论)，并由中心数以及十字形相框的结构特点(规则)，推出另外的四个数。百数图数形结合中隐含的数学规律，在学生推理活动中发挥着重要的作用，为学生的合情推理和演绎推理提供线索。在第二次判断中，一部分学生因思维定式得出错误结论，是因为只关注到百数图中“数”的规律，而忽视了“形”的规律。学生经历犯错和纠错的过程，对于体会演绎推理的特点是有益的。学生因此对数学规律的理解由表面特征转向内部的关系和结构，在更高的思维层次把握数学知识的本质联系，而这正是培养学生演绎推理能力所必需的。另外的学生提出不同意见，借助十字形相框进行操作、验证和说理，这虽然算不上严谨的演绎证明，但这样一种说服自己、说服同伴的经验非常重要，其价值在于让学生形成说理与论证的意识、能力和习惯，推理时需要关注何为前提、是否为真，逻辑过程是否正确等。

(四)演绎推理：依据规律拓展思维，穷尽可能，完全归纳

数学游戏 4：百数探秘三

(1)横行穷尽可能：十字形相框在百数图的这一横排左右移动(图 18-16)，框出五个数的和，一共有多少种？

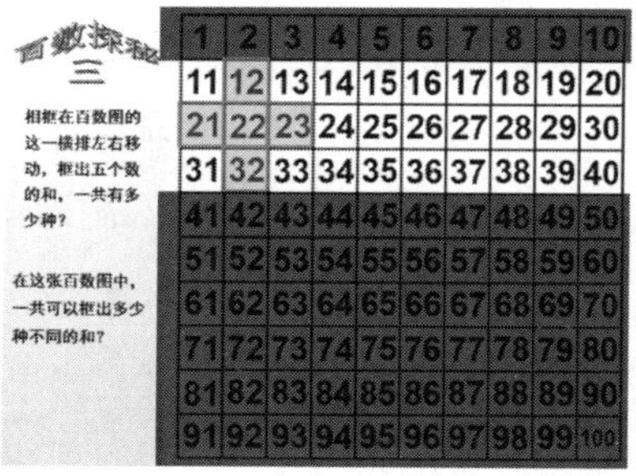

图 18-16

图 18-17

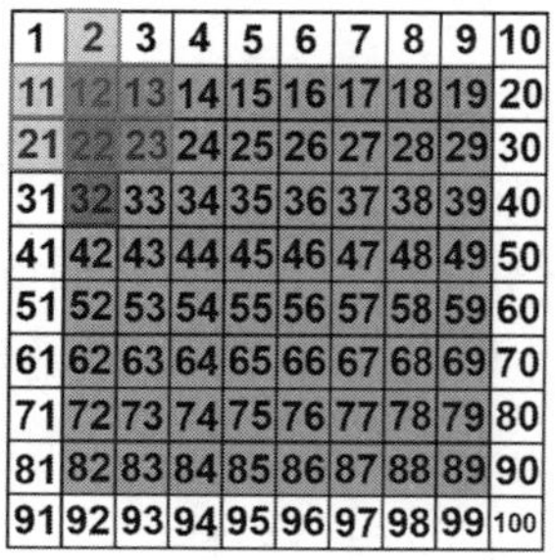

图 18-18

解决同一问题，不同思维层次的学生有不同的解决方式。有的学生看每排有 10 个数，凭直觉说是 10 种；也有学生走到方格毯上一边走一边数出共有 8 种；还有的学生根据观察，逆向思考这一横排 10 个数中“21”和“30”不能作为中心数(图 18-17)，所以可以列式 10－2＝8 种。这个问题并不需要学生分别计算出所有的和是多少，而是要穷尽五数之和一共有多少种？问题不是指向根据“数的规律”进行计算，而是指向运用“形的规律”进行列举。

(2)全图穷尽可能：在整张百数图中，十字形相框一共可以框出多少种不同的和？

用十字形相框能框出“多少种不同的和”，考查的范围从单一横排升级为整张百数图，问题的挑战性明显增强了，给学生思考探索的空间也更大了。有的学生根据第一个问题的结果进行推理，每排有 8 个不同的和，10 排一共有 80 个。有的学生逆向思考最上边和最下边、最左边和最右边各有 10 个数不能作为中心数，所以 100－40＝60 个。还有的学生按照从上到下的顺序依次列举：整张百数图的中心数最小是 12，这一横排有 8 个，依次往下有 8 排(最大的中心数是 89)，所以一共有 8×8＝64 种(图 18-18)。教师给学生充足的时间呈现自己的想法，并引导学生将三种不同的列举(推理)方法进行对比，反思演绎推理的过程。学生在自主反思、互相交流中发现第一种方法仅关注到百数图最左(右)边哪些数不能做中心数，而忽略了最上(下)边；第二种方法关注到百数图四边哪些数不能做中心数，但是四个角上的数重复计算了，所以得到的结论与正确结论相差了 4 种。

【设计意图】有研究者指出，如果过分强调合情推理模式，从而割裂归纳推理和演绎推理的联系，则会对数学学科的教育功能造成损害。虽然完全归纳推理和不完全归

纳推理都属于归纳推理，都是以特殊性的知识为前提，以得出一般性的知识为结论，但是两者之间有本质的区别。不完全归纳推理的前提是只考查了某一类事物的部分对象，从而得出有关该类事物的一般性结论，其结论反映的范围超出了前提反映的范围，是或然性推理，结论不一定真实可靠。完全归纳推理的前提是考查了某类事物的所有个别对象，从而得出关于该类事物的一般性结论，其结论反映的范围并没有超出前提反映的范围，因此是必然性推理，结论真实可靠。

在穷尽一定范围内的可能性，得不到某个结论的反例，说明该结论是正确的，也是演绎推理的一种形式。例如，我们论证一个命题(观点)的正确性时，常常会使用完全归纳法，验证所有符合条件的情形，结论是否都成立。在这个教学环节中，学生在两次解决“和一共有多少种?”的问题时，力求穷尽可能的思维模式就是一种完全归纳。虽然有些学生的思维不够严密，推理方法有缺陷，甚至导致了错误的推理结论，但他们推理的意识得以唤醒，在修正错误结论的过程中，提升了思维品质，增强了推理能力。尤其是当出现三种不同推理结论时，学生在互相交流中自主反思推理的过程，深刻领悟推理过程的严密性、推理结论的确定性。学生经历“和一共有多少种?”这样的问题解决过程，不仅是为了达成“依据规律得出正确结果”这样显性的浅层次知识性目标，而且更指向“培养学生演绎推理能力”隐性的深层次能力性目标。这一点应当成为推理教学的共识。

五、整体设计意图

推理是数学的基本思维方式，也是人们学习和生活中经常使用的思维方式。推理的理性精神价值和实际应用价值，决定了其在数学教学中的重要地位。推理是学生数学学习的必备品质，也是学生数学核心素养的关键能力。《义务教育数学课程标准(2011年版)》明确指出，应将推理能力的发展贯穿于学生的整个数学学习过程之中。

(一)准确把握小学生数学推理能力发展的特点

推理是由一个或几个已有的命题得出一个新命题的思维形式，通常把已有的命题叫作条件，把新命题叫作结论。数学推理包括合情推理和演绎推理，其内涵虽完全不同，却又相互补充，构成了一个完整的数学推理过程。合情推理是从已有的事实出发，凭借经验和直觉，通过归纳、类比、联想、数据分析等方式推断出某些新结果的思维。演绎推理是从已有的事实(包括定义、公理、定理等)和确定的规则(包括运算的定义、法则、顺序等)出发，按照逻辑推理的法则进行证明和计算，也可称为命题推理和运算推理。在解决问题的过程中，合情推理用于探索思路，发现结论；演绎推理用于证明结论。合情推理和演绎推理的相互补充关系，正如数学教育家波利亚所说，数学家的创造性工作成果是论证推理(演绎推理)，即证明；但是这个证明是通过猜想和合情推理而发现的。

认知发展理论认为，小学生的思维发展处于具体的运算阶段，即逐步从具体形象思维向抽象逻辑思维发展。小学阶段，特别是小学低年级阶段，学生数学学习经验相对较少，因此，他们的思维发展水平，决定了其推理能力发展的特点。小学生天生敢想敢说，喜欢问问题，具有发展数学猜想的心理优势；但他们思维的抽象性、逻辑性处在逐步发展的过程中，有时也会随心所欲，提出脱离数学事实的想法。比如，他们常常不经仔细分析就提出假设。小学生的数学推理夹杂着形象性，具有半逻辑化的特点，他们还不能完全脱离实物、图片、图形等。教师要关注学生的真实起点，培养其良好的思维习惯，真正将培养学生的推理能力落到教学的实处。小学生需要依托数学基础知识和基本技能的学习，积累数学推理的经验，逐步发展数学推理能力。在数学教学中，教师要理解学生“不严格的清楚”。小学生推理能力的发展绝不同于数学知识与技能的获得，推理能力的形成是一个缓慢的过程，有其自身的特点和规律。它不是学生“懂”了，也不是学生“会”了，而是学生自己“悟”出了道理、规律和思考方法等。这种“悟”只有在推理活动中才得以进行，因而教学活动必须给学生提供探索、交流的空间，组织、引导学生经历观察、实验、猜想、计算、画图、证明等数学活动过程，并把推理能力的培养有机地融合在这样的过程之中。例如，教师在计算教学中引导学生进行“说事理”“说数理”“说算理”的数学活动，将合情推理和演绎推理的思维过程隐含其中。小学生数学推理能力的发展具有连续的阶段性，是循序渐进、螺旋式上升的。一般而言，小学阶段的数学推理呈现从合情推理逐渐过渡到演绎推理的发展趋势。小学低年级学段，应当以合情推理为主；中年级学段，应当让合情推理与演绎推理相融合；而高年级学段，应当逐步从合情推理过渡到演绎推理。

(二)数学规律教学：架起合情推理与演绎推理的桥梁

如何有效培养学生的推理能力？在教学中，教师要根据数学知识特质以及学生推理能力发展的特点设计教学，将推理贯穿于学生数学学习的始终。教师要为学生提供数学推理的素材，引导学生进行推理活动，让学生清晰地表达推理的内容和过程。数学规律教学，是培养学生数学推理能力较为理想的素材。教师可引导学生通过观察比较、类比联想、归纳概括等主动发现规律；通过实验操作、计算验证等对规律进行解释和证明，以此培养学生的合情推理能力。教师还可引导学生依据规律，逆向思考，判断说理；或运用规律，按照逻辑推理的法则进行证明、计算或列举，以此培养学生的演绎推理能力。在具体可感的数学学习活动中，丰富学生的推理经验，优化学生的推理品质，培养学生的推理能力。

数学规律教学，能够有效架起合情推理与演绎推理的桥梁，将两者交织融合，是培养学生推理能力的良好载体。学生从发现规律到运用规律，经历从合情推理过渡到演绎推理的完整过程，养成有条理、有根据地思考与判断的习惯，对于培养其数学想象力、创新力、逻辑思维和理性精神都是有价值的。

参考文献

1. 贲友林．此岸与彼岸 II. 南京：江苏凤凰教育出版社，2015.

2. 曹才翰，章建跃．数学教育心理学．北京：北京师范大学出版社，2006.

3. 曹培英．跨越断层，走出误区："数学课程标准"核心词的实践解读之六——运算能力(上)．小学数学教师，2014(3).

4. 方均斌，蒋志萍．数学教学设计与案例分析．杭州：浙江大学出版社，2012.

5. 何克抗，林君芬，张文兰．教学系统设计．北京：高等教育出版社，2006.

6. 何克抗，郑永柏，谢幼如．教学系统设计．北京：北京师范大学出版社，2002.

7. 何小亚，姚静．中学数学教学设计．北京：科学出版社 ，2019.

8. [美]加涅，布里格斯，韦杰．教学设计原理．皮连生，庞维国，等，译. 上海：华东师范大学出版联社，1999.

8. 课程教材研究所．20 世纪中国中小学课程标准教学大纲汇编(数学卷)．北京：人民教育出版社，2001.

10. 连四清，方运加．"合情推理"辨析．课程·教材·教法，2012(32).

11. 吕世虎，吴振英．数学核心素养的内涵及其体系构建．课程·教材·教法，2017(9).

12. 马复．数学推理的内涵与价值．小学数学教育，2015(3).

13. 马云鹏．关于数学核心素养的几个问题．课程·教材·教法，2015(9).

14. [美]齐斯·德福林．数学的语言一化无形为可见．洪万生，等，译．桂林：广西师范大学出版社，2013.

15. 裴蕾丝，尚俊杰．回归教育本质：教育游戏思想的萌芽与发展脉络．全球教育展望，2019(8).

16. 彭豪祥．教学目标认知偏差：负效应及其解决对策．中国教育学刊，2013(9).

17. 皮连生．教学设计——心理学的理论与技术．北京：高等教育出版社，2000.

18. 盛群力，李志强．现代教学设计论．杭州：浙江教育出版社，1998.

19. 数学课程标准研制组．普通高中数学课程标准(实验)解读．南京：江苏教育出版社，2004.

20. 宋乃庆，胡睿，蔡金法．用问题提出和问题解决测试小学生对平均数的理解．数学教育学报，2020(3).

21. [苏联]B. A. 苏霍姆林斯基．给教师的建议(修订版)．杜殿坤编译．北京：教育科学出版社，2000.

22. 王光明，冯虹，康玥瑗．新理念数学教学技能训练．北京：北京大学出版社，2014.

23. 乌美娜．教学设计．北京：高等教育出版社，1994.

24. 吴晓红，宋磊，张冬梅，束艳．什么是有效的合作学习——基于“米的认识”的解读．课程·教材·教法，2012(8).

25. 吴晓红，谢海燕．基于学科核心素养的数学教学课例研究．上海：华东师范大学出版社，2019.

26. 吴正宪，王秀杰，张丽．“一剥、一量”识周长——“面与周长”课堂教学实录与评析．小学教学(数学版)，2020(Z1).

27. 奚定华．数学教学设计．上海：华东师范大学出版社，2001.

28. 谢明初．数学教育中的建构主义：一个哲学的视角．上海：华东师范大学出版社，2007.

29. 杨健，李磊，傅海伦．中国当代小学数学课程目标发展演变的特征分析．数学教育学报，2020(6).

30. 叶季明．小学数学教学设计原理和方法. 上海：上海教育出版社 ，1999.

31. 义务教育数学课程标准修订组．义务教育数学课程标准(2011 年版)解读．北京：北京师范大学出版社，2012.

32. 喻平．数学教学心理学．北京：北京师范大学出版社，2010.

33. 张奠宙，孔凡哲．小学数学教学研究．北京：高等教育出版社，2017.

34. 章勤琼，杜茹娅．三角形内角和 180°该如何说明．教学月刊·小学版，2019(11).

35. 郑毓信．学习理论的现代发展及其教学涵义．数学教育学报，2004(1).

36. 中华人民共和国教育部．普通高中数学课程标准(2017 年版). 北京：人民教育出版社，2018.

37. 中华人民共和国教育部．普通高中数学课程标准(2017 年版 2020 年修订). 北京：人民教育出版社，2020.

38. 中华人民共和国教育部．全日制义务教育数学课程标准(实验稿). 北京：北京师范大学出版社，2001.

39. 中华人民共和国教育部．义务教育数学课程标准(2011 年版). 北京：北京师范大学出版社，2012.

40. 中华人民共和国教育部．义务教育数学课程标准(2022 年版). 北京：北京师范大学出版社，2022.

41. Reigeluth C M. Instructional design：What is it and why is it// Instructional-Design Theories and Models：An Overview of Their Status. Hillsdale：Lawrence Erl-

baum Associates，c1983.

42. Merrill M D. Instructional transaction theory：Instructional design based on knowledge objects. Educational Technology，1996，36：30-37.

43. Patten J V. What is instructional design? // Johnson K A，FOA L K. Instructional Design：New Alternatives for Effective Education and Training. New York：Macmillan，c1989.

44. Kemp J E. The Instructional Design Proces. New York：Harper & Row，1985.

45. Smith P L，Ragan T J，Instructional Design. New York：John Wiley & Sons，1999.